Das

Reichs-Haftpflicht-Gesetz

betreffend

die Verbindlichkeit zum Schadenersatz für die bei dem Betriebe von Eisenbahnen, Bergwerken, Steinbrüchen, Gräbereien und Fabriken herbeigeführten Tödtungen und Körperverletzungen

vom 7. Juni 1871

aus der Rechtslehre und der Rechtsprechung

erläutert

von

Fr. Genzmer,

Staatsanwalt bei dem Königl. Oberlandesgericht zu Marienwerder.

Berlin und Leipzig

Verlag von J. Guttentag (D. Collin).

1882.

Vorwort.

Die Entstehung des vorliegenden Kommentars fällt in eine Zeit, in welcher die Haftpflichtfrage in Presse und Parlament der eifrigsten Erörterung unterzogen wurde. Der Versuch, den die Reichsregierung behufs Lösung der Aufgabe, die Arbeiter gegen die wirthschaftlichen Nachtheile von Betriebsunfällen sicher zu stellen, mit der Vorlegung des Unfallversicherungsgesetzes unternommen hat, ist ohne positives Resultat geblieben. Damit ist über die Weitergeltung des Reichshaftpflichtgesetzes in seinem bisherigen Umfange vorläufig entschieden worden. Bei den außerordentlichen Schwierigkeiten, die sich einer gesetzlichen Regelung der fraglichen Materie in den Weg stellen, werden voraussichtlich noch Jahre vergehen, ehe ein mit größerem Erfolg erneuerter legislatorischer Versuch zu einer Reform der Haftpflicht das Reichshaftpflichtgesetz vom 7. Juni 1871 theilweise außer Kraft setzen wird. Hinsichtlich der beim Eisenbahnbetriebe eintretenden Unfälle sowie hinsichtlich der beim Betriebe der Bergwerke, Steinbrüche, Gräbereien und Fabriken eintretenden Verletzungen von Personen, die nicht zu den Arbeitern oder Angestellten der bezüglichen gewerblichen Anlage gehören, wird überdies die Weitergeltung des Reichshaftpflichtgesetzes auch durch die erwähnte Reform nicht berührt. Der Verfasser hofft daher, daß auch trotz des jetzigen schnellen Flusses der Gesetzgebung der vorliegende Kommentar einem praktischen Bedürfnisse entsprechen und denen, die durch ihre amtliche oder gewerbliche Thätigkeit in Beziehung zu der Haftpflichtfrage geführt werden, nicht unwillkommen sein wird.

Seit dem Erscheinen der Kommentare von Endemann, Jacobi, Frantz und Kah sind einerseits zahlreiche ältere Kontroversen, zu denen das Haftpflichtgesetz Anlaß gab, in der Rechtsprechung des höchsten deutschen Gerichtshofes zur Entscheidung gekommen, andererseits zahlreiche neue Zweifel in betreff der Anwendung und Auslegung dieses Gesetzes aufgetaucht. Der umfassende und gründliche Kommentar Eger's erschwert durch seinen großen Umfang, so vorzüglich er durch die Reichhaltigkeit des gebotenen Materials für den Theoretiker ist, den Gebrauch für den Praktiker, den er zu einem förmlichen Studium jeder einzelnen Gesetzesbestimmung nöthigt. Auch in seiner zweiten Auflage hat derselbe überdies die das Haftpflichtgesetz betreffende Rechtsprechung des Reichsgerichts noch nicht berücksichtigen gekonnt. Der Verfasser hat daher geglaubt, gegenüber dem Wunsche des Herrn Verlegers, „einen übersichtlichen, knapp gehaltenen und doch alles Wissenswerthe und Wissensnöthige umfassenden Kommentar des Reichshaftpflichtgesetzes zu ediren," sich nicht ablehnend verhalten zu sollen.

Was die äußere Form und Anordnung des Kommentar anlangt, so hat bei jedem zu erläuternden Begriff zunächst die eigene Auffassung des Verfassers, beziehungsweise die von ihm als zutreffend adoptirte fremde, Platz gefunden. Demnächst sind etwaige abweichende Ansichten anderer Kommentatoren wiedergegeben und, soweit es erforderlich schien, kritisirt worden. Hieran schließen sich jedesmal die bezüglichen, aus der Rechtsprechung des Reichs-Oberhandelsgerichts und des Reichsgerichts sich ergebenden Rechtssätze in chronologischer Reihenfolge an. Eine Einleitung, enthaltend die Geschichte des Reichshaftpflichtgesetzes, eine Uebersicht über dasselbe, die allgemeinen Motive und die Literatur zu demselben, ist dem Kommentar vorausgeschickt, eine Uebersicht über die Haftpflichtgesetzgebung der außerdeutschen Länder demselben als Anhang beigegeben worden.

Marienwerder, den 1. Juli 1881.

Der Verfasser.

Inhaltsverzeichniß.

Einleitung.

Kommentar.

Anhang.

Einleitung.

1. Geschichte des Reichshaftpflichtgesetzes.

Im Jahr 1868 ging dem Reichstag des norddeutschen Bundes aus Leipzig eine Petition zu, in welcher eine Revision „der gesetzlichen Bestimmungen über Schadenansprüche von Privatpersonen bei nicht von ihnen verschuldeten Unglücksfällen" erbeten wurde. Diese Petition, welche auf Beschluß des Reichstages vom 24. April 1868 an den Bundeskanzler „zur thunlichsten Berücksichtigung" abgegeben wurde, gab den ersten Anlaß zu einem legislatorischen Vorgehen in der fraglichen Richtung.

Am 9. Mai 1870 wurde dem Bundesrath ein von Achenbach und Hertz ausgearbeiteter Entwurf zu einem Gesetze betreffend die Verbindlichkeit zum Schadensersatz für die bei dem Betriebe von Eisenbahnen und Bergwerken herbeigeführten Unfälle seitens der preußischen Regierung unterbreitet. Der Ausschuß für Justizwesen, dem dieser Entwurf zunächst überwiesen wurde, erstattete über denselben am 16. Mai 1870 Bericht und brachte einige Aenderungen in Vorschlag. Bei der im Februar 1871 erfolgten zweiten Vorlage des Entwurfes im Bundesrath wurden auch seitens der Bundesregierungen mehrere Amendements zu demselben gestellt, welche seine Ausdehnung auf die bei dem Betriebe von Steinbrüchen, Gräbereien und Fabriken eingetretenen Unfälle zur Folge hatten. Nachdem der Justizausschuß des Bundesraths sich über die Abänderungsvorschläge in einem Bericht vom 14. März 1871 geäußert, erfolgte im Bundesrath die endgültige Feststellung des Gesetzentwurfes, der dann unter dem 28. März 1871 dem ersten deutschen Reichstage zur Berathung und Beschlußfassung vorgelegt wurde.

Im Reichstage hatte die erste Lesung des Entwurfes die Bildung einer sogenannten freien Kommission (Lasker und Genossen) zur Folge, welche den Entwurf einer eingehenden Prüfung unterzog und nicht weniger als zwanzig Abänderungsvorschläge zu demselben machte. Zu letzteren trat noch eine Reihe weiterer Amendements bei der zweiten Lesung im Plenum des Reichstages hinzu. In dieser wurden die §§ 1, 2 und 4 des Entwurfes unverändert, der Rest unter mehr oder minder erheblichen Aenderungen der Vorlage angenommen. In dritter Lesung wurde das Gesetz unter Verwerfung des größten Theils der wiederum gestellten Amendements, deren Menge, wie Endemann (die Haftpflicht der Eisenbahnen u. s. w. 2. Aufl. S. 8) treffend bemerkt, nicht unerheblich zu Gunsten der Regierungsvorlage wirkte, mit großer Majorität angenommen.

Nachdem der Bundesrath den vom Reichstag beschlossenen Aenderungen des Entwurfes beigetreten war, wurde letzterer als „Reichshaftpflichtgesetz vom 7. Juni 1871, betreffend die Verbindlichkeit zum Schadensersatz für die bei dem Betriebe von Eisenbahnen, Bergwerken, Steinbrüchen, Gräbereien und Fabriken herbeigeführten Tödtungen und Körperverletzungen" in dem Reichsgesetzblatt vom 14. Juni 1871 (Nr. 25 S. 207—209) publizirt. Durch Gesetz vom 1. November 1872 (Gesetzblatt für Elsaß-Lothringen 1872 S. 769) wurde das Reichshaftpflichtgesetz mit Geltung vom 1. Januar 1873 ab in Elsaß-Lothringen eingeführt.

Die am 1. Oktober 1879 eingetretene Gesetzeskraft des Reichsgerichtsverfassungsgesetzes und der Reichscivilprozeßordnung hat auf das Reichshaftpflichtgesetz insofern Einfluß gehabt, als § 6 desselben ausdrücklich aufgehoben und § 10 durch die veränderte Gerichtsverfassung implicite modifizirt worden ist.

Die formelle und materielle Unzulänglichkeit des Reichshaftpflichtgesetzes stellte sich bald nach der Einführung desselben heraus. Die Voraussage Förster's (Theorie und Praxis des gem. preuß. Privatrechts, 3. Aufl. 1873, B. II. S. 461), das Gesetz werde in der Praxis ein Heer von Streitfragen und sehr verschiedene Entscheidungen hervorrufen, hat sich in vollstem Maße erfüllt. Bald brach sich auch die Erkenntniß Bahn, daß eine weitergehende Ausdehnung der Haftpflicht ein dringendes Bedürfniß sei. Während die in § 1 des Haftpflichtgesetzes normirte Haftpflicht der Eisenbahnunternehmer keine beachtenswerthen Angriffe erfuhr, wurden zahlreiche Forderungen auf Erweiterung der in § 2 des Gesetzes behandelten, die Berg- und Industriearbeiter betreffenden Haftpflicht laut. Diese Forderungen hatten theils die Uebertragung der Haftpflicht auf andere, als die in § 2 aufgeführten Betriebe, theils die Ausdehnung derselben auf andere, als durch Verschulden von Angestellten des Unternehmers verursachten Unfälle, theils eine dem Verunglückten günstigere Vertheilung der prozessualischen Beweislast zum Gegenstand. Wie die Revisionsvorschläge zum

Haftpflichtgesetz in der Literatur ihre Erörterung fanden (vergl. Baron „zur Fortbildung des Haftpflichtgesetzes" und Held „Bericht über verschiedene Ansichten, betreffend die Haftpflichtfrage" in der Schrift des Vereins für Sozialpolitik „die Haftpflichtfrage"), so wurden sie auch in den Reichstagssessionen der Jahre 1878, 1879 und 1880 in Folge von Anträgen und Interpellationen Anlaß zu lebhaften Debatten (vergl. Baron a. a. O. S. 113—117), ohne daß dabei ein positiver Erfolg erzielt wurde. Bereits in der Reichstagssitzung vom 26. Februar 1879 warf jedoch der Staatsminister Hoffmann folgende auf eine Arbeiterversicherungsanstalt hinweisende Frage auf: „Sollen wir nun lieber auf dem Wege der Invalidenversorgung, die ein soziales Band zwischen Arbeitgeber und Arbeiter knüpft, Abhülfe schaffen, oder sollen wir es thun auf dem Wege der Verschärfung des Haftpflichtgesetzes, welches in jedem einzelnen Falle der Anwendung den Arbeiter in einen juristischen Gegensatz, in eine feindliche Stellung zu dem Arbeitgeber treten läßt?" Diese Frage fand ihre Beantwortung durch die am 8. März 1881 erfolgte Vorlegung des Entwurfes eines Gesetzes, betreffend die Unfallversicherung der Arbeiter. Dieser Entwurf ließ die im § 1 des Haftpflichtgesetzes normirte Haftpflicht der Eisenbahnunternehmer unberührt. An die Stelle der im § 2 statuirten Haftpflicht der Betriebsunternehmer von Bergwerken u. s. w. soweit dieselbe die in jenen Betrieben beschäftigten Arbeiter und Angestellte betraf, setzte er eine auf gesetzlicher Vorschrift beruhende Versicherung der Arbeiter und Angestellten bei einer Reichsversicherungsanstalt gegen den durch einen Betriebsunfall verursachten Vermögensschaden unter Beitragsleistung der Betriebsunternehmer, der Arbeiter, bezw. Angestellten, und des Reichs zu den Versicherungsprämien. Nachdem zwar das Prinzip der obligatorischen, staatlichen Versicherung die Billigung der Mehrheit des Reichstages gefunden, dagegen sowohl die Einsetzung einer centralen Reichsversicherungsanstalt als auch die staatliche Beitragsleistung zu der Versicherungsprämie verworfen war, hat der Bundesrath am 25. Juni 1881 dem so veränderten Gesetze seine Zustimmung versagt. Der seitens der Reichsregierung unternommene Versuch, „eine Regelung herbeizuführen, welche die Arbeiter gegen die wirthschaftlichen Folgen der bei der Arbeit eintretenden Unfälle in möglichst weitem Umfange sicherstellt, ohne die Industrie mit unerschwinglichen Opfern zu belasten" (Motive zum Unfallversicherungsgesetz) ist hiermit zunächst gescheitert.

---

2. Uebersicht über das Reichshaftpflichtgesetz und allgemeine Motive zu demselben.

Das Reichshaftpflichtgesetz behandelt gesondert in § 1 die Haftpflicht der Betriebsunternehmer von Eisenbahnen, in § 2 die der Betriebsunternehmer von Bergwerken, Steinbrüchen, Gräbereien und Fabriken. Verschieden ist in beiden Fällen der Grund und die Ausdehnung der Haftpflicht (§ 1 — obligatio ex lege, § 2 — obligatio quasi ex delicto; in § 1 Haftung für casus, in § 2 nur für Verschulden der Angestellten) sowie die Vertheilung der Beweislast (nach § 1 hat der Unternehmer den Ausschluß der Haftpflicht, nach § 2 der Verletzte den Eintritt derselben nachzuweisen).

§§ 3—10 beziehen sich in gleicher Weise auf die Fälle des § 1 wie auf die des § 2.

§ 3 normirt den Umfang der Schadensersatzleistung.

§ 4 bestimmt die Einrechnungsfähigkeit der Leistungen von Versicherungsanstalten und Hülfskassen auf den Schadensersatz.

§ 5 enthält das Verbot vertragsmäßiger Ausschließung der Haftpflicht.

§ 6 giebt Vorschriften über das Beweisverfahren im Prozeß.

§ 7 handelt von der Feststellung des Schadensersatzes, von der Sicherheitsleistung für denselben und von der Abänderungsfähigkeit einer zugebilligten Rente.

§ 8 trifft Bestimmung über die Verjährung der Ersatzansprüche.

§ 9 normirt das Verhältniß des Haftpflichtgesetzes zur Landesgesetzgebung, insbesondere die Haftpflicht des Unternehmers bei eigenem Verschulden desselben.

§ 10 schreibt die Zuständigkeit des höchsten deutschen Gerichtshofes für Prozesse über Ansprüche aus dem Haftpflichtgesetze vor.

Die allgemeinen Motive, welche dem Entwurfe des Reichshaftpflichtgesetzes beigegeben waren, lauten folgendermaßen.

„Der Reichstag des norddeutschen Bundes hat am 24. April 1868 eine Petition aus Leipzig, in welcher auf eine Revision der gesetzlichen Bestimmungen über die Schadensansprüche von Privatpersonen bei nicht von ihnen verschuldeten Unglücksfällen auf Eisenbahnen, in Bergwerken, Fabriken u. s. w. angetragen wird, dem Bundeskanzler zur thunlichsten Berücksichtigung übergeben.

Die Mängel der bestehenden Gesetzgebung sind in prozessualer Beziehung vornehmlich in der zu großen Beschränkung des richterlichen Ermessens bei Ermittelung des Thatbestandes und Abschätzung des Schadens, soweit es das materielle Recht betrifft, aber darin gefunden, daß die Klage auf Ersatz nur gegen den unmittelbaren, in der Regel unvermögenden Urheber gegeben wird, daß der Kreis der zur Entschädigungsklage berechtigten Personen zu sehr beschränkt, sowie daß das Maß der Entschädigung in der Regel unzulänglich sei und fast niemals einen ausreichenden Ersatz für die Einbuße gewähre, welche dem Beschädigten aus seiner temporären oder dauernden Arbeitsunfähigkeit, bezw. den Hinterbliebenen durch den Verlust ihres Ernährers erwachse.

Eine eingehende Erwägung hat zu der Ueberzeugung führen müssen, daß die Fortschritte der Industrie allerdings Verhältnisse geschaffen haben, denen gegenüber die allgemeinen Grundsätze über die Verpflichtung zum Schadensersatze in den gedachten Fällen nicht mehr für ausreichend erachtet werden können.

Das gemeine Civilrecht und die von diesem beherrschten deutschen Partikularrechte gehen im Allgemeinen von dem Prinzip aus, daß für den durch Vorsatz oder Nachlässigkeit verursachten Schaden nur der unmittelbare Urheber verantwortlich zu machen sei. Ist der Schadensstifter Vertreter einer dritten Person, so hat der Auftraggeber, sofern nicht seine Ersatzpflicht durch die Widerrechtlichkeit des Auftrages oder durch dessen kontraktswidrige Ausführung begründet wird, nur für erweisliche Versehen bei der Auswahl seines Beauftragten (culpa in eligendo) zu haften. Die letztere Verbindlichkeit hat das preußische Landrecht (Th. I. Tit. 6. § 53) noch weiter dahin beschränkt, daß derselbe nur subsidiär für den durch einen untauglichen Bevollmächtigten verursachten Schaden einzustehen habe.

Daß eine in so enge Grenzen eingeschlossene Verantwortlichkeit den bei industriellen Unternehmungen durch widerrechtliche Handlungen Beschädigten nur in sehr seltenen Fällen Aussicht auf Schadloshaltung gewährt, liegt auf der Hand. In der That haben Doktrin und Praxis den durch das römische Recht überkommenen Normen eine weitere Ausbildung zu geben sich bemüht, ohne daß es ihnen jedoch gelungen wäre, zu übereinstimmenden Ansichten in diesem Punkte zu gelangen.

Anders verhält es sich in dem Gebiete des rheinischen Rechts. Dem allgemeinen Prinzip, daß Jeder den durch seine Schuld einem Andern zugefügten Schaden zu ersetzen verbunden sei, ist im Artikel 1384 des französischen Civilgesetzbuches die weitere Anwendung gegeben, daß die Verantwortlichkeit für den Schaden nicht nur dem obliegt, der den Schaden durch eigenes Handeln verursachte, sondern auch dem, der für den Schadensstifter einzustehen hatte. Verantwortlich in solchem Maße sind sowohl diejenigen, welche ein Aufsichtsrecht zu üben haben, als auch jeder Prinzipal und Auftraggeber für seine Bediensteten und Angestellten bei den Verrichtungen, zu welchen sie gebraucht werden.

Man hat wohl behauptet, daß das rheinische Recht in der hier fraglichen Beziehung von dem gemeinen deutschen Rechte nicht so sehr abweiche, der Unterschied vielmehr lediglich in der Anwendung beruhe, in der dem französischen Verfahren eigenthümlichen Leichtigkeit des Beweises und in der freieren Bewegung des Richters, der, weniger an die strenge Verhandlungsmaxime gebunden, dem Beschädigten einen wirksamen Schutz gewähren könne. Ohne zu verkennen, daß ein theoretischer Rechtssatz je nach der Art seiner Handhabung im Prozesse sehr verschieden wirken kann, wird man doch einen tiefgreifenden Unterschied darin finden müssen, daß das Französische Recht den Beauftragten während der Ausführung der ihm übertragenen Dienstleistung mit dem Auftraggeber vollständig identifizirt und für solidarisch verbunden erklärt, während das deutsche Recht an dem Dualismus beider Rechtssubjekte festhält und die Einheit nur bei einzelnen Willensakten und innerhalb mehr oder weniger eng gezogener Grenzen gelten läßt.

Dieses Unterschiedes ist sich die Kommission, welche 1865/66 in Dresden mit der Ausarbeitung eines den deutschen Bundesstaaten gemeinsamen Obligationenrechtes sich beschäftigte, auch vollständig bewußt gewesen. Sie hat den Versuch gemacht, sich dem rheinischen Rechte zu nähern, ist aber in dem Artikel 216 ihres Entwurfes nicht über den Satz hinausgegangen, daß derjenige, welcher rechtlich verpflichtet ist, die Aufsicht über einen Andern zu führen, für widerrechtliche Handlungen des letzteren insoweit aufzukommen hat, als er jener Verpflichtung aus Verschuldung nicht nachkommt. Die für die Fälle der freien Stellvertretung vom französischen Rechte angenommene Solidarität zwischen dem Prinzipal und Beauftragten hat jene Kommission sich bezüglich der Delikte nicht angeeignet. Augenscheinlich hat sie es für bedenklich erachtet, in diesem Punkte das Prinzip des bei uns eingebürgerten Rechtes zu verlassen.

Wenn es im Hinblick auf die in gleicher Proportion mit der Entwickelung industrieller Anlagen sich mehrenden Unglücksfälle die Aufgabe der Reichsgesetzgebung ist, der körperlichen Integrität einen erhöhten Rechtsschutz zu verleihen, so muß davon abgesehen werden, eine generelle Reform der Grundsätze über die Verpflichtung zum Schadensersatz herbeizuführen. Ein so weit gestecktes Ziel würde nur im Zusammenhange mit dem ganzen System des Obligationenrechtes sich erreichen lassen. Zur Zeit wird es sich allein darum handeln können, im Wege eines Spezialgesetzes

Bestimmungen zu treffen, um denjenigen, welche bei, mit ungewöhnlicher Gefahr verbundenen Unternehmungen an Leib oder Leben beschädigt werden, beziehungsweise ihren Hinterbliebenen einen Ersatz des erlittenen Schadens zu sichern.

Hierbei werden vorzugsweise die Eisenbahnen, Bergwerke und Fabriken in Betracht zu ziehen sein.

Zwar hat die Eingangs erwähnte Petition auch die Transportanstalten zur See (Segel- und Dampfschiffe) als Unternehmungen bezeichnet, bezüglich deren eine strengere Haftungsverbindlichkeit einzuführen wäre. Es ist jedoch hierbei übersehen, daß das, nunmehr als Reichsgesetz geltende Handelsgesetzbuch in diesem Punkte vollkommen ausreichende Bestimmungen enthält. Nach Vorschrift des Art. 451 dieses Gesetzbuches ist der Rheder für den Schaden verantwortlich, welchen eine Person der Schiffsbesatzung einem Dritten durch ihr Verschulden in Ausführung ihrer Dienstverrichtungen zufügt. Ebenso haftet der Schiffer nach Art. 478 für jeden durch sein Verschulden entstandenen Schaden, und ist durch Art. 479 noch besonders ausgesprochen, daß diese Haftung auch den Reisenden gegenüber bestehe. Wenn also, wie Petenten behaupten, in Folge der neuerlich auf deutschen Auswandererschiffen vorgekommenen Unfälle keine Entschädigungsansprüche erhoben sind, so wird die Ursache dieser Erscheinung jedenfalls nicht darin zu finden sein, daß es an den rechtlichen Bestimmungen gemangelt hätte, um den Beschädigten den Ersatz ihres Schadens zu ermöglichen.

I. Was zunächst die Eisenbahnen anbelangt, so hat das Handelsgesetzbuch dieselben bezüglich der ihnen zur Beförderung übergebenen Güter für allen Schaden verantwortlich gemacht, sofern sie nicht die höhere Gewalt oder die natürliche Beschaffenheit des Gutes als die Ursache des Verlustes oder der Beschädigung nachzuweisen vermögen (cfr. Artikel 421, in Verbindung mit Art. 395, 400 und 401). Die naheliegende Anwendung dieser Grundsätze auf den Personenverkehr ist im Handelsgesetzbuche nicht gemacht, sie würde auch, da der Grund der Haftungspflicht im Frachtvertrage ruht, nur zu Gunsten der Reisenden sprechen, nicht aber den Angestellten der Bahn, und noch weniger dritten Personen, welche durch Schuld des Eisenbahnbetriebes beschädigt werden, den Ersatz gewähren. Unter den Partikulargesetzgebungen hat dagegen die preußische diesem Gegenstande schon früher ihre Aufmerksamkeit zugewendet. In der richtigen Erkenntniß, daß der Größe der mit dem Eisenbahnbetrieb verbundenen Gefahr und dem Vertrauen, mit dem das Publikum auf die Einrichtungen und Anordnungen der Eisenbahnverwaltung sich zu verlassen genöthigt ist, das höchste Maß der Verantwortlichkeit auf

Seiten des Unternehmers entsprechen müsse, hat das preußische Gesetz über die Eisenbahnunternehmungen vom 3. November 1838 im § 25 bestimmt:

> die Gesellschaft ist zum Ersatz verpflichtet für allen Schaden, welcher bei der Beförderung auf der Bahn an den auf derselben beförderten Personen oder Gütern oder auch anderen Personen und deren Sachen entsteht, und sie kann sich von dieser Verpflichtung nur durch den Beweis befreien, daß der Schaden entweder durch die eigene Schuld des Beschädigten oder durch einen unabwendbaren äußeren Zufall bewirkt worden ist. Die gefährliche Natur der Unternehmung selbst ist als ein solcher, von dem Schadensersatz befreiender Zufall nicht zu betrachten.

Der Schwerpunkt dieser Bestimmung, welche auch in mehreren anderen Bundesstaaten gesetzliche Geltung erlangt hat, liegt darin, daß im Schadensfalle ein Verschulden des Betriebs präsumirt wird, die Eisenbahn mithin als ersatzpflichtig gilt, wenn sie nicht den Beweis der eigenen Verschuldung des Beschädigten oder der höheren Gewalt zu führen vermag.

Diese Rechtsauffassung entspricht ebensowohl der Analogie des Artikels 395 des Handelsgesetzbuches, als dem Sachverhältnisse selbst. Sie ist dem am 5. März 1869 in Oesterreich erlassenen Gesetz über die Haftung der Eisenbahnunternehmungen wesentlich zum Grunde gelegt und kann auch als Anhalt für die Reichsgesetzgebung benutzt werden.

II. Die Unglücksfälle im Bergbau sind, soweit eine Verschuldung dabei in Betracht kommen kann, meistens durch Explosionen (schlagende Wetter), Bruch oder Zusammensturz des Grubengebäudes, Wasserdurchbrüche, Sprengarbeiten und Maschinen verursacht worden.

Im Hinblick hierauf muß sich zunächst die Frage aufdrängen, ob es zulässig ist, den für die Haftungspflicht der Unternehmer von Eisenbahnen aufgestellten Grundsatz in gleichem Maße auf den Bergbau anzuwenden.

Diese Frage läßt sich nicht unbedingt bejahen, weil zugegeben werden muß, daß zwischen dem Betrieb der Eisenbahnen und dem des Bergbaues in der hier fraglichen Beziehung sehr wesentliche faktische Verschiedenheiten bestehen.

Man wird nicht zu weit gehen, wenn man annimmt, daß bei dem dermaligen Stande der Technik und der großen Menge von Hülfsmitteln und Erfahrungen ernste Unfälle im Eisenbahnverkehr sich durch Sorgfalt im Betriebe in der Regel vermeiden lassen. Die Unfälle im Bergbau dagegen sind oftmals die Folge des Einwirkens von Elementen und Naturkräften, welche sich auch der sorgfältigsten Kontrole entziehen. Ferner hat im Bergbau die selbstständige Thätigkeit des Arbeiters einen viel größeren Antheil am Betriebe, als bei den Eisenbahnen, wo es vornehmlich darauf ankommen wird, daß die dienstlichen Reglements und Anweisungen von den Angestellten pünktlich befolgt werden. Beim Bergbau handelt es sich nicht um den Schutz des Publikums, sondern um den Schutz des Arbeiters gegen die Verschuldungen des Unternehmers sowie der Bergwerksgenossen, und namentlich gegen die der eigenen Mitarbeiter selbst. Die Verantwortlichkeit des Werkbesitzers kann nicht füglich weiter ausgedehnt werden, als die Möglichkeit seiner Kontrole bei der Auswahl des zu verwendenden Personals reicht, und diese wird bei der großen Zahl der im Bergbau beschäftigten Arbeiter über letztere kaum zu führen sein. Der Hauptgesichtspunkt aber, welcher einer strengeren Haftungspflicht der Werkbesitzer entgegentritt und in den Abhandlungen des Dr. H. Achenbach über diesen Gegenstand mit Recht betont wird, ist der, daß jeder Bergmann in die Arbeit mit dem vollen Bewußtsein der Gefahren eintritt, welche aus der Mitarbeit zahlreicher Genossen ihm erwachsen können. Er weiß, daß ein einziger Mitarbeiter durch unzeitiges Oeffnen der Sicherheitslampe, durch Unvorsichtigkeit bei den Sprengarbeiten oder bei der Anwendung der Maschinen u. s. w. die Verstümmelung oder den Tod vieler Gefährten herbeiführen kann. Für die daraus entspringenden Schäden kann der Werkbesitzer nach Billigkeit nicht in Anspruch genommen werden, seine Haftung wird sich auf das eigene Verschulden und dasjenige seiner Techniker und Offizianten beschränken müssen. Die französische Praxis ist, trotz der weitgehenden Bestimmungen des Code, in diesem Punkte schwankend gewesen, in England dagegen haben Theorie und Praxis die Haftbarkeit des Werkbesitzers für die einem Arbeiter durch die Schuld eines Mitarbeiters verursachten Schäden entschieden verneint. An diese Auffassung von der Verantwortlichkeit des Werkbesitzers wird sich die weitere Folgerung anknüpfen, daß im Schadensfalle nicht, wie bei den Eisenbahnen, eine Verschuldung des Unternehmers ohne Weiteres präsumirt werden kann, der Beweis der Verschuldung vielmehr von demjenigen zu erbringen ist, der sich auf dieselbe als den Grund seines Anspruches beruft.

III. Mehrfache Bedenken werden der Gesetzgebung entgegentreten, wenn es sich darum handelt, bezüglich der Haftung für Körperbeschädigungen im Fabrikbetriebe besondere, von dem allgemeinen Rechte abweichende Grundsätze aufzustellen. Schon die Frage, welche industrielle Anlagen als Fabriken zu bezeichnen sind und worin das Kriterium zu finden ist, das sie von anderen gewerblichen Unternehmungen, insbesondere von dem Handwerk unterscheidet, wird Zweifel hervorrufen. Es giebt zudem Fabriken, deren Betrieb mit keiner oder geringer Gefahr für die körperliche Integrität verbunden ist, während eine solche Gefahr bei anderen Unternehmungen unleugbar vorhanden ist, die nicht den Fabriken zugerechnet werden.

Dieser nahe liegenden Bedenken ungeachtet wird man doch in der alljährlich wachsenden Zahl von Unglücksfällen im Fabrikbetriebe eine dringende Mahnung erkennen müssen, durch Einführung einer strengeren Haftbarkeit der Unternehmer dem Leben und der Gesundheit der Fabrikarbeiter einen größeren Schutz zu verleihen. Der legislative Grund, welcher darauf hinführt, abweichend von dem gemeinen Rechte die Verantwortlichkeit der Eisenbahn- und Bergwerks-Unternehmer zu erhöhen, trifft jedenfalls bei denjenigen Fabriken zu, welche Naturkräfte in ihren Dienst nehmen, die nur zu leicht eine von dem Arbeiter nicht vorherzusehende oder abzuwendende zerstörende Wirkung ausüben. Angesichts der Ausdehnung, welche die Anwendung der Dampfkraft im industriellen Betriebe erlangt hat, wird man nicht einwenden können, daß es in der Hand des Arbeiters liege, in minder gefährlichen Unternehmungen Beschäftigung zu suchen, noch auch wird sich im Allgemeinen behaupten lassen, daß schon der Arbeitslohn eine Prämie für die Uebernahme der Gefahr enthalte. Da der Arbeiter in Fabriken bezüglich der Sicherheit seiner Person den Einrichtungen und Vorkehrungen des Unternehmers vertrauen und denselben oftmals willenlos sich überlassen muß, so wird die Forderung nicht abzuweisen sein, daß auch hier der Größe der Gefahr die Verantwortlichkeit des Unternehmers entsprechen müsse. Eine Ersatzpflicht des letzteren wird jedenfalls dann anzunehmen sein, wenn die für den Fabrikbetrieb erlassenen polizeilichen Vorschriften nicht eingehalten wurden und die vorgekommene Körperverletzung damit in kausalem Zusammenhange stehen konnte. Dagegen wird die Verschärfung der Haftbarkeit des Unternehmers nur so weit reichen dürfen, daß er die Verschuldung seiner Angestellten zu vertreten hat, nicht aber wird er für die widerrechtlichen Handlungen seiner Lohnarbeiter verantwortlich zu machen sein. Die Gründe, welche diese Beschränkung beim Bergbau rechtfertigen, treffen mehrentheils beim Fabrikbetriebe zu. Dem entsprechend wird es hinsichtlich der Beweislast im Wesentlichen bei den Regeln des gemeinen Rechts zu bewenden haben.

Vorstehende Gesichtspunkte sind für die Aufstellung des Entwurfes maßgebend gewesen."

3. Literatur zu dem Reichshaftpflichtgesetz.

Eger: Das Reichshaftpflichtgesetz u. s. w. 2. Aufl. Breslau 1879.
Endemann: die Haftpflicht der Eisenbahnen u. s. w. 2. Aufl. Berlin 1876.
Kah: Das Haftpflichtgesetz u. s. w. Mannheim und Straßburg 1874.
Frantz: Die Haftpflicht der Eisenbahn- u. s. w. Unternehmer. Beuthen 1872.
Jacobi: Erläuterungen zum Haftpflichtgesetz 11. Aufl. Berlin 1878.
Römer: „Ueber das rechtliche Verhältniß der Haftung des Betriebsunternehmers aus dem Reichsgesetze vom 7. Juni 1871 zu der Haftung des an der Tödtung oder Körperverletzung Schuldigen nach gemeinem Recht und die actio de recepto" in Goldschmidt's Zeitschrift f. d. ges. Handelsrecht B. 18 (neue Folge B. 3) S. 1 ff.
Zimmermann: Abhandlung in Siebenhaar's Archiv f. Wechsel- und Handelsrecht neue Folge B. 2 S. 18; B. 3 S. 225.
Martinius: Bemerkungen zum Reichshaftpflichtgesetz in Gruchot's Beiträgen u. s. w. Jahrgang 19. S. 650, 658—668.
Achenbach: Abhandlung in der Zeitschrift für Bergrecht. Jahrgang 9 S. 104 ff., 419 ff.
Endemann: Abhandlung in Faucher's Vierteljahrsschrift für Volkswirthschaft u. s. w. B. 36 S. 33—80.
Lehmann: Körperverletzungen und Tödtungen auf deutschen Eisenbahnen. Erlangen 1869; Berlin 1871.
Gallus: Das Gesetz der Haftpflicht und die Assekuranz. Berlin 1871.
Veith: Deutsches Bergwörterbuch. Breslau 1871. S. 90, 98, 249.
Jacobi: Die Fabrikgesetzgebung des deutschen Reichs und der Einzelstaaten. Berlin 1873.
Jacobi: Die Gewerbegesetzgebung im deutschen Reich. Berlin 1874.
de Marmol: „Bemerkungen über die civilrechtliche Haftpflicht der Eigenthümer u. s. w. bei Unfällen in Bergwerken" in der Zeitschrift für Bergrecht. Jahrgang 1878. S. 364—376.
E. L. Jäger: Beitrag zur Frage der Versicherung der Arbeiter gegen Unglücksfälle im Beruf. 1872, 1873.
Die Haftpflichtfrage, Gutachten und Berichte veröffentlicht vom Verein für Sozialpolitik. Leipzig 1880.
Grothe: Haftpflicht und Arbeiterversicherung. Berlin 1880.

Steiner: Zur Haftpflichtfrage. Wien 1881.
Blum: Die erste Frucht des deutschen Staatssozialismus, Kritik des Entwurfes eines Arbeiterunfallversicherungsgesetzes u. s. w. Leipzig 1881.
Arendt: Die Reichsunfallversicherung. Leipzig 1881.

Das Reichshaftpflichtgesetz

betreffend

die Verbindlichkeit zum Schadensersatz für die bei dem Betriebe von Eisenbahnen, Bergwerken, Steinbrüchen, Gräbereien und Fabriken herbeigeführten Tödtungen und Körperverletzungen vom 7. Juni 1871.

(R.G.B. 1871 S. 207 u. ff).

§ 1.

Wenn bei [1]) dem Betriebe [2]) einer Eisenbahn [3]) ein Mensch [4]) getödtet [5]) oder körperlich verletzt [6]) wird, so haftet [7]) der Betriebs-Unternehmer [8]) für den dadurch [9]) entstandenen [10]) Schaden, [11]) sofern er nicht beweist, [12]) daß der Unfall [13]) durch höhere Gewalt [14]) oder durch eigenes Verschulden [15]) des Getödteten oder Verletzten verursacht ist. [16])

1. Bei dem Betriebe ist eine Tödtung oder Körperverletzung nicht dann schon erfolgt, wenn sie mit demselben zeitlich und räumlich zusammenfällt. Es bedarf vielmehr eines ursächlichen Zusammenhanges zwischen dem Betriebe und der Verletzung. Voraussetzung der Haftpflicht des Betriebsunternehmers ist der Umstand, daß der Eisenbahnbetrieb die Ursache der Verletzung ist. Der Verletzte, welcher im Prozeßwege den Betriebsunternehmer in Anspruch nimmt, hat den Kausalnexus zwischen dem Betrieb der Eisenbahn und dem Eintritt der Verletzung nachzuweisen.

Die Haftpflicht wird nicht dadurch bedingt, daß der Tod oder die Verletzung unmittelbare und sofortige Folge eines Betriebsereignisses ist. Auch für den Schaden, der durch eine später zur Erscheinung kommende Verletzung oder durch den nachträglich eintretenden Tod des Verunglückten verursacht ist, haftet der Unternehmer, wenn ein bei dem Betriebe eingetretenes Ereigniß die Ursache der Verletzung oder des Todes ist.

Ebensowenig ist zur Begründung der Haftpflicht des Unternehmers erforderlich, daß die Verletzung in örtlicher Beziehung innerhalb des Terrains der Eisenbahn erfolgt. Es genügt, daß die Ursache, welche den schädlichen Erfolg außerhalb des Eisenbahnterrains bewirkt, von dem Eisenbahnbetriebe ausgeht. Eine Verletzung, welche einer außerhalb des Eisenbahnterrains befindlichen Person durch Funken zugefügt wird, die aus dem Schornstein einer Lokomotive geflogen sind, fällt daher unter § 1 des Reichshaftpflichtgesetzes.

(Vergl. Franz, die Haftpflicht der Eisenbahnunternehmer S. 4; Eger, das Reichshaftpflichtgesetz S. 65—69, 73—75.)

Aus der Rechtsprechung des Reichsoberhandelsgerichts.

a) Das Wort „bei" im § 1 des Reichshaftpflichtgesetzes ist angewendet, um den Zusammenhang zwischen dem Geschäftsbetriebe der Eisenbahn und dem eingetretenen Schaden auszudrücken. Ein rein zeitliches Verhältniß zwischen dem Betriebe und dem eingetretenen Schaden genügt nicht zur Anwendung des Gesetzes. Letzteres beruht auf der Unterstellung eines Kausalnexus zwischen den Gefahren des Geschäftsbetriebes der Eisenbahnen mit dem einzelnen Unfalle. Das Requisit des Kausalnexus ist jedoch nicht blos dann anzunehmen, wenn der eingetretene Schaden unmittelbar durch den Betrieb verursacht worden ist, sondern auch dann, wenn nur ein mittelbarer ursächlicher Zusammenhang vorliegt.

Erkenntniß vom 19. Dezember 1873 (Entscheidungen des R.O.H.G. Bd. 12 S. 162). —

b) Der § 1 des Reichshaftpflichtgesetzes soll nur gegen die Folgen der besonderen Gefahren schützen, welche der Betrieb einer Eisenbahn herbeiführt.

Erkenntniß vom 28. Oktober 1874 (Entscheid. B. 14 S. 425).

Aus der Rechtsprechung des Reichsgerichts.

Durch das Wort „bei" im § 1 des Haftpflichtgesetzes wird erfordert, daß die Möglichkeit eines Kausalzusammenhanges zwischen dem Unfall und den besonderen Gefahren des Eisenbahnbetriebes vorhanden ist.

Urtheil vom 30. Juni 1880 (Blum's Annalen des Reichsgerichts B. II. S. 261).

2. Unter „Betrieb" einer Eisenbahn im Sinne des Reichshaftpflichtgesetzes ist die Thätigkeit der Transportmittel auf der Eisenbahn zu verstehen.

Der Begriff des Eisenbahnbetriebes hat sowohl bei Berathung des Haftpflichtgesetzes durch den Reichstag als auch durch die Kommentatoren und die Rechtsprechung verschiedenartige Deutungen erfahren. An sich umfaßt dieser Begriff in seiner weitesten Bedeutung alle Vorkehrungen, Einrichtungen, Maßnahmen, welche zum Zweck des Transportes von Menschen und Gütern auf der

Eisenbahn erfolgen. Es fällt unter diesen Begriff im weitesten Sinne nicht nur die Thätigkeit der Transportmittel, sondern auch das Verfrachten der Transportobjekte, die Sicherung der Fahrt, die Beaufsichtigung des Dienstpersonals, der Fahrbahn und der Transportmittel. Es fragt sich, welcher Umfang dem Begriffe „Betrieb" im Sinne des Haftpflichtgesetzes beizumessen ist. In den allgemeinen Motiven des Gesetzes werden die Größe und Gefährlichkeit des Betriebes sowie die generelle Reglementirung desselben durch die Eisenbahnverwaltungen als Gründe für die ausgedehnte Haftpflicht, die dem Betriebsunternehmer auferlegt wird, ausdrücklich hingestellt. Die speziellen Motive führen aus, daß keine irgend erhebliche Ausdehnung der Haftpflicht der Eisenbahnen über die Grenzen hinaus, welche die Rechtsprechung in Bezug auf das preußische Gesetz über die Eisenbahnunternehmungen vom 3. November 1838 festgestellt habe, beabsichtigt sei. § 25 dieses Gesetzes macht aber den Unternehmer nur für den Schaden haftpflichtig, welcher „bei der Beförderung auf der Bahn" entsteht. Es ergiebt sich hieraus, daß der Begriff „Betrieb" im Wesentlichen keine weitergehendere Bedeutung haben sollte, als der Ausdruck „Beförderung auf der Bahn". Die in Bezug genommene Rechtsprechung des preußischen Obertribunals hat nun letzteren Ausdruck stets möglichst einschränkend interpretirt und demgemäß nur denjenigen Schaden als unter jenes Gesetz fallend angesehen, der bei einer Fortbewegung der Beförderungsmittel entstanden ist (vergl. Erkenntnisse des preuß. Obertribunals vom 7. April 1852, 21. April 1854, 9. Dezember 1859, 16. Oktober 1863, 24. November 1865, 13. Dezember 1869; Striethorst's Archiv B. 5 S. 362, Entscheidungen B. 28 S. 270, Striethorst B. 36 S. 69, Str. B. 52 S. 33, Str. B. 62 S. 51, Str. B. 77 S. 113). Bei der Berathung des Haftpflichtgesetzes im Reichstage hat der Bundeskommissar gegenüber den verschiedenen Auslegungen und Verbesserungsversuchen der Wortfassung hinsichtlich des Ausdruckes „Betrieb" ausgeführt, daß eine Beschränkung der Haftpflicht auf den Schaden, der bei Bewegung der Fahrzeuge entsteht, nicht beabsichtigt sei, daß dem Unternehmer anderseits auch nicht eine Haftpflicht für jeden Schaden auferlegt werden solle, der bei seiner Unternehmung entsteht, sondern nur für denjenigen, welcher beim Betriebe der Eisenbahn, d. h. bei dem Betriebe auf dem Bahnkörper mit seinen Schienen eintrete, daß § 1 des Haftpflichtgesetzes daher die Unfälle betreffe, welche entstehen bei der Vorbereitung, der Durchführung, dem Abschlusse dieses erwähnten Betriebes (Sten. Bericht I S. 450, 451). Ist hiermit auch keine präzise Definition des Begriffes „Betrieb" gegeben, da es immerhin zweifelhaft bleibt, welche Thätigkeit unter „Vorbereitung, Durchführung und Abschluß“ des Betriebes fällt, so geht doch aus den Motiven und den Ausführungen des Bundeskommissar hervor, daß der Gesetzesentwurf eine Haftpflicht des Unternehmers nur für Unfälle, die bei dem technischen Betrieb auf der Fahrbahn eintreten, hat aufstellen wollen. Auch die Debatte über den Gesetzesentwurf im Reichstage hat nicht ergeben, daß dem Betriebsunternehmer eine weitergehende Verpflichtung hat auferlegt werden sollen. Ebenso spricht auch der Zweck des Gesetzes für eine enge Interpretation des fraglichen Ausdruckes. Das Haftpflichtgesetz hat, wie erwähnt, eine Schadensersatzpflicht des Betriebsunternehmers einer Eisenbahn einführen wollen mit Rücksicht auf die Größe der Gefahr, die mit dem Eisenbahnbetriebe verbunden ist, und auf die Nothwendigkeit für das Publikum, sein Verhalten dieser Gefahr gegenüber nach den von dem Unternehmer getroffenen Anordnungen einzurichten. Nur insofern eine solche Gefahr mit dem Eisenbahnbetriebe (im weiteren Sinne) verbunden ist, sollte die Haftpflicht des Unternehmers eintreten. Eine solche dem Eisenbahnbetriebe im Gegensatz zu andern Transportarten eigenthümliche Gefahr ist aber nur insofern vorhanden, als bei demselben auf besonders für denselben konstruirten und nicht willkürlich wählbaren Wegen durch Triebkräfte von besonderer Gefährlichkeit Transportmittel von ungewöhnlicher Schwere in schnelle Bewegung gesetzt werden. Diese Gefahr erstreckt sich mithin nur auf die Thätigkeit der Beförderungsmittel auf der Fahrbahn. Dem Zwecke des Gesetzes und dem Charakter desselben als Ausnahmegesetz entsprechend ist daher dem Begriff „Betrieb“ die oben aufgestellte enge Auslegung zu geben.

Es scheiden hiernach als nicht unter den „Betrieb“ im Sinne des § 1 fallend zunächst aus die Maßnahmen, welche nicht den technischen, sondern den gewerblichen Betrieb der Eisenbahn betreffen, wie das Einladen, Ausladen, Umladen der Güter, die Expedition der Passagiere. Es scheidet aus die rein administrative Thätigkeit der Eisenbahnverwaltung, wie die Anschaffung der Materialien und Betriebsmittel, Reparatur der Transportmittel, die Beaufsichtigung des Gesammtbetriebes, die Unterhaltung des Bahnkörpers, die Kassen- und Rechnungsführung. Es gehören zum „Betriebe“ auch nicht die technischen Manipulationen, welche an Beförderungsmitteln vorgenommen werden, die sich nicht in Thätigkeit befinden, wie z. B. das Reinigen einer ungeheizten Lokomotive.

Die Thätigkeit der Beförderungsmittel stellt sich zwar in der Regel, jedoch nicht ausschließlich, als Fortbewegung derselben mittels der gewöhnlichen Triebkraft dar. Dieselbe kann aber auch in einem Wirksamsein der Triebkraft bei Stillstehen der Beförderungsmittel oder in einer Fortbewegung letzterer mittels anderer Triebkräfte, als der gewöhnlichen, bestehen. Nur die gleichzeitige Ruhe der Beförderungsmittel und der Triebkraft in denselben schließt eine den „Betrieb" darstellende Thätigkeit aus. Es ist daher einerseits ein stillstehender Zug mit geheizter Lokomotive, andererseits ein durch Menschenkraft fortbewegter Eisenbahnwagen in Betrieb befindlich.

Zu den fraglichen Beförderungsmitteln gehören die Lokomotiven nebst Tender, die Personen- und Güterwagen, Draisinen u. dergl. Die Fortbewegung anderer Gegenstände auf Eisenbahnschienen, wie z. B. die eines Dampfkrahnes, gehört nicht zum Betrieb der Eisenbahn.

Ebensowenig sind Betriebshandlungen die außerhalb der Fahrbahn, in Werkstätten oder anderen Räumen, vorgenommenen technischen Manipulationen an den Beförderungsmitteln. Es fallen daher nicht unter § 1 des Reichsgesetzes Körperverletzungen, welche bei Reparatur der Transportmittel in einer Eisenbahn-Werkstätte eintreten.

Gemäß obiger Definition des Begriffes „Betrieb" sind, abgesehen von der Thätigkeit der Beförderungsmittel selbst, folgende technische Maßnahmen als den diesen Betrieb unmittelbar betreffend zu den Betriebsfunktionen im engeren Sinne zu rechnen:

a) die Entwickelung der Triebkraft (Heizen der Lokomotive, Wasser- und Kohlenspeisung derselben);
b) das Wirkenlassen und die Inruhesetzung der Triebkraft (Handhabung des Mechanismus der Lokomotive);
c) das Anhalten des Zuges (Bremsen);
d) das Rangiren des Zuges (Wagenschieben, Wagendrehen auf der Drehscheibe);
e) die Außerdienststellung der Beförderungsmittel (Auslöschen des Kesselfeuers, Ablassen des Dampfes, Wegschaffung der Lokomotive und Wagen).

Es gehören dagegen nicht zu dem „Betrieb" im Sinne des § 1 folgende denselben nur mittelbar betreffenden technischen Funktionen:

a) die Herstellung und Reparatur der Fahrzeuge und des Bahnkörpers;
b) die Stellung der Fahrbahn durch Weichen u. dergl.;
c) die Absperrung der Fahrbahn durch Barrieren u. dergl.;
d) das Geben von optischen oder akustischen Signalen für das Bahnpersonal oder das Publikum.

Die als Betrieb im Sinne des § 1 charakterisirten Vorgänge begründen bei eintretenden Unfällen nicht nur dann die Haftpflicht des Unternehmers, wenn sie ordnungs- und bestimmungsmäßig erfolgen, sondern auch, wenn sie ordnungswidrig eingetreten sind, wie z. B. die Fortbewegung von mangelhaft befestigten Wagen durch den Wind, Zusammenstöße von Wagen u. dergl. Der spezielle Zweck der Thätigkeit der Beförderungsmittel ist für die Frage, ob „Betrieb" vorliegt, gleichgültig, falls dieselbe nur auf einer „Eisenbahn" im Sinne des Haftpflichtgesetzes stattfindet. (Vergl. Anmerkung 3.)

Endlich ist hervorzuheben, daß zwar die Gefährlichkeit des Eisenbahnbetriebes in abstracto das Motiv für die Konstituirung der Haftpflicht des Unternehmers gewesen ist, daß jedoch der Eintritt dieser Haftpflicht in concreto keineswegs abhängig ist von der speziellen Gefährlichkeit der betreffenden einzelnen Betriebsfunktion. Innerhalb des Eisenbahnbetriebes in dem oben festgestellten engen Sinne ist keine Funktion absolut vor den dem Eisenbahnbetrieb als solchen eigenthümlichen Gefahren geschützt. Eine weitere Klassifizirung jener technischen Betriebsfunktionen im engeren Sinne nach dem Gesichtspunkte ihrer besonderen Gefährlichkeit erscheint weder in dem Wortlaut noch in der ratio des Gesetzes begründet. Dem Verletzten liegt nur der Beweis ob, daß der Unfall durch den „Betrieb" im engern Sinne herbeigeführt worden, daß er mit diesem in ursächlichem Zusammenhange steht. Die Führung des Beweises, daß die Ursache des Unfalls eine bestimmte Betriebsfunktion von besonderer und nur dem Eisenbahnbetriebe eigenthümlicher Gefährlichkeit gewesen ist, darf ihm nicht auferlegt werden. Die in Rede stehende Gefährlichkeit ist Motiv für die Einführung der Haftpflicht des Unternehmers gewesen, ist aber nicht in jedem einzelnen Falle Vorbedingung dieser Haftpflicht.

Die bisherigen Kommentatoren des Haftpflichtgesetzes sind hinsichtlich der Bedeutung des Ausdruckes „Betrieb" in § 1 des Gesetzes zu verschiedenen Resultaten gekommen. Endemann (die Haftpflicht der Eisenbahnen S. 14) ist der Ansicht, daß es sowohl in dem Gesetze selbst, als auch in den Verhandlungen über dasselbe an jedem positiven Anhaltspunkt für eine bestimmte Begrenzung des Ausdruckes „Betrieb" fehle, und daß die konkrete Würdigung jedes einzelnen Falles entscheidend sein müsse. — Frantz (a. a. O. S. 3) versteht unter „Betrieb" alle Handlungen und Ereignisse, welche in Ausführung und Beobachtung der vom Staate erlassenen Bahnpolizei- und Betriebsreglements vorgenommen und vorgekommen sind.

Kah (das Haftpflichtgesetz S. 20) nimmt hinsichtlich der Bedeutung des Ausdruckes „Betrieb" an, daß „die Voraussetzung des Gesetzes nur dann Platz greifen könne, wenn ein erkennbarer Zusammenhang des konkreten Unfalls mit der den Eisenbahnen eigenthümlichen Betriebsart stattfindet oder wenigstens im Allgemeinen als möglich sich darstellt."

Eger (a. a. O. S. 11, 12) definirt in wesentlicher Uebereinstimmung mit der Rechtssprechung des Reichsoberhandelsgerichts den „Betrieb" im Sinne des § 1 als den Inbegriff derjenigen Funktionen des Eisenbahngewerbes, welche demselben die ihm eigenthümliche Gefährlichkeit verleihen.

Aus der Rechtsprechung des Reichsoberhandelsgerichts.

a) Beschädigungen, die Arbeiter bei der Reparatur der Bestandtheile einer zerlegten Lokomotive in der Maschinen-Werkstatt treffen, fallen nicht unter § 1, sondern unter § 2 des Reichshaftpflichtgesetzes.
Erkenntniß vom 17. März 1874 (Entsch. B. 13 S. 81).

b) Beschädigungen, die bei der Entladung eines stillstehenden, am Ziele angelangten Eisenbahnwagens eintreten, sind nicht bei dem „Betriebe" der Eisenbahn erfolgt.
Erkenntniß vom 27. März 1874 (Entsch. B. 13 S. 83).

c) Die Arbeiten in der Centralwerkstätte einer Eisenbahn gehören selbst dann nicht zu dem „Betriebe" der Eisenbahn im Sinne des § 1 des Haftpflichtgesetzes, wenn diese Werkstätte für den Gesammtbetrieb unentbehrlich ist.
Erkenntniß vom 30. Juni 1874 (mitgetheilt in Eger's Kommentar S. 34).

d) Das Umlegen der Weichen gehört nicht zum „Betriebe" im Sinne des § 1 des Haftpflichtgesetzes.
Erkenntniß vom 17. April 1875 (Entsch. B. 16 S. 373).

e) Das Befestigen der Schrauben an den Schienen gehört nicht zum „Betriebe" im Sinne des Haftpflichtgesetzes.
Erkenntniß vom 14. Mai 1875 (mitgetheilt in der Zeitung des Vereins deutscher Eisenbahnverwalt. von 1875 S. 549; Eger a. a. O. S. 25).

f) Die Beschädigung eines Beamten bei dem Aussteigen aus einem auf dem Geleise stillstehenden und nur zum Uebernachten benutzten Eisenbahnwagen fällt nicht unter § 1 des Haftpflichtgesetzes.
Erkenntniß vom 7. September 1875 (mitgetheilt in der Zeitung des Vereins deutscher Eisenbahnverwalt. 1875 S. 931; Eger a. a. O. S. 26).

g) Das „Rangiren" — Zusammenschieben und Aneinanderhängen der Wagen — gehört auch dann zum „Betriebe" der Eisenbahn, wenn es ohne Anwendung der Dampfkraft ausgeführt wird.

Erkenntniß vom 29. Oktober 1875 (Entsch. B. 19 S. 101).

h) Das Wenden einer Lokomotive zum Zwecke des Rangirens eines Zuges gehört zum „Betriebe" der Eisenbahn.

Erkenntniß vom 15. Dezember 1876 (Entsch. B. 21 S. 354).

i) Reparaturarbeiten an dem Bahnkörper und die Aufgleisung der aus den Schienen gerathenen Wagen und Lokomotiven gehören nicht zum „Betriebe" der Eisenbahn.

Erkenntniß vom 11. Januar 1877 (Entsch. B. 21 S. 284).

k) Dadurch, daß ein Eisenbahnbeamter bei einem dienstlichen Gange durch den Bahnhof mit dem Fuße an einen Distanzpfahl stößt, hinstürzt und sich verletzt, wird ein Anspruch aus dem Haftpflichtgesetze nicht begründet.

Erkenntniß vom 12. Januar 1877 (mitgetheilt in der Zeitung des Vereins deutscher Eisenbahnverwalt. 1877 S. 305; Eger a. a. O. S. 29).

l) Das Putzen einer geheizten, abfahrtbereiten Lokomotive gehört zum „Betriebe" der Eisenbahn.

Erkenntniß vom 5. Juni 1877 (mitgetheilt in der Zeitung des Vereins deutscher Eisenbahnverwalt. 1878 S. 541; Eger a. a. O. S. 29).

m) Die Haftpflicht aus § 1 des Haftpflichtgesetzes tritt ein in Bezug auf alle Verletzungen, welche unmittelbar oder mittelbar verursacht sind durch Wirkungen der Handhabung und Ausführung des von dem in Anspruch genommenen Unternehmer realisirten Eisenbahnbetriebes in allen Richtungen desselben, insofern die eigenthümliche Gefährlichkeit des Eisenbahnbetriebes die Ursache des Unfalles beeinflußte.

Erkenntniß vom 29. Oktober 1877 (Entsch. B. 23 S. 1).

n) Ein Unfall kann als beim „Betriebe" einer Eisenbahn vorgekommen erachtet werden, wenn er nur mittelbar auf die dem Eisenbahnbetriebe eigenthümliche Gefährlichkeit zurückzuführen ist.

Erkenntniß vom 23. Oktober 1878 (Entsch. B. 24 S. 276).

o) Die Bedienung der Signalstangen fällt nicht unter den Begriff des „Betriebes" einer Eisenbahn im Sinne des § 1 des Reichshaftpflichtgesetzes.

Erkenntniß vom 21. November 1878 (mitgetheilt in der Zeitung des Vereins deutscher Eisenbahnverwalt. 1879 S. 47; Eger a. a. O. S. XXXII).

p) Das Ordnen der Signalleine auf einem abfahrtbereiten Zuge gehört als ein mit der Beförderung im unmittelbarsten Zusammenhange stehender Vorgang zum „Betrieb" der Eisenbahn.

Erkenntniß vom 21. Januar 1879 (mitgetheilt in der Zeitung des Vereins deutscher Eisenbahnverwalt. 1879 S. 424; Eger a. a. O. S. XXXII).

Aus der Rechtsprechung des Reichsgerichts.

a) Durch § 1 des Gesetzes vom 7. Juni 1871 soll gegen die besonderen und eigenthümlichen Gefahren Schutz verliehen werden, welche sich an den Eisenbahnbetrieb knüpfen, woraus folgt, daß ein Unfall zum mindesten mittelbar mit dieser besonderen Gefährlichkeit in ursächlichem Zusammenhange stehen muß, wenn die Anwendung des § 1 begründet sein soll.

Urtheil vom 25. November 1879 (Blum's Annalen des Reichsgerichts B. I. S. 80).

b) Unter „Betrieb" im Sinne des Reichsgesetzes vom 7. Juni 1871 fallen nur solche Funktionen des Eisenbahngewerbes, welche demselben die ihm eigenthümliche Gefährlichkeit verleihen. Es werden daher nur solche Verletzungen beim Eisenbahnbetriebe, welche mit derartigen Funktionen in kausalem Zusammenhange stehen, von der gedachten Gesetzesbestimmung berührt werden.

Urtheil vom November 1879 (Blum's Annalen des Reichsgerichts B. I. S. 198).

c) Ein Unfall ist nicht schon deshalb als „bei dem Betriebe" einer Eisenbahn erfolgt anzusehen, weil er bei Benutzung einer Vorrichtung eingetreten ist, welche den besonderen Zwecken der Eisenbahn dient, sondern es kommt darauf an, ob mit dieser Vorrichtung oder der Art und Weise der Benutzung derselben auch unmittelbar oder mittelbar die besondere, dem Eisenbahnbetriebe eigenthümliche Gefährlichkeit verbunden ist. Die Bedienung einer Signalvorrichtung hängt aber weder mit der Beförderung von Personen oder Gütern auf der Bahn noch mit der unmittelbaren Vorbereitung noch mit dem Abschlusse dieser Beförderung zusammen, und die Bedienung derselben gehört daher nicht zum Betriebe einer Eisenbahn im Sinne des § 1 des Haftpflichtgesetzes.

Urtheil vom 10. Februar 1880 (Entsch. des Reichsgerichts B. 1 S. 52, 53).

d) Eine Verletzung, die durch Hinauswerfen von Werkzeugen aus einem fahrenden Zuge seitens eines Eisenbahnarbeiters verursacht worden, ist bei dem „Betriebe" der Eisenbahn im Sinne des § 1 des Haftpflichtgesetzes erfolgt.

Urtheil vom 13. April 1880 (Entsch. B. I. S. 253).

e) Unter dem „Betriebe" einer Eisenbahn im Sinne des § 1 des Haftpflichtgesetzes ist zwar nicht lediglich die Beförderung auf der Bahn zu verstehen, jedoch auch nicht alle Betriebshandlungen des Eisenbahnunternehmers, vielmehr nur diejenigen, welche mit dem eigentlichen Eisenbahnbetriebe, der Beförderung auf der Bahn, unmittelbar zusammenhängen, namentlich die Vorbereitung, die Durchführung und der Abschluß der Beförderung. Bei der Beurtheilung, ob eine Betriebshandlung hierzu zu rechnen, ist maßgebend, ob sie mit den eigenthümlichen Gefahren des eigentlichen Betriebes der Eisenbahn, der Beförderung auf der Bahn, verbunden ist. Das Heruntersteigen von dem Walle, auf welchem die von dem Verletzten bediente Signalstange steht, gehört nicht zum „Betrieb der Eisenbahn" im Sinne des § 1 des Haftpflichtgesetzes.

Urtheil vom 30. Juni 1880 (Blum's Annalen B. II. S. 260 ff.)

f) Das Fortschieben eines Pferdeeisenbahnwagens auf den Schienen aus einer Wagenremise nach dem Hauptgeleise gehört zum „Betriebe" der Eisenbahn im Sinne des § 1 des Haftpflichtgesetzes.

Urtheil vom 22. Juni 1880 (Entsch. B. II. S. 8).

g) Ein Unfall, der bei Bedienung einer Signalvorrichtung eintritt, fällt unter § 1 des Haftpflichtgesetzes, wenn er mit der besonderen Eile, die bei jener Thätigkeit in Erwartung eines Zuges geboten war, in ursächlichem Zusammenhange steht.

Urtheil vom 10. Juli 1880 (Entsch. B. II. S. 85).

h) Das Aufgleisen einer entgleisten Lokomotive und das Umfallen einer unbeaufsichtigten Winde gehören nicht zu dem Betriebe einer Eisenbahn im Sinne des § 1 des Haftpflichtgesetzes.

Urtheil vom 29. September 1880 (Blum's Annalen B. II. S. 491).

i) Das Abladen eines stillstehenden Eisenbahnwagens sowie der Transport einer mit der Bahn zu versendenden Kiste nach der Verladungsstätte können nicht zum Eisenbahnbetriebe im Sinne des § 1 des Haftpflichtgesetzes gerechnet werden. Dagegen kann die durch die Regelmäßigkeit des Eisenbahnverkehrs gebotene Eile bei einer Arbeit die

Anwendung des § 1 cit. rechtfertigen, wenn der Unfall mit der Eile in ursächlichem Zusammenhange steht.

Urtheil vom 13. Oktober 1880 (Blum's Annalen B. II. S. 567).

k) Der Zweck der Beförderung auf einer Eisenbahn ist für die Frage, ob „Betrieb" im Sinne des § 1 des Haftpflichtgesetzes vorliegt, gleichgültig. Dieses Gesetz setzt nicht voraus, daß die Beförderung zum Zwecke eines Transportes unternommen werde. Es findet auch Anwendung, wenn Jemand von einer einzelnen Lokomotive, die leere Wagen von einer anderen Station abholen soll, überfahren wird. Vorbedingung der Anwendbarkeit ist der Umstand, daß der Unfall mit den dem Eisenbahnbetrieb eigenthümlichen Gefahren im Zusammenhang steht.

Urtheil vom 15. Januar 1881 (Blum's Annalen B. III. S. 190).

l) Ein an sich durch § 1 des Reichshaftpflichtgesetzes nicht getroffener Akt fällt dann unter die Vorschrift desselben, wenn er in Folge einer eigentlichen Betriebshandlung in außerordentlicher und gefährdender Weise vollzogen werden mußte. War für eine Arbeit wegen Herannahen eines Zuges besondere Eile geboten, so ist der Unfall als im Betriebe der Eisenbahn im Sinne des § 1 cit. geschehen anzusehen, ohne daß der Verletzte noch darzuthun hat, es hätte sich der Unfall nicht zugetragen, wenn die betreffende Arbeit ohne Eile geschehen wäre. Es genügt die Möglichkeit eines Zusammenhangs des Unfalls mit der dem Eisenbahnbetrieb eigenthümlichen Gefahr.

Urtheil vom 28. Dezember 1880 (Blum's Annalen B. III. S. 192).

m) Die Anwendung des § 1 des Haftpflichtgesetzes wird dadurch nicht ausgeschlossen, daß ähnliche Unfälle auch bei anderen Unternehmungen vorkommen, wie z. B. der durch die Explosion des Kessels in der Lokomotive entstehende Unfall als ein solcher anzusehen ist, welcher mit den dem Eisenbahnbetriebe eigenthümlichen Gefahren in ursächlichem Zusammenhang steht, obgleich auch bei anderen Dampfmaschinen Kesselexplosionen stattfinden. Der § 1 cit. setzt auch nicht voraus, daß im Augenblick des Unfalls eine positive Betriebshandlung vorgenommen werde. Es genügt, daß das Eisenbahnunternehmen überhaupt sich im Betrieb befindet und der Unfall mit den eigenthümlichen Gefahren eines solchen Betriebs im Zusammenhang steht.

Urtheil vom 13. April 1881 (Blum's Annalen B. III. S. 518).

3. Unter Eisenbahn im Sinne dieses Gesetzes ist eine dem Verkehr dienende technische Anlage zum Transport von Personen oder Sachen auf Schienenwegen zu verstehen. — Hieraus ergiebt sich Folgendes.

I. Nur die für den Verkehr bestimmten Eisenbahnen fallen, wie die Motive und die Berathung des Gesetzes im Reichstage ergeben, unter § 1 des Haftpflichtgesetzes. Ausgeschlossen sind Eisenbahnen, welche nur einem einzelnen Fabriketablissement oder Bergwerk als Transportwege dienen. Dieselben sind lediglich Pertinenzien der Fabrik oder des Bergwerks, aber keine Verkehrsanstalten, wie sie das Haftpflichtgesetz seiner Veranlassung und seinem Zweck nach im Auge hat. Eisenbahnen, die dem öffentlichen Verkehr dienen, fallen stets unter das Haftpflichtgesetz, gleichviel, ob sie Staatseigenthum (Staatsbahnen) oder Privateigenthum einer Aktiengesellschaft sind (Privatbahnen), ob sie unter staatlicher oder privater Verwaltung stehen. — Von den Kommentatoren des Haftpflichtgesetzes stellt Eger (S. 47) als Kriterium für den Begriff „Eisenbahn" das Moment hin, daß der Betrieb der betreffenden Anlage den Bahnpolizei- und Betriebsreglements für die Eisenbahnen Deutschlands unterworfen sei. Hiermit stimmen auch im Wesentlichen Jacobi (Kommentar S. 20, 21), Frantz (S. 3), Kah (S. 31 Anmerk. 2) überein. Es wird hier die reichsgesetzlich konstituirte Haftpflicht von dem ganz sekundären Moment der partikularrechtlichen Reglementirung des Betriebes abhängig gemacht. Ebensowenig zutreffend erscheint die Ansicht Endemann's (Kommentar, 2. Aufl. S. 12, 13), wonach dem Begriffe der Eisenbahn als einer Anstalt zum Transport von Gütern oder Personen mittels eines Eisenschienenweges die weiteste Ausdehnung zu geben und demgemäß auch die Privatbahnen der Bergwerksbesitzer und Fabrikanten zu den Eisenbahnen im Sinne des § 1 des Haftpflichtgesetzes zu rechnen seien. —

II. Das Haftpflichtgesetz betrifft die Eisenbahnen als technische Anlagen, nicht als gewerbliche Transportanstalten. Unter dem „Betrieb einer Eisenbahn" ist mithin, wie oben (Anmerk. 2) ausgeführt, nur der Betrieb der technischen Anlage, nicht der Gewerbebetrieb des Transportunternehmens zu verstehen. Gleichgültig für die Anwendung des § 1 ist es jedoch, ob diese Anlage sich auf der Erdoberfläche, unter oder über derselben befindet. Der Regel nach wird der Schienenweg allerdings auf die Erdoberfläche gelegt, Mangel an Raum oder Terrainverhältnisse können es jedoch erforderlich machen, daß er über der Erde auf Viadukten oder unter derselben in Tunneln geführt wird (wie z. B. die Berliner Stadtbahn, die Londoner unterirdische Stadtbahn, die Gotthardsbahn). Die für Festsetzung der Haftpflicht des Betriebsunternehmers maßgebend gewesenen Umstände treffen bei diesen Bahnen in gleicher Weise zu, wie bei den auf der Erdoberfläche befindlichen. Der Ansicht Eger's (S. 45), daß unterirdische Bahnen nicht unter § 1 des Reichshaftpflichtgesetzes fallen, kann daher nicht beigetreten werden. Die Aeußerung des Regierungskommissars bei Berathung des Gesetzes im Reichstage, auf welche Eger seiner Ansicht stützt, bezog sich im Wesentlichen nur auf die unterirdischen Bergwerkseisenbahnen, welche der Regierungskommissar als nicht unter das Haftpflichtgesetz fallend erachtete. (Stenographischer Bericht der Reichstagsverhandlungen 1871. B. I. S. 451.) Unterirdische Eisenbahnen, die dem öffentlichen Verkehr dienen, sind bei jener Berathung nicht in Frage gekommen. Der Umstand, den Eger ebenso wie Kah (S. 31) zur Begründung seine Ansicht geltend macht, daß zur Zeit des Erlasses des Haftpflichtgesetzes in Deutschland unterirdische, der Personenbeförderung dienende Eisenbahnen nicht existirten, kann kein Grund dafür sein, dieselben, wenn sie hier gebaut werden sollten, von dem Haftpflichtgesetz zu eximiren, da sie doch zweifellos unter den Begriff der „Eisenbahn" fallen, und hinsichtlich der Gefährlichkeit des Betriebes sowie der sonstigen Gründe, welche die Einführung der Haftpflicht des Betriebsunternehmers veranlaßt haben, allen anderen Bahnen völlig gleichstehen. Gegen den Ausschluß der unterirdischen Eisenbahnen hat sich auch Endemann (S. 12, 13) ausgesprochen. Unerheblich für die Anwendung des Haftpflichtgesetzes ist es ferner, ob die Eisenbahn eine normalspurige oder schmalspurige, Vollbahn oder Sekundärbahn ist, ob sie mittels eines Zahnrades oder Drahtseils betrieben wird. Auch die Anschlußgeleise, die nach industriellen Etablissements führen, gehören zu der „Eisenbahn", sofern sie nicht lediglich Bestandtheile des Etablissements sind. Es gehören ferner zu der „Eisenbahn" im Sinne dieses Gesetzes die dem Eisenbahnbetrieb ausschließlich dienenden Trajektanstalten (z. B. mit Schienen belegte Dampffähren, auf welchen Züge über einen Fluß gesetzt werden), Drehscheiben, Schiebebühnen, Weichenvorrichtungen und die nach Maschinenwerkstätten oder Wagenschuppen führenden Bahngeleise. —

III. Der Zweck einer „Eisenbahn" im Sinne des Haftpflichtgesetzes muß der Transport von Gütern oder Personen sein. Eisenbahnen, die anderen Zwecken dienen, fallen hinsichtlich der Haftpflicht des Betriebsunternehmers nicht unter dieses

Gesetz. So unterliegt demselben nicht eine nur zur Belustigung des Publikums eine kurze Rundfahrt ausführende Bahn, wie die bei der Gewerbeausstellung zu Berlin im Jahre 1879 thätig gewesene elektrische Eisenbahn. Ebensowenig bezieht sich das Haftpflichtgesetz auf militärische Eisenbahnen, die entweder interimistisch zu Uebungszwecken für Genietruppen oder zum Transport von Kriegsmaterial, Geschützen u. dergl. angelegt sind und nicht dem öffentlichen Verkehr dienen.

Zu Zweifeln hat die Frage Anlaß gegeben, ob das Haftpflichtgesetz sich auch auf im Bau begriffene Eisenbahnen bezieht. Mit Recht hebt zwar Eger (S. 48) hervor, daß eine im Bau befindliche Eisenbahn begrifflich noch keine Eisenbahn ist, sondern erst eine solche werden soll. Ist der Bau aber so weit vorgeschritten, daß eine bestimmungsgemäße Benutzung der Eisenbahn zum Transport von Menschen oder Gütern stattfinden kann, so ist es unerheblich, zu welchem Zwecke der Transport erfolgt. Auch die Fortschaffung von Arbeitern und Baumaterialien auf einer noch nicht dem öffentlichen Betrieb dienenden Bahn stellt immerhin einen Transport auf Schienenwegen dar. Ebenso wie Eger hält auch Jacobi (a. a. O. S. 21) die Anwendung des Haftpflichtgesetzes auf eine Bahn, welche noch nicht dem Betrieb übergeben, noch nicht zur allgemeinen Benutzung eröffnet ist, für unzulässig. Gleicher Ansicht ist Endemann (S. 16), entgegengesetzter Martinius (Gruchot's Beiträge Jahrgang 19 S. 650 ff). Das Reichsoberhandelsgericht hat in letzter Zeit angenommen, daß auch unvollendete Bahnen den Bestimmungen des § 1 des Haftpflichtgesetzes unterliegen, wenn sie auch ohne regelmäßigen Betrieb bereits zum Transporte von Personen oder Sachen benutzt werden. Das Reichsgericht hat auch die sogenannten Arbeitsbahnen als unter das Haftpflichtgesetz fallend erachtet. (Siehe unten Rechtsprechung des R.O.H.G. und des R.G.)

IV. Gleichgültig ist es für Anwendung des Gesetzes, durch welche Kraft die Beförderungsmittel auf dem Schienenwege fortbewegt werden. Die Haftpflicht des Betriebsunternehmers greift keineswegs nur bei den mit Dampfkraft betriebenen Eisenbahnen Platz. Wie aus den Motiven des Gesetzes sich ergiebt, sollten jedenfalls auch die Pferdeeisenbahnen unter dasselbe fallen. Dieses ist auch bei der Debatte über den Gesetzesentwurf im Reichstage widerspruchslos angenommen worden. Mangels einer im Gesetze selbst enthaltenen Beschränkung auf bestimmte Arten von Eisenbahnen muß das Haftpflichtgesetz auf jede Art von Eisenbahn, gleichviel durch welche Triebkraft die Transportmittel in Bewegung gesetzt werden, Anwendung finden. Es gehören daher zu den Eisenbahnen im Sinne des § 1 des Haftpflichtgesetzes auch die durch Luftdruck oder durch Elektrizität betriebenen Eisenbahnen. Die Betriebsverhältnisse und die Betriebsgefährlichkeit sind bei denselben nicht wesentlich andere, wie bei den Pferdeeisenbahnen. Die ratio legis kann daher behufs Beschränkung des Begriffes „Eisenbahn" auf Dampf- und Pferdeeisenbahnen nicht geltend gemacht werden. Anderer Ansicht ist Eger (S. 43), der den § 1 des Haftpflichtgesetzes nur auf den Betrieb der Lokomotiv- und Pferdebahnen als der bisher allein für den öffentlichen Verkehr monopolisirten beiden Arten der Eisenschienenwege angewendet wissen will. Er begründet seine Ansicht damit, daß das Haftpflichtgesetz als Spezial- und Gelegenheitsgesetz, welches dem gegenwärtigen Zustande unserer Verkehrseinrichtungen entspricht, strikte interpretirt werden müsse. Dem steht entgegen, daß es keine analoge Anwendung, keine erweiternde Auslegung des Gesetzes ist, wenn dasselbe auf andere, als die bisher gebräuchlichen Arten von Eisenbahnen Anwendung findet, sofern diese unter den allgemeinen Begriff „Eisenbahn" fallen und die spezifischen Merkmale einer solchen tragen; daß der zur Zeit der Emanation eines Gesetzes bestehende Zustand für den Geltungsbereich desselben nicht maßgebend sein kann, da das Gesetz der Intention des Gesetzgebers nach kein interimistisches, provisorisches, sondern auch auf die Verhältnisse der Zukunft anwendbares hat sein sollen. Mit Recht haben daher Zimmermann (Abhandlung in Siebenhaar's Archiv für Wechsel- und Handelsrecht B. 3 S. 229) und Kah (S. 30) atmosphärische Eisenbahnen als unter § 1 des Haftpflichtgesetzes fallend erachtet. —

V. Der Transport muß auf Schienenwegen erfolgen. Der Betrieb einer Straßenlokomotive oder einer sogenannten „Dampfdroschke", die nicht auf Schienen laufen, unterliegt nicht dem Haftpflichtgesetz. (Endemann S. 12; Frantz S. 2; Eger S. 44.) Unerheblich erscheint es dagegen für den Begriff der Eisenbahn, aus welchem Material die Schienenwege gefertigt sind. Eger (S. 44) ist zwar der Ansicht, „daß der Transport auf Schienen aus anderem Material als Eisen (in allen seinen Nuancen: Bessemerstahl, Rohstahl, Walzeisen, Puddeleisen), z. B. aus einem anderen Metalle oder Holz, Stein ausgeschlossen ist." Auch Endemann (S. 12) nimmt an, es bleibe ausgeschlossen, „was auf Schienen aus anderem Material läuft", als Eisen. Dieser Ansicht kann jedoch nicht beigetreten werden. Der Ausdruck „Eisenbahn" ist im Haftpflichtgesetze offenbar nur deshalb gebraucht, weil derselbe der übliche für die Transportanstalten ist, welche auf Schienenwegen Personen und Güter befördern. Es ist dieser Ausdruck hierfür deshalb üblich geworden, weil bei Einführung der fraglichen Transportweise und bis in die Neuzeit nur Eisen als Material für die Schienenwege verwendet worden ist. Keineswegs fällt aber diesem Metall eine entscheidende Bedeutung dafür zu, welche Transportanstalten als „Eisenbahnen" sprachlich bezeichnet werden dürfen. Wie Bahnen mit Stahlschienen sprachlich stets „Eisenbahnen" und nicht „Stahlbahnen" genannt werden, obwohl Stahl keineswegs eine Spezies des Gattungsbegriffes „Eisen" ist, so wird man unter „Eisenbahnen" überhaupt alle Bahnen verstehen müssen, die in gleicher Weise konstruirt sind, wie die eisernen Schienenwege. Mit dem Ausdruck „Eisenbahn" hat auch das Haftpflichtgesetz nicht auf das Material der Bahn, sondern auf die Erscheinung der letzteren als Schienenbahn hinweisen wollen. Es deutet dieser Ausdruck nicht auf eine eiserne Bahn im Gegensatz zu hölzernen oder kupfernen Bahnen, sondern auf eine Schienenbahn im Gegensatz zu freien, unbeschränkten Bahnen hin. Die Bezeichnung „Eisenbahn" ist mithin einer species der Schienenbahnen entnommen, bezieht sich aber auf das ganze genus derselben. Sollte die Technik in Zukunft andere Materialien, als Eisen oder Stahl, zum Schienenbau verwenden, so wird man nicht behaupten dürfen, daß Bahnen, deren Schienen aus solchen Materialien gefertigt sind, nicht unter das Haftpflichtgesetz fallen. Auch auf Erfindungen der Zukunft muß dieses Gesetz Anwendung finden, wenn dieselben nur ihrem Begriffe und Wesen nach durch die bezüglichen gesetzlichen Bestimmungen betroffen werden.

Aus der Rechtsprechung des Reichsoberhandelsgerichts.

a) § 1 des Haftpflichtgesetzes findet keine Anwendung auf die mit Pferden betriebenen Arbeitszüge einer im Bau begriffenen Eisenbahn.
Erk. vom 3. Dezember 1875 (Entsch. B. 19 S. 118).

b) Eine Eisenbahn kann noch nicht als im „Betrieb" befindlich angesehen werden, wenn die Bahn noch im Bau begriffen und die schon vorhandenen Bauanlagen nur zur Vollendung des Baues, nicht aber bestimmungsgemäß benutzt werden.
Erk. vom 20. April 1876 (Entsch. B. 20 S. 13).

c) Auch interimistisch zur Ausführung von Erdarbeiten angelegte Arbeitsbahnen fallen unter § 1 des Haftpflichtgesetzes, wenn diese Bahnen hinsichtlich der Gefährlichkeit des Betriebes den zum allgemeinen Verkehr bestimmten Eisenbahnen gleichgeachtet werden können.
Erk. vom 23. Mai 1876 (Entsch. B. 20 S. 151).

d) § 1 des Reichshaftpflichtgesetzes setzt nicht mit Nothwendigkeit voraus, daß die Bahn bereits polizeilich abgenommen und dem bestimmungsmäßigen, regelmäßigen Gewerbebetrieb übergeben ist. Es genügt, wenn ein Schienenweg auf einem fertigen Bahnkörper zu dem bestimmungsmäßigen Zweck des Transports von Personen und Sachen benutzt wird.
Erk. vom 21. November 1876 (Entsch. B. 21 S. 243).

e) Auch die mit Pferden betriebenen Eisenbahnen fallen unter § 1 des Haftpflichtgesetzes.
Erk. vom 28. November 1876 (Entsch. B. 21 S. 237).

f) § 1 des Reichshaftpflichtgesetzes ist auch auf sogenannte Arbeitsbahnen anwendbar, wenn dieselben in Ansehung der Gefährlichkeit des Betriebes den zum allgemeinen Verkehr bestimmten Eisenbahnen gleich zu achten sind. Dieses ist der Fall, wenn auf einer Arbeitsbahn eine Reihe von Eisenbahnwagen auf Schienengeleisen durch Lokomotiven gezogen wird.
Erk. vom 12. Juni 1879 (Entsch. B. 25 S. 203).

Aus der Rechtsprechung des Reichsgerichts.

a) Für die Anwendbarkeit des § 1 des Haftpflichtgesetzes ist hinsichtlich des Begriffes „Eisenbahn" nicht wesentlich 1) die Bestimmung der betreffenden Eisenbahn als Mittel zum Betrieb eines öffentlichen Frachtgewerbes oder doch wenigstens eines definitiven, auf völlig fertiggestellter Betriebsanlage realisirten Transportunternehmens, 2) die polizeiliche Abnahme der Betriebsanlage und die mit Genehmigung der zuständigen Behörde erfolgte Eröffnung des Eisenbahnunternehmens oder die Stellung unter das Bahnpolizeireglement. Unfälle von Menschen fallen vielmehr, wenn der Transport auch nur zum Zwecke des Eisenbahnbaues und auf lediglich zu diesem Zwecke gelegten Schienen erfolgt ist, unter § 1 des Haftpflichtgesetzes, sobald die objektive (aus der spezifischen Eigenthümlichkeit der Bewegungsfaktoren resultirende) Gefährlichkeit des betreffenden Transportbetriebes gleichartig erscheint derjenigen des Betriebes der für den allgemeinen Güter- und Personenverkehr bestimmten Eisenbahnunternehmungen.

Unter Eisenbahnunternehmen im Sinne des § 1 des Haftpflichtgesetzes ist zu verstehen: „ein Unternehmen, gerichtet auf wiederholte Fortbewegung von Personen oder Sachen über nicht ganz unbedeutende Raumstrecken auf metallener Grundlage, welche durch ihre Konsistenz, Konstruktion und Glätte den Transport großer Gewichtsmassen, beziehungsweise die Erzielung einer verhältnißmäßig bedeutenden Schnelligkeit der Transportbewegung zu ermöglichen bestimmt ist, und durch diese Eigenart in Verbindung mit der außerdem zur Erzeugung der Transportbewegung benutzten Naturkräfte (Dampf, Elektrizität, thierische oder menschliche Muskelthätigkeit, bei geneigter Ebene der Bahn auch schon der eigenen Schwere der Transportgefäße und deren Ladung u. s. w.) bei dem Betriebe des Unternehmens auf derselben eine gewaltige (je nach den Umständen nur in bezweckter Weise nützliche, oder auch Menschenleben vernichtende und menschliche Gesundheit verletzende) Wirkung zu erzeugen fähig ist."

Urtheil vom 27. März 1880 (Entsch. B. I. S. 247—252).

b) Die Vorschriften des § 1 des Haftpflichtgesetzes finden auf alle Anstalten Anwendung, bei denen ein Transport auf Schienengeleisen stattfindet und im Wesentlichen gleichartige Gefahren, wie bei den für den öffentlichen Verkehr bestimmten, mit Dampf betriebenen Eisenbahnen, wenn auch in geringerem Grade, obwalten. Für die Frage, ob eine Eisenbahn im Sinne des § 1 cit. vorliegt, ist es unerheblich, ob die betreffende Transportanstalt für den öffentlichen Verkehr bestimmt, insbesondere für denselben bereits eröffnet ist, oder nur einem einzelnen Unternehmen dient, ob der Betrieb dem Bahnpolizeireglement für die Eisenbahnen unterworfen ist oder nicht, ob die Schienengeleise zur vorübergehenden oder dauernden Benutzung bestimmt sind.

Urtheil vom 5. Mai 1880 (Blum's Annalen des Reichsgerichts B. II. S. 185 ff.).

c) Die Benutzung der Dampfkraft zur Fortbewegung von Wagen ist weder bei den dem öffentlichen Verkehr übergebenen Eisenbahnen noch bei sogenannten Arbeitsbahnen nothwendige Voraussetzung der Haftverbindlichkeit des Unternehmers. Bei der Beurtheilung der Frage, ob der Betrieb einer dem öffentlichen Verkehr nicht übergebenen Eisenbahn die Gefahren des gewöhnlichen Eisenbahnbetriebes mit sich führt, kommen vielmehr alle Umstände des Falles — die Länge und Bauart der Bahn, die Art und Weise des Betriebes, die Nothwendigkeit oder Räthlichkeit von Schutzvorrichtungen und Sicherheitsmaßregeln — in Betracht.

Urtheil vom 11. Juni 1880 (Blum's Annalen B. II. S. 183, Entsch. B. II. S. 38).

d) § 1 des Haftpflichtgesetzes kann auch Anwendung finden, wenn nicht Dampf als Betriebskraft angewendet wird, sondern die Bewegung durch Pferde oder Menschenhand (bei Lowrys) erfolgt.
Urtheil vom 15. Januar 1881 (Blum's Annalen B. III. S. 189 ff).

e) Eine Schienenanlage, welche integrirender Bestandtheil, beziehungsweise Zubehör einer Fabrik ist und ausschließlich zur Erleichterung des Fabrikbetriebes dient, ist keine „Eisenbahn" im Sinne des § 1 des Haftpflichtgesetzes.
Urtheil vom 18. Januar 1881 (Blum's Annalen B. III. S. 193).

4. Der Ausdruck „ein Mensch" muß im weitesten Sinne verstanden werden. Es genügt zur Anwendung des Gesetzes, daß irgend ein Mensch, sei er Passagier, Beamter der Bahn, Arbeiter bei derselben oder ein ganz unbetheiligter Dritter, bei dem Betriebe der Eisenbahn einen Unfall erleidet. Das Verhältniß des Verletzten zu dem Betriebsunternehmer ist gleichgültig (cfr. Eger S. 57—60; Jacobi S. 21; Kah S. 32, 33; Endemann S. 18, 19; Frantz S. 4.)

5. Es ist unerheblich, ob der Tod sofort bei dem Betriebsunfall oder erst später eintritt, wenn nur letzterer die Ursache des später eingetretenen Todes ist. Es fallen daher auch Körperverletzungen mit tödtlichem Ausgang unter den Begriff der „Tödtung" im Sinne des § 1. Wer in Folge eines Todesfalles den Unternehmer des Eisenbahnbetriebes als haftpflichtig in Anspruch nehmen will, hat nur nachzuweisen, daß der Tod verursacht ist durch eine Verletzung, die ihrerseits mit einem Betriebsunfalle in ursächlichem Zusammenhange steht (vergl. Anmerkung 1). Dieser Zusammenhang kann auch ein mittelbarer sein. Ist nämlich die Verletzung erst dadurch hervorgerufen, daß durch das fragliche Betriebsereigniß zunächst eine andere Kraft in Bewegung gesetzt wird, welche dann ihrerseits die Verletzung verursacht, so ist letztere doch immerhin eine mittelbare Folge des Betriebsereignisses und als „bei dem Betriebe" erfolgt anzusehen. Wird beispielsweise durch den Stoß einer Lokomotive gegen einen Wagen der Fall einer Person verursacht, und verletzt diese beim Fallen eine andere Person, so ist die Verletzung „bei dem Betriebe der Eisenbahn" eingetreten (cfr. Eger S. 63—66; Endemann S. 20, 21; Kah S. 35, 36).

Hinsichtlich der Haftpflicht beim Konkurriren mehrerer Ursachen des Unfalls vergl. Anmerkung. 7, 15 und 16.

Aus der Rechtsprechung des Reichsgerichts.

Der Ausdruck „getödtet“ im Haftpflichtgesetz bezeichnet nur den ursächlichen Zusammenhang zwischen dem Unfall und dem Tode, nicht aber die Voraussetzung, daß der wirkenden Ursache sofort die Wirkung nachgefolgt sein müsse.
Urtheil vom 27. Januar 1880 (Entsch. des R.G. B. I. S. 52; Blum's Annalen B. I. S. 58).

6. Unter körperlicher Verletzung ist zu verstehen jede Einwirkung auf den Körper einer Person, durch welche das körperliche Wohlbefinden derselben gestört wird. Nicht nur eine äußerliche, mechanische, sondern auch eine psychische Einwirkung, die eine Störung des körperlichen Wohlbefindens nach sich zieht, fällt unter den Begriff der Körperverletzung. Als solche stellt sich, ebenso wie im Reichsstrafrecht (§ 223 Strafgesetzbuch), jede Beschädigung der Gesundheit dar (cfr. Eger S. 61—63; Endemann S. 20; Kah S. 34). Auch Störungen der geistigen Funktionen gehören zu den Körperverletzungen, da mit jenen stets eine Störung der physischen Thätigkeit derjenigen Organe, welche die geistige Thätigkeit vermitteln und beeinflussen (Gehirn, Herz, Nerven u. s. w.) im engsten Zusammenhange steht.

Aus der Rechtsprechung des Reichsoberhandelsgerichts.

Der Umstand, daß die Einwirkung, welche den Unfall veranlaßt hat, eine blos psychische ist, steht der Anwendung des § 1 des Haftpflichtgesetzes nicht entgegen.
Erkenntniß vom 2. Februar 1877 (Entsch. B. 21 S. 412).

7. Die Haftpflicht des Betriebsunternehmers einer Eisenbahn hat ihren Rechtsgrund nicht in einem Verschulden desselben, sondern entspringt unmittelbar aus dem Gesetz. Die Obligation, welche ihr zu Grunde liegt, ist keine obligatio ex delicto oder quasi ex delicto, sondern eine obligatio ex lege. Dies ist bereits bei Berathung des Gesetzes im Reichstage anerkannt (cfr. Stenograph. Bericht 1871, B. I. S. 625). Weder ein nachweisbares noch ein präsumtives Verschulden des Unternehmers begründet dessen Haftpflicht, sondern lediglich die Thatsche der Verletzung bei dem Betriebe (cfr. Eger S. 69 ff.).

Vorausgesetzt, daß der Unfall in ursächlichem Zusammenhang mit dem Eisenbahnbetriebe erfolgt ist, bleibt die Haftpflicht des Unternehmers nur dann ausgeschlossen, wenn nachweislich höhere Gewalt oder eigenes Verschulden des Verletzten die Ursache des Unfalles ist. Gleichgültig ist es im Uebrigen, ob ein

Verschulden des Unternehmers oder seiner Angestellten, ob die schuldhafte Handlung eines Dritten, ob Mängel in den Betriebsfunktionen oder im Material der Eisenbahn den Unfall herbeigeführt haben. —

Der Betriebsunternehmer haftet auch dann dem Beschädigten prinzipaliter, wenn das Verschulden eines Dritten nachweislich bei dem Unfall konkurrirt. Es bestehen dann zwei verschiedene Obligationen, von denen die eine ex lege, die andere ex delicto entspringt, die erste die Verpflichtung des Unternehmers, die zweite die Verbindlichkeit des Dritten darstellt (cfr. Aeußerung des Bundeskommissar bei Berathung des Gesetzes, Stenograph. Bericht B. I, S. 625).

Die Einreden der Vorausklage und der Theilung stehen gegenüber dem Anspruch des Beschädigten dem Betriebsunternehmer nicht zu (cfr. Eger S. 78—80; Endemann S. 22; Kah S. 141; Römer in Goldschmidt's Zeitschrift f. Handelsrecht B. 28 S. 1 ff.).

Ebensowenig kann der Dritte, welcher aus seinem Verschulden oder aus einem Vertrage (Versicherung) in Anspruch genommen wird, den Einwand der Vorausklage gegen den Unternehmer dem Beschädigten entgegenstellen. Seine Verpflichtung hängt lediglich von der Landesgesetzgebung und den betreffenden Vertragsbestimmungen ab. Das Haftpflichtgesetz statuirt eine prinzipale Verpflichtung für den Betriebsunternehmer den Beschädigten gegenüber, die auf das Verhältniß zwischen diesem und dritten Personen ohne Einfluß ist. Der Beschädigte kann hiernach die Wahl haben, ob er gegen den Betriebsunternehmer oder gegen den Urheber des Schadens oder den Versicherer desselben seinen Schadensersatzanspruch geltend machen will. „Darüber aber," hebt Endemann (S. 23) hervor, „ob sich der auf Grund des § 1 belangte Unternehmer darauf berufen mag, daß der Kläger schon von dem eigentlichen Urheber der Beschädigung oder sonst von einem Andern Entschädigung erhalten hat und mithin nicht berechtigt ist, solche noch einmal bei dem Unternehmer zu fordern, ist ebenso nach allgemeinen Rechtsregeln zu entscheiden, wie darüber, inwiefern es dem aus seinem Verschulden belangten Urheber der Beschädigung zu Statten kommt, daß der Unternehmer bereits hat zahlen müssen" (cfr. auch § 4 Anmerk. 6; Eger S. 81, 82; Kah S. 141).

Der Betriebsunternehmer, der Schadensersatz geleistet hat, kann seinerseits Regreß nehmen gegen den aus dem Delikt verpflichteten Urheber des Schadens, während die aus civilrechtlichen Titeln zum Schadensersatz verpflichteten Personen, wenn sie zunächst in Anspruch genommen worden sind, keine Regreßansprüche gegen den Unternehmer des Eisenbahnbetriebes haben. Wird

Schadensersatz seitens des Beschädigten von dem Betriebsunternehmer gefordert, während solcher bereits zum Theil von dem civilrechtlich Verpflichteten geleistet ist, so würde der Unternehmer von seiner Leistung das bereits von Jenem Geleistete in Abzug bringen, eventuell diesen Betrag, wenn er irrthümlich gezahlt ist, kondiciren können. Denn das Haftpflichtgesetz will dem Beschädigten nur einen Anspruch auf Schadensersatz, keineswegs aber einen solchen auf Gewinn geben, wie er durch eine doppelte Entschädigung herbeigeführt werden würde (cfr. Eger S. 84, 85; Frantz S. 23).

Aus der Rechtsprechung des Reichsoberhandelsgerichts.

a) Das Reichshaftpflichtgesetz stellt die Haftung des Unternehmers eines Eisenbahnbetriebes für den casus oder Zufall fest, mit alleiniger Ausnahme des unter den Begriff der höheren Gewalt fallenden, des casus, cui infirmitas humana resistere non potest. Bei dieser Haftung bleibt außer Betracht, inwieweit eine Verschuldung des schadenbringenden Unfalls den Organen des Unternehmers, die den Betrieb leiten und ausführen, zur Last fällt. Es ist daher kein Grund vorhanden, der auf besonderer gesetzlichen Bestimmung ruhenden Haftung des Unternehmers die eigenthümliche rechtliche Qualifikation einer obligatio quasi ex delicto beizulegen.

Erkenntniß vom 5. März 1874 (Entsch. B. 13 S. 68).

b) Den Lebensversicherungsgesellschaften stehen selbständige Entschädigungsansprüche aus der Tödtung eines Versicherten durch einen Eisenbahnunfall gegen den Eisenbahnbetriebsunternehmer nicht zu.

Erkenntniß vom 9. Juni 1874 (Entsch. B. 13 S. 426).

c) Die Haftpflicht der Eisenbahnen nach § 1 des Reichshaftpflichtgesetzes ist nicht durch ein Verschulden derselben bedingt.

Erkenntniß vom 23. Januar 1877 (Entsch. B. 21 S. 363).

Aus der Rechtsprechung des Reichsgerichts.

a) Die auf § 1 des Haftpflichtgesetzes beruhende Verbindlichkeit zum Schadensersatz ist nicht als eine obligatio quasi ex delicto, sondern als obligatio ex lege zu betrachten. Indem das Gesetz die Schadensersatzpflicht nur in Bezug auf den durch höhere Gewalt oder durch eigenes Verschulden verursachten Unfall verneint, stellt es zugleich die Haftung für den casus oder Zufall fest.

Urtheil vom 2. Dezember 1879 (Annalen B. I. S. 193).

b) § 1 des Haftpflichtgesetzes setzt ein Verschulden des Betriebsunternehmers nicht voraus, läßt diesen vielmehr auch für den Zufall haften.
Urtheil vom 27. Januar 1880 (Entsch. des Reichsgerichts B. I. S. 49—52).

c) Hat eine Eisenbahngesellschaft die Rechte und Pflichten einer anderen Eisenbahngesellschaft mit dem ganzen Unternehmen der letzteren übernommen, so ist auch die Haftpflicht des früheren Betriebsunternehmers aus Unfällen, die vor der Uebernahme stattgefunden, auf den Uebernehmer übergegangen.
Urtheil vom 10. Mai 1880 (Blum's Annalen B. II. S. 190 ff.).

8. „Betriebsunternehmer" einer Eisenbahn ist derjenige, welcher den Transport auf der Eisenbahn für eigene Rechnung betreibt. Wie bereits Eger (a. a. O. S. 85) nachgewiesen, sind die Definitionen Frantz's (a. a. O. S. 4) und Kah's (a. a. O. S. 34), wonach „Betriebsunternehmer" diejenige Person ist, welche den gewerblichen Betrieb thatsächlich ausübt, sei es auch an Stelle und für Rechnung des Eigenthümers nicht zutreffend. Denn wer für Rechnung und an Stelle des Eigenthümers den Betrieb ausübt, ist nur ein Stellvertreter des dann selbst als Betriebsunternehmer erscheinenden Eigenthümers. Richtiger definirt Endemann (a. a. O. S. 21) den Betriebsunternehmer als „diejenige Person, welche es zu ihrem Geschäft macht, die Eisenbahnanlage ihrem Zecke gemäß auszunutzen", und Eger (a. a. O. S. 85) als „diejenige physische oder juristische Person, welche auf einer Bahnstrecke — sei dieselbe die eigene oder eine im Eigenthum eines Andern stehende — den Bahnbetrieb gewerblich für eigene Rechnung, im eigenen Namen und daher auch zu eigenem Vortheil ausübt".

Die Person des Betriebsunternehmers kann sowohl von der des Eigenthümers der Eisenbahn als auch von der des technischen Leiters derselben verschieden sein. Bei Privatbahnen unter Staatsverwaltung ist nicht der Staat, der die Bahn für fremde Rechnung verwaltet, sondern der Eigenthümer (die Aktiengesellschaft), für den verwaltet wird, Betriebsunternehmer. Ueberläßt dagegen ein Eisenbahneigenthümer eine Eisenbahnstrecke dem Staate oder einer Eisenbahngesellschaft zum Betrieb auf eigene Rechnung, so gilt die letztere, bezw. der Staat, als Betriebsunternehmer. (Eger a. a. O. S. 87.)

Zweifelhaft kann die Person des Haftpflichtigen sein, wenn der Unfall entweder bei der Beförderung eines durchgehenden

Zuges, welcher die Bahnen verschiedener Unternehmer durchläuft, oder auf einer Bahnstrecke, die dem gemeinschaftlichen oder konkurrirenden Betriebe mehrerer Unternehmer dient, eingetreten ist. Es muß bei Entscheidung der in dieser Beziehung entstehenden Fragen stets festgehalten werden, daß derjenige haftet, welcher den fraglichen Betrieb, bei dem der Unfall eingetreten ist, auf eigene Rechnung ausgeführt hat, gleichviel ob er Eigenthümer der betreffenden Transportmittel oder des betreffenden Schienenstranges ist, ob er den Betrieb mittels eigenen Bahnpersonals oder desjenigen einer fremden Eisenbahn ausübt. Im Einzelnen ergiebt sich hieraus Folgendes. Durchläuft ein Zug die Strecke mehrerer Eisenbahnen, so erfolgt der Betrieb in der Regel nicht lediglich auf Rechnung und zum Vortheil der Eisenbahn, welcher die Abgangsstation angehört, sondern auf Rechnung aller Eisenbahnen, welche der Zug passirt. Alle diese Eisenbahnen sind hinsichtlich dieses Transports Unternehmer und zwar jede für die in ihrem Betrieb befindliche Bahnstrecke. Bei einem Unfall würde derjenige Unternehmer haftpflichtig sein, auf dessen Strecke sich der Unfall ereignet hat. Ausnahmen hiervon finden dann statt, wenn unter den betheiligten Bahnen eine Vereinbarung entweder dahin getroffen ist, daß der betreffende Betrieb auf gemeinschaftliche Rechnung stattfindet, oder dahin, daß auf der betreffenden in dem Eigenthum der verschiedenen Eisenbahnen stehenden Strecke jede einzelne derselben den von ihr veranlaßten durchgehenden Transport auf eigene Rechnung unternimmt. Im ersteren Falle würden sämmtliche betheiligte Bahnen gemeinschaftliche Betriebsunternehmer sein und daher für Unfälle, die bei dem gemeinschaftlichen Betrieb eintreten, solidarisch haften. Im letzteren Falle dagegen würde Konkurrenzbetrieb verschiedener selbständiger Unternehmer auf derselben Strecke stattfinden und jeder dieser Unternehmer hinsichtlich des von ihm veranlaßten durchgehenden Transportes allein haftbar sein. — Tritt ein Unfall ein in Folge des Zusammentreffens von Betriebsfunktionen zweier Eisenbahnen, die von verschiedenen Unternehmern betrieben werden, so haften beide Unternehmer solidarisch, vorausgesetzt, daß der Unfall nicht durch die einseitige Betriebsfunktion der einen Bahn verursacht ist. Solches ist der Fall beim Zusammenstoß zweier Züge verschiedener Eisenbahngesellschaften auf einem gemeinschaftlich benutzen Bahnhof. Die Frage, welche der verschiedenen Eisenbahnen den Unfall verschuldet hat, kann für die Regreßansprüche des als haftpflichtig in Anspruch genommenen Betriebsunternehmers von Bedeutung sein, ist aber für die Haftpflicht des Betriebsunternehmers gleichgültig. Dem solidarisch verpflichteten Betriebsunternehmer stehen die Einreden der Theilung oder der Vorausklage nicht zu. (Vergl. Eger a. a. O. S. 88—98, Endemann a. a. O. S. 21, 22, Kah a. a. O. S. 34.)

Die Postverwaltung ist auch dann nicht Unternehmer eines Eisenbahnbetriebes, wenn ihr gehörige Wagen mit dem Eisenbahnzuge befördert werden. (Eger a. a. O. S. 99, 100.)

Nach Art. 8 des Reichsgesetzes vom 20. Dezember 1875 betreffend die Abänderung des Gesetzes über das Postwesen vom 28. Oktober 1871 (R.G.Bl. pro 1875 Nr. 32) ist jedoch die Postverwaltung zur Erstattung des von dem Betriebsunternehmer der Eisenbahn für Tödtung oder Verletzung eines Postbeamten geleisteten Schadensersatzes verpflichtet, falls nicht der Schaden durch ein Verschulden des Eisenbahnbetriebsunternehmers oder einer der im Eisenbahnbetriebe verwendeten Personen herbeigeführt worden ist. Die Eisenbahnverwaltung soll daher auch nach den Vollzugsbestimmungen zu Art. 8 cit. der Oberpostdirektion, in deren Bezirk sich der Unfall ereignet hat, Mittheilung von den seitens eines Postbeamten erhobenen Ersatzansprüchen machen, eventuell derselben Abschrift der angestellten Klage übersenden.

Aus der Rechtsprechung des Reichsoberhandelsgerichts.

a) Der bei dem Bau einer Eisenbahn Verletzte kann nicht auf Grund des § 1 des Haftpflichtgesetzes von dem Bauunternehmer Entschädigung fordern.
Erk. vom 28. Oktober 1874 (Entsch. B. 14 S. 425.)

b) Als „Betriebsunternehmer" im Sinne des Haftpflichtgesetzes ist nicht derjenige anzusehen, welcher den technischen Betrieb ausführt oder ausführen läßt, sondern derjenige, auf dessen Kosten und Gefahr der Betrieb stattfindet, so daß das ökonomische Ergebniß des Betriebes ihm Vortheil oder Nachtheil bringt. Betriebsunternehmer ist daher derjenige, welcher die gewerbliche Anlage von dem Eigenthümer zur eigenen Ausnutzung gepachtet hat, nicht aber derjenige, welcher zum Zwecke der Ausnutzung derselben durch den Eigenthümer Arbeiten übernimmt.
Erk. vom 17. Oktober 1876 (Entsch. B. 21 S. 175).

c) Bei gemeinschaftlicher Benutzung von Geleisen eines Bahnhofes ist jede der betheiligten Bahnen, — gleichviel welche derselben Eigenthümerin des Bahnhofes oder Geleises ist, — für die bei ihrem eigenen Betriebe geschehenen Unfälle haftpflichtig.
Erk. vom 15. Dezember 1876 (Entsch. B. 21 S. 266).

d) Ist ein Unfall durch die beiderseitige auf Betrieb der Bahn gerichtete Thätigkeit zweier verschiedener Eisenbahnen herbeigeführt, so liegt die Haftpflicht beiden betheiligten Bahnen, ohne Rücksicht darauf, welche von ihnen den Unfall verschuldet hat, hinsichtlich des gesammten zu ersetzenden Schadens solidarisch ob. Es steht in der freien Wahl des Beschädigten, welche der beiden Bahnen er auf den vollen ihm zukommenden Schadensersatz in Anspruch nehmen will. Die Einrede der Theilung oder der Vorausklage darf ihm nicht entgegengehalten werden, da dieselbe nicht ausdrücklich durch das Haftpflichtgesetz dem Betriebsunternehmer gewährt worden ist.
Erk. vom 23. Januar 1877 (Entsch. B. 21 S. 361).

e) Bei durchgehenden Zügen ist jede der betheiligten Eisenbahnen, falls jene Züge nicht für gemeinschaftliche Rechnung gehen, auf ihrer eigenen Strecke alleinige Betriebsunternehmerin und haftet als solche bei Unfällen.
Erk. vom 4. Mai 1877 (Entsch. B. 22 S. 8).

f) Ueben zwei Bahnen auf einem Bahnhofe ihren Betrieb konkurrirend aus, so haften bei einem Unfalle beide für den verursachten Schaden, wenn der Unfall dadurch herbeigeführt wird, daß die im Betriebe der einen Bahn funktionirende Lokomotive einen Wagenzug der anderen Bahn zusammendrückt.
Erk. vom 29. Oktober 1877 (Entsch. B. 23 S. 1).

g) Befördert eine Bahn auf Grund eines Uebereinkommens einen Zug auf den Geleisen einer anderen Bahn, so ist sie als Unternehmerin dieses Betriebes haftpflichtig, und zwar entweder als Mitunternehmerin, falls dieser Betrieb auf gemeinschaftliche Rechnung beider Bahnen erfolgt, oder als alleinige Unternehmerin, falls er auf eigene Rechnung bei gegenseitiger Gestattung des Konkurrenzbetriebes zwischen den beiden Bahnen erfolgt ist. Die Haftpflicht wird dadurch nicht ausgeschlossen, daß der Betriebsunternehmer sich der Lokomotive und des Maschinenpersonals einer anderen Bahn bedient.
Erk. vom 13. November 1877 (Puchelt Zeitschrift B. 9 S. 457; Zeitung des Vereins deutscher Eisenbahnverwaltungen 1878 S. 652; Eger, Kommentar S. 91).

Aus der Rechtsprechung des Reichsgerichts.

a) „Betriebsunternehmer" im Sinne des § 1 des Haftpflichtgesetzes ist auch derjenige, dem die Ausnutzung einer Eisenbahn in dem Sinne überlassen ist, daß das ökonomische Ergebniß des Betriebes ihm zum Vortheil oder Nachtheil gereicht. Es kann daher auch ein Bauunternehmer, dem ein Eisenbahngeleise gegen Entgelt zur Benutzung für Arbeitszüge überlassen ist, als Betriebsunternehmer auf dieser Strecke gelten.

Urtheil vom 16. April 1880 (Entsch. B. I. S. 279—281).

b) Als „Betriebsunternehmer" im Sinne des § 1 des Haftpflichtgesetzes muß derjenige angesehen werden, für dessen Rechnung und auf dessen Gefahr der Eisenbahnbetrieb stattfindet. Der Eigenthümer einer Bahn, der dieselbe an einen Andern verpachtet hat, ist nicht Betriebsunternehmer. Haben verschiedene Unternehmer auf einem und demselben Schienengeleise für ihre Rechnung einen Eisenbahnbetrieb, so haftet bei einem Unfalle derjenige Unternehmer, bei dessen Betrieb der Unfall eingetreten ist. Ob der Beschädigte im Dienste einer anderen Eisenbahn zur Zeit des Unfalles stand, ist hierbei unerheblich.

Urtheil vom 19. Mai 1880 (Blum's Annalen B. II. S. 188).

9. Der Unternehmer haftet für den Schaden, der durch die Körperverletzung oder Tödtung entstanden ist. Es muß also zwischen dem Schaden und der Verletzung oder Tödtung ein ursächlicher Zusammenhang bestehen. Nicht erforderlich ist, daß die Verletzung oder Tödtung die alleinige Ursache des Schadens sei. Wäre der letztere aber mit Nothwendigkeit auch ohne den Unfall eingetreten, so steht er mit demselben in keinem Kausalnexus. Ein Schaden, der nicht durch die Verletzung oder Tödtung einer Person entstanden ist, sondern in Folge von Zeitversäumniß oder Sachbeschädigung, die durch ein Eisenbahnunglück herbeigeführt worden, eingetreten ist, fällt nicht unter das Haftpflichtgesetz. (Vergl. Eger S. 102, 103; Kah S. 35, 36, 88; Endemann S. 24; Frantz S. 4; Jacobi S. 27.)

10. Erst die Entstehung des Schadens begründet die Verpflichtung des Unternehmers zum Ersatz desselben. Trotzdem kann, wenn die Verpflichtung zum Schadensersatz an sich streitig ist, die Feststellung des Rechts auf Ersatz eines voraussichtlich später in Folge des Unfalles effektiv werdenden Schadens im Prozeßwege beansprucht werden. Die Anstellung einer Klage auf Anerkennung des Rechts auf Ersatz des durch den Unfall verursachten Schadens kann namentlich zur Unterbrechung der zweijährigen Verjährung des Klagerechts in den Fällen geboten sein, in welchen der Eintritt des Schadens erst in einem spätern Zeitpunkte zu erwarten ist.

Aus der Rechtsprechung des Reichsgerichts.

Eine Klage auf Grund des § 3 des Haftpflichtgesetzes ist in dem Falle nicht für ausgeschlossen zu erachten, wenn der Verletzte zur Zeit der Verletzung zwar weder erwerbsthätig noch auch momentan erwerbsfähig ist, wohl aber in der Lage sich befindet, daß der Eintritt der Erwerbsfähigkeit und mit ihr die Ausübung Gewinn bringender Thätigkeit erfahrungsgemäß und nach dem Lauf der Dinge zu vermuthen ist, und wo die Folgen der erlittenen Verletzung der Art sind, daß die präsumtive Erwerbfähigkeit im Zweifel als beeinträchtigt angesehen werden darf. Die Klage ist dann auf Anerkennung der Verpflichtung zur Entschädigung zu richten.

Urtheil vom 2. Dezember 1879 (Reichsanzeiger pro 1880 Nr. 37, Blum's Annalen B. I. S. 193).

11. Der durch den Unfall Geschädigte ist nicht identisch mit dem Verletzten. Auch Personen, zu deren Unterhalt der Verletzte verpflichtet gewesen, können durch den Unfall geschädigt werden. (Vergl. § 3.) Nicht jeder Schaden, der durch die Verletzung oder Tödtung verursacht wird, muß von dem Betriebsunternehmer ersetzt werden, sondern nur die im § 3 aufgezählten Vermögensnachtheile.

12. Der Beweis, daß der Unfall durch höhere Gewalt oder durch eigenes Verschulden des Getödteten bezw. Verletzten verursacht ist, befreit den Unternehmer von der Haftpflicht. Das Gesetz fordert zur Begründung des Anspruchs auf Schadensersatz seitens des Verletzten nur den Nachweis, daß die Verletzung bei dem Betriebe der Eisenbahn eingetreten ist, jedoch nicht den Nachweis aller Ursachen des Unfalls. Die Motive des Gesetzes finden den inneren Grund für die kraft Gesetzes eintretende Verpflichtung des Unternehmers in der Präsumtion, daß der Unfall durch ein Verschulden der Eisenbahnverwaltung herbeigeführt worden ist. Die Einreden der höhern Gewalt und des eigenen Verschuldens des Verletzten sind abgesehen von der Verjährung die einzigen, welche der verklagte Unternehmer im Prozesse dem Anspruche des Klägers, der die erwähnte gesetzliche Voraussetzung der Haftpflicht nachweist, entgegensetzen kann. Daß höhere Gewalt bezw. eigenes Verschulden die Ursache des Unfalls ist, hat der Unternehmer positiv und vollständig zu erweisen. Thatsachen, welche nur die Möglichkeit oder die Vermuthung der höheren Gewalt oder des eigenen Verschuldens begründen, reichen zur Führung dieses Beweises nicht aus.

Aus der Rechtsprechung des Reichsoberhandelsgerichts.

a) Die Ungewißheit der Ursache eines Unfalls fällt hinsichtlich der Haftpflicht der Eisenbahn zur Last. Diese kann sich nur entlasten, wenn sie den positiven und vollständigen Nachweis erbringt, daß entweder höhere Gewalt oder eigenes Verschulden des Verunglückten den Unfall verursacht haben.
Erk. vom 26. Oktober 1875 (Zeitung des Vereins deutscher Eisenbahnverwalt. 1875 Nr. 93 S. 990; Eger a. a. O. S. 109).

b) Der Verletzte hat zur Begründung eines Anspruches aus § 1 des Haftpflichtgesetzes nicht nachzuweisen, auf welche bestimmte, mit dem Betriebe verbundene Gefahr der einzelne Unfall in höherem oder geringerem Maße zurückzuführen sei.
Erk. vom 17. Mai 1876 (Entsch. B. 21 S. 9).

Aus der Rechtsprechung des Reichsgerichts.

Der Satz „sofern er nicht beweist u. s. w." in § 1 des Haftpflichtgesetzes enthält nicht blos eine prozessualische, sondern eine wesentlich materielle Bestimmung. Er bezeichnet die einzigen Beschränkungen, welche die im vorhergehenden Satze prinzipiell unbeschränkt ausgesprochene Haftpflicht der Eisenbahn-Betriebsunternehmer ausschließen, und verhält sich daher zu der im ersten Satze ausgesprochenen Haftpflicht wie die Ausnahme zur Regel. — Indem das Gesetz die Schadensersatzpflicht nur in Bezug auf die durch höhere Gewalt oder eigenes Verschulden verursachten Unfälle verneint, stellt es zugleich die Haftung für Zufall (casus) fest.
Urtheil vom 2. Dezember 1879 (Reichsanzeiger pro 1880 Nr. 3. Blum's Annalen B. I. S. 193 ff.)

13. Unter Unfall ist die Schädigung des Verletzten an Leib oder Leben, also die Körperverletzung bezw. die Tödtung, nicht das Ereigniß zu verstehen, welches die Verletzung oder Tödtung verursacht. Es kommt daher hinsichtlich der Haftpflicht des Unternehmers nicht darauf an, ob dieses Ereigniß, sondern ob die Körperverletzung bezw. Tödtung durch „höhere Gewalt" oder „eigenes Verschulden" herbeigeführt worden ist. Der Betriebsunternehmer kann sich daher von der Haftpflicht durch den Nachweis befreien, daß die Verletzung nur durch das schuldhafte Verhalten des Verletzten bei einem den Unfall verursachenden Betriebsereigniß herbeigeführt worden ist (z. B. bei dem Unfall eines Passagiers, welcher den Zug verbotswidrig bestiegen hat und in demselben, bevor das Einsteigen gestattet worden, ver-

unglückt). Andrerseits haftet der Unternehmer, auch wenn die Betriebsstörung durch höhere Gewalt verursacht ist, bei einer Verletzung, die nicht unmittelbare Folge der Betriebsstörung gewesen, sondern durch spätere den Betrieb betreffende Handlungen oder Zustände herbeigeführt worden ist (z. B. bei einem Unfalle, welcher die Folge des reglementswidrigen Verhaltens des Fahrpersonals oder der schadhaften Beschaffenheit des Waggons bei einer durch „höhere Gewalt" verursachten Entgleisung ist). — Vergl. Eger S. 114; Endemann S. 29.

14. „Höhere Gewalt" ist eine von Außen kommende, durch angemessene Vorkehrungen nicht abwendbare Einwirkung. Als Ursache eines Betriebsunfalls ist die „höhere Gewalt" eine zufällige, durch ein äußeres Ereigniß herbeigeführte Einwirkung auf den Betrieb, deren schädliche Wirkung nach der im Verkehr herrschenden Anschauung durch zweckentsprechende Vorkehrungen nicht abgewendet werden kann.

Das Ereigniß, dessen Wirkung als höhere Gewalt anzusehen ist, muß in Beziehung auf den Betrieb ein von Außen her kommendes sein. Es erscheinen daher nicht als „höhere Gewalt" die zufälligen schädlichen Wirkungen, welche durch den Betrieb selbst oder durch die Betriebsbeamten verursacht sind. Handlungen des Betriebspersonals und Mängel des Betriebsmaterials sind hinsichtlich ihrer schädigenden Wirkung keine höhere Gewalt. Nur ein äußerer, jedoch nicht ein innerer Zufall kann sich als solche darstellen. Nicht zutreffend erscheint daher auch die Ansicht Eger's (a. a. O. S. 125, 126), „daß der Betriebsunternehmer für Handlungen seiner Leute nur dann hafte, wenn dieselben in Ausübung ihrer Dienstverrichtungen erfolgen. Bei einem durch einen Betriebsbeamten verursachten Unfall kann es hinsichtlich der Haftpflicht des Unternehmers keinen Unterschied machen, ob derselbe zu der betreffenden Betriebshandlung, die den Unfall herbeigeführt hat, berufen war oder nicht, ob diese innerhalb oder außerhalb der Sphäre seiner speziellen Dienstfunktionen lag, ob sie dem fraglichen Betriebsbeamten geboten oder verboten war. Der Betriebsunternehmer haftet vielmehr für alle Handlungen seiner Betriebsorgane, welche diese als solche bei dem „Eisenbahnbetrieb" vornehmen. Unerheblich ist es, ob sie sich etwa unberufen zu diesen Handlungen gedrängt, ob sie dieselben auftragswidrig, ob während ihrer Freistunden oder dienstlicher Beurlaubung vorgenommen haben. Betriebshandlungen der Bahnarbeiter und Bahnbeamten sind keine von Außen kommende Einwirkungen auf den Betrieb und können daher niemals eine die Haftpflicht des Unternehmers aufhebende „höhere Gewalt" involviren. Dies gilt selbstverständlich nur hinsichtlich solcher Arbeiter des Betriebsunternehmers, welche „bei dem Betriebe der Eisenbahn“ im engeren Sinne (siehe Anmerkung. 2, 3) thätig sind, nicht aber von sonstigen Arbeitern des Unternehmers, die außerhalb dieses Betriebes beschäftigt werden. Letztere stehen zu dem „Betriebe der Eisenbahn“ in dem Verhältniß dritter Personen. —

Die von Außen kommende Einwirkung, welche sich als „höhere Gewalt“ darstellt, kann den Handlungen dritter Personen oder elementaren Naturkräften entspringen.

Unter dritten Personen sind solche zu verstehen, welche weder zu den durch den Unfall Betroffenen noch zu den Betriebsorganen gehören. Diese Personen können einen Unfall entweder absichtlich oder durch Fahrlässigkeit oder ohne Verschulden herbeiführen. Im letzteren Falle beruht der Unfall auf einem Zufall, für welchen der Betriebsunternehmer haftbar ist. Denn nur mit Absicht oder durch Fahrlässigkeit herbeigeführte Betriebsunfälle können dem Betriebsunternehmer gegenüber als unvermeidliche gelten. Zu Zweifeln kann die Frage Anlaß geben, ob die Handlung eines Unzurechnungsfähigen, bei welchem von einem „Verschulden“ nicht die Rede sein kann, als „höhere Gewalt“ anzusehen ist. Dieselbe wird dahin zu beantworten sein, daß die Handlung eines unzurechnungsfähigen Dritten als auf „höherer Gewalt“ beruhend den Unternehmer entlasten kann, da sie eine von Außen kommende Einwirkung ist, daß aber die Handlung eines unzurechnungsfähigen Bahnbediensteten oder die einer in Folge ihres eigenen Verhaltens verunglückten unzurechnungsfähigen Person nicht als ein von Außen kommendes Ereigniß, mithin nicht als „höhere Gewalt“, sondern als ein innerer Zufall gelten muß, für welchen der Betriebsunternehmer haftbar ist. Das Reichsgericht hat hinsichtlich dieser Frage zwei differirende Entscheidungen gefällt. In dem einen Fall (Erk. vom 2. Dezember 1879) ist die Verunglückung eines kleinen Kindes als nicht durch höhere Gewalt, sondern durch Zufall verursacht erachtet worden, weil von einem „eigenen Verschulden“ bei dem unzurechnungsfähigen Kinde, das auf die Schienen gelaufen war, nicht die Rede sein könne, das Betreten der Schienen durch das demnächst verletzte Kind aber keine Handlung einer dritten Person, mithin keine „höhere Gewalt“ darstelle. In dem anderen Falle dagegen (Erk. vom 9. Juli 1880) ist der plötzliche Eintritt einer Geistesstörung, die der Anlaß zum Verlassen des Coupés während der Fahrt für die unzurechnungsfähig gewordene und demnächst verunglückte Person war, als „höhere Gewalt“ angesehen worden.

Naturereignisse, die einen Unfall bei dem Eisenbahnbetriebe herbeiführen, kommen als „höhere Gewalt“ nur dann in

Betracht, wenn eine außerhalb des Betriebes in Wirksamkeit tretende elementare Naturkraft die Betriebsstörung verursacht hat. Ausgeschlossen sind dagegen die Wirkungen derjenigen Kräfte, die (wie z. B. die Dampfkraft) gerade zum Zweck des Betriebes entwickelt worden sind.

Sowohl die schuldhaften Handlungen dritter Personen als auch die Naturereignisse (Gewitter, Sturm, Regen, Erdbeben u. s. w.) sind dem Betriebsunternehmer gegenüber nur dann höhere Gewalt, wenn sie, beziehungsweise ihre schädigende Wirkung, durch angemessene Maßnahmen nicht abgewendet werden konnten. Als angemessen sind indessen nur solche Vorkehrungen anzusehen, welche nach den im Verkehr herrschenden Anschauungen hinsichtlich des Kostenaufwandes, den sie verursachen, zu dem durch sie zu erreichenden Erfolg in einem vernünftigen Verhältniß stehen. Die Sicherung muß der vorhandenen Gefahr entsprechen. Sicherungsmaßregeln zu treffen, die zu jener in keinem Verhältniß stehen, ist der Unternehmer nach den im Verkehr herrschenden Anschauungen nicht verpflichtet. Der Maßstab, welcher hinsichtlich der Möglichkeit des Widerstandes gegen die schädigende „höhere Gewalt" angelegt werden muß, ist hiernach zwar ein relativer, von der Größe der Gefahr und des Sicherungsaufwandes abhängiger. Er ist jedoch insofern ein absoluter, als er von den persönlichen Verhältnissen des Betriebsunternehmers unabhängig ist. — Bei Naturereignissen kann in der Regel der Eintritt derselben (Gewitter, Regen) nicht verhindert werden. Doch können in vielen Fällen die schädlichen Einwirkungen derselben auf den Betrieb der Eisenbahn (Brand, Ueberschwemmung) durch zweckmäßige Sicherungsmaßregeln (Blitzableiter, Damm) abgewendet werden. Die Möglichkeit solcher Vorkehrungen und ihre Wirksamkeit hängt wesentlich von der Leistungsfähigkeit der Technik ab. Inwieweit solche Vorkehrungen trotz der Kosten derselben von dem Unternehmer getroffen werden müssen, um die schädlichen Wirkungen äußerer Einwirkungen auf den Betrieb abzuwehren, kann daher absolut und für alle Zeit nicht bestimmt werden. Das Minimum der in dieser Beziehung dem Unternehmer obliegenden Pflichten stellen die Bahnpolizeireglements und Bahnbetriebsreglements fest. Ueber dieses Minimum hinaus muß der vernünftige Verkehrswille, der sich in den gebräuchlichen und gewohnheitsmäßigen Einrichtungen des Betriebs dokumentirt, als maßgebend erachtet werden (vergl. Eger a. a. O. S. 130, 134). Ist bei Eintritt eines Ereignisses, welches den Betrieb gefährdet, die mögliche Abwendung der schädlichen Einwirkung desselben von dem Unternehmer oder dessen Personal schuldhaft unterlassen, so greift jedenfalls die Haftpflicht des Betriebsunternehmers Platz (vergl. Kah a. a. O. S. 48 Anmerk. 1; Endemann a. a. O. S. 26).

Eger (a. a. O. S. 122) definirt „höhere Gewalt“ als „diejenigen äußeren Ereignisse, deren Vermeidung durch Vorkehrungen, welche zu dem durch dieselben zu erreichenden Erfolg nach der allgemeinen Verkehrsanschauung in vernünftigem Verhältniß stehen, unmöglich ist.“ „Wenn durch ein feindliches Heer,“ bemerkt er (a. a. O. S. 133), „durch Aufständische mit überlegenen Kräften der Betrieb gestört, die Schienen aufgerissen, ein Tunnel gesprengt, eine Brücke zerstört wird, wenn, nachdem die Bahn alle ihre Pflichten sorgfältigst erfüllt hat, die Signale und Weichen richtig gestellt, die Geleise vom Wärter vorschriftsmäßig begangen und genau revidirt sind, jemand doloser oder kulposer Weise ein Hinderniß auf die Schienen bringt und eine Entgleisung bewirkt, wenn im letzten Momente vor Passiren des Zuges ein wahnsinniger Mensch, ein Selbstmörder die Barrieren durchbricht oder überspringt, sich auf die Schienen legt und einen Betriebsunfall herbeiführt, so wird man diese Fälle als „von Außen kommende Handlungen“ bezeichnen müssen, deren betriebsgefährlichen Folgen sich nicht abwenden ließen, mithin als höhere Gewalt.“

Hinsichtlich der Abwendbarkeit des durch Naturereignisse bewirkten Schadens bemerkt Lehmann (Körperverletzungen und Tödtungen auf deutschen Eisenbahnen S. 33 u. 34) Folgendes: „Der Richter wird bei der Frage, ob vertretbarer casus oder unvertretbare vis major vorliegt, immer ins Auge zu fassen haben, daß die Bahn nicht unverhältnißmäßige Summen zu einer möglichst absoluten Sicherung des Publikums gegen Unfälle aufwenden kann. Denn dann kann die Bahn eben nicht mehr bestehen. Man setze den Fall, der Blitz schlägt in die Lokomotive ein und betäubt oder tödtet den Führer, worauf die Maschine dann ohne Leitung fortrennt und ein Unfall sich ereignet. Ein solches Ereigniß kann selbstverständlich nicht als vis major angesehen werden. Die Bahn muß alle Schäden tragen. Denn es gebührt sich, daß auf einer Lokomotive neben dem Führer sich mindestens noch ein sogenannter Feuermann (Heizer) befindet, der im Nothfall, wenn dem Führer etwas zustößt, die Maschine handhaben kann. Eine solche Vorsicht erfordert keinen Aufwand, der im Mißverhältniß stände zu dem Betriebskapitale, mit dem gemeinhin die Bahnen auskommen müssen, wenn sie überhaupt bestehen wollen. Dagegen würde es als vis major anzusehen sein, wenn auch der Substitut des Lokomotivführers vom Blitze mit betroffen würde und nun die ungeleitet fortrennende Lokomotive den Unfall herbeiführte, denn man wird nicht beanspruchen können, daß auf der Lokomotive jeder Führer noch zwei oder drei Substituten habe, die eventuell für ihn eintreten können."

Aus der Rechtsprechung des Reichsoberhandelsgerichts.

a) „Höhere Gewalt" ist ein unter den gegebenen Umständen auch durch die äußerste, diesen Umständen angemessene und vernünftigerweise zu erwartende Sorgfalt weder abzuwehrendes, noch in seinen Folgen vermeidliches Ereigniß.
Erk. vom 4. Mai 1871 (Entsch. B. 2 S. 247).

b) „Höhere Gewalt" ist dasjenige äußere Ereigniß, dessen Vermeidung durch Vorkehrungen, welche zu dem durch dieselben zu erreichenden Erfolge nach der allgemeinen Verkehrsanschauung in vernünftigem Verhältniß stehen, unmöglich ist.
Erk. vom 12. November 1872 (Entsch. B. 8 S. 26).

c) Glätte eines asphaltirten Perrons in Folge plötzlich eingetretenen Glatteises begründet nicht den Einwand der „höheren Gewalt" im Sinne des § 1 des Haftpflichtgesetzes. Die Eisenbahn muß zur Verhütung von Unglücksfällen, welche durch Glätte entstehen können, rechtzeitig Vorsichtsmaßregeln treffen (z. B. durch Streuungen), eventuell, wenn dies wegen der Plötzlichkeit des Eintritts der Glätte auf dem Asphalt nicht angängig ist, die Asphaltirung des Perrons überhaupt vermeiden.
Erk. vom 5. Oktober 1875 (bei Eger a. a. O. S. 132).

Aus der Rechtsprechung des Reichsgerichts.

a) „Höhere Gewalt" bezeichnet im Unterschiede von Zufall ein äußeres, durch elementare Naturkräfte, die schädigende Wirkung von Naturereignissen oder durch Menschenkräfte, die Handlungen dritter Personen herbeigeführtes Ereigniß, welches den Unfall verursacht hat und dessen schädigende Wirkung nach der allgemeinen Verkehrsanschauung durch geeignete Vorkehrungen zu vermeiden unmöglich ist. Die Unmöglichkeit der Abwendung des Unfalls muß eine objektive sein; eine blos subjektive in der Person des Betriebsunternehmers liegende Unmöglichkeit läuft auf einen Zufall, einen casus, hinaus und befreit den Betriebsunternehmer nicht von seiner Haftverbindlichkeit. — Indem das Haftpflichtgesetz die Schadensersatzpflicht des Betriebsunternehmers nur in Bezug auf den durch höhere Gewalt oder eigenes Verschulden verursachten Unfall verneint, stellt es zugleich die Haftung für casus oder Zufall fest.

Urtheil vom 2. Dezember 1879 (Reichsanzeiger pro 1880 Nr. 3, Blum's Annalen B. I. S. 193).

b) Unter den Begriff „höhere Gewalt" im Sinne des § 1 des Haftpflichtgesetzes können unter Umständen auch fremde Handlungen fallen, die zu verhüten trotz äußerster Vorsicht unmöglich ist. Handlungen von Bediensteten der Eisenbahn in Ausübung ihres Dienstes können jedoch der Regel nach einen Fall „höherer Gewalt" nicht begründen.

Urtheil vom 13. April 1880 (Entsch. B. I. S. 253).

c) Der plötzliche Eintritt einer Geistesstörung ist ein Ereigniß, welches, sofern es bei Aufwendung größter Sorgfalt nicht vorhergesehen und seinen Folgen begegnet werden konnte, einen Fall „höherer Gewalt" im Sinne von § 1 des Haftpflichtgesetzes begründet. Es kann dahingestellt bleiben, ob nicht im Sinne des Gesetzes ganz allgemein als Grundsatz zu gelten habe, daß ein Fall höherer Gewalt vorliege, wenn der Unfall nachweisbar durch ein äußeres (d. h. nicht auf eigene Handlungen des Haftpflichtigen oder seiner Bediensteten zurückzuführendes) Ereigniß, welches trotz größtmöglicher Vorsicht nicht vorhergesehen beziehungsweise abgewendet werden konnte, verursacht worden ist.

Urtheil vom 9. Juli 1880 (Blum's Annalen B. II. S. 357).

15. Der Betriebsunternehmer haftet nicht, wenn er beweist, daß eigenes Verschulden des Getödteten oder Verletzten den Unfall verursacht hat. Auf den Grad des Verschulden kommt es hierbei nicht an. Ebensowenig kommt die Individualität des Verletzten, dessen gewöhnliche Aufmerksamkeit in Betracht. „Der allgemeine Maßstab der Aufmerksamkeit und Sorgfalt eines ordentlichen und vernünftigen Mannes (diligens paterfamilias) bei Vornahme seiner Handlungen ist für die Beurtheilung, ob ein Verschulden vorliegt, maßgebend." (Eger a. a. O. S. 137.) Ein höherer Grad von Aufmerksamkeit, als von andern Personen, muß jedoch von einem Eisenbahnbeamten bei seiner dienstlichen Thätigkeit gefordert werden. An diesen ist nicht der Maßstab der Aufmerksamkeit eines vernünftigen Menschen, sondern der eines vorsichtigen Eisenbahnbeamten zu legen. Andererseits kann gerade der Dienst der Eisenbahnbeamten und die in demselben gebotene Eile die Anwendung der gewöhnlichen Aufmerksamkeit eines vernünftigen Mannes unmöglich machen. Der an den Eisenbahnbeamten anzulegende Maßstab wird dann

ein geringerer sein, als der an einen bei dem Betriebe unbetheiligten Dritten anzulegende.

Bei einem Handlungsunfähigen, einem Kinde oder einem Wahnsinnigen, kann von einem „Verschulden" niemals die Rede sein. Ueber die Frage, ob der durch einen solchen verursachte Unfall als durch „höhere Gewalt" oder durch Zufall herbeigeführt zu erachten, vergl. Anmerkung 14. —

Nur ein Verschulden des Verletzten oder Getödteten kommt hinsichtlich der Haftpflicht des Unternehmers in Betracht. Ein Verschulden des durch den Tod des Verunglückten vermögensrechtlich Beschädigten und daher dem Unternehmer gegenüber gemäß § 3 Nr. 1 des Haftpflichtgesetzes zur Forderung auf Schadensersatz Berechtigten hat zunächst auf die Haftpflicht des Unternehmers keinen Einfluß. Dasselbe kann für letzteren jedoch Regreßansprüche und Kompensationseinreden begründen.

Aus der Rechtsprechung des Reichsoberhandelsgerichts.

a) Die Bahnhofsarbeiter trifft kein Verschulden, wenn sie die Schienen an andern, als den zu Uebergängen bestimmten Stellen überschreiten, sofern sie der Dienst und die Arbeitsstätte auf dem Bahnhofe der Natur der Sache nach zum Beschreiten desselben an andern Stellen nöthigen.
Erk. vom 2. Dezember 1872 (Entsch. B. 8 S. 202).

b) Der § 1 des Haftpflichtgesetzes setzt hinsichtlich des „eigenen Verschuldens" ein schuldhaftes Handeln, welches zu dem Unfall in unmittelbarer Kausalbeziehung steht, voraus. — In dem Mangel einer augenblicklichen Geistesgegenwart bei drohender Gefahr kann ein Verschulden im Sinne des § 1 cit. nicht gefunden werden.
Erk. vom 10. September 1873 (Entsch. B. 10 S. 411).

c) Wird von einem Bediensteten der Eisenbahn eine ihm ertheilte Dienstanweisung verletzt und hat die Verletzung für ihn einen Unfall zur Folge, welchen die Anweisung gerade zu verhüten bezweckte und der erweislich nicht eingetreten sein würde, wäre die Anweisung befolgt worden, so wird regelmäßig eine die Haftung des Betriebsunternehmers für den Schaden nach § 1 des Haftpflichtgesetzes ausschließende Verschuldung des Verunglückten anzunehmen sein. Eine Ausnahme hiervon wird zunächst dann gelten, wenn die Anweisung unausführbar ist. Eine zweite Ausnahme muß die Regel aber auch in dem Falle erleiden, wenn die in einer allgemeinen Instruktion der höchsten

Instanz den untergeordneten Eisenbahnbediensteten ertheilte Anweisung unter den Augen und mit stillschweigender Billigung desjenigen höheren Beamten, welchem die Ueberwachung des einschlagenden Dienstzweiges obliegt und der für dessen Ordnungsmäßigkeit verantwortlich ist, im Interesse des Eisenbahndienstes fortwährend verletzt worden ist, und ein ihr zuwiderlaufendes Verfahren sich entwickelt und seit geraumer Zeit eingebürgert hat. In einem solchen Falle darf der untergeordnete Bedienstete von der Voraussetzung ausgehen, die Anweisung habe Kraft und Geltung verloren, gleichviel, ob der höhere Beamte befugt war, ohne Genehmigung der höchsten Instanz die von dieser erlassene Vorschrift aufzuheben oder nicht.

Erk. vom 4. November 1874 (Entsch. B. 15 S. 165).

d) Ein „eigenes Verschulden" des Verletzten kann darin nicht gefunden werden, daß derselbe als Arbeiter den Befehl seines unmittelbaren Vorgesetzten befolgte, obschon er dadurch das frühere Verbot eines höheren Vorgesetzten verletzte. Es kann einem Arbeiter nicht zugemuthet werden, zu prüfen, ob der unmittelbare Vorgesetzte seine Kompetenz überschreite.

Erk. vom 9. November 1875 (Entsch. B. 19 S. 26).

e) Das Haftpflichtgesetz bezeichnet als den Grund der Ausschließung der Haftpflicht „eigenes Verschulden" schlechtweg, also jedes Verschulden, für welches überhaupt der Regel nach gehaftet wird, mithin auch leichtes Verschulden. Ein Eisenbahnbediensteter kann, weil er besondere Uebung hat, manche Vorsichtsmaßregel unterlassen, deren Unterlassung von Seiten eines Dritten als Verschulden sich darstellen würde, ohne daß ihm ein Unterlassen zur Schuld zugerechnet werden könnte. Er haftet nur für diejenige Achtsamkeit, welche ein vorsichtiger Eisenbahnbediensteter, nicht für diejenige, welche ein vorsichtiger Dritter im Eisenbahnverkehr anzuwenden pflegt.

Erk. vom 17. Januar 1876 (Entsch. B. 19 S. 294).

f) Ein Eisenbahnbeamter, welcher in der begründeten Voraussetzung, der Zug sei gefährdet, zur Abwendung des zu besorgenden Unfalls sein Leben oder seine Gesundheit einer besonderen, bei gewöhnlichen Umständen zu vermeidenden Gefahr aussetzt, begeht kein „Verschulden", wenn er, durch die Umstände zu einem schleunigen Handeln genöthigt, dabei eine Vorsicht vernachlässigt, deren Beobachtung eine ruhige und besonnene Ueberlegung voraussetzt.

Erk. vom 15. Februar 1876 (Puchelt, Zeitschrift für französisches Civilrecht B. 7 S. 351; Zeit. d. V. d. Eisenbahnverwalt. 1876 S. 853; Eger, Kommentar S. 147).

g) Ein zurechenbares, eigenes Verschulden liegt dann nicht vor, wenn der Verletzte durch seinen Dienst so sehr in Anspruch genommen war, daß er die ihm drohende Gefahr übersehen hat.
   Erk. vom 7. März 1876 (Puchelt a. a. O. B. 7 S. 645; Eger a. a. O. S. 148).

h) Ein Unfall, der durch Hinaufspringen auf das vordere Trittbrett eines fahrenden Pferdeeisenbahnwagens herbeigeführt wird, ist durch eigenes Verschulden des Verunglückten verursacht.
   Erk. vom 28. November 1876 (Entsch. B. 21 S. 237).

i) Wenn ein Bahnbeamter bei einem dienstlichen Revisionsgange in der Dunkelheit und im Schnee in der Nähe des Geleises einen entgegenkommenden Zug abwartet und hierbei von dem Zuge erfaßt wird, weil er sich in Folge der Dunkelheit zu nahe an das Geleise gestellt hat, so ist der Unfall nicht durch eigenes Verschulden dieses Beamten verursacht.
   Erk. vom 28. Februar 1877 (Zeit. der deutschen Eisenbahnverwalt. 1877 S. 429; Eger a. a. O. S. 148).

k) Der Unfall eines Rangirers, welcher verbotswidrig auf dem Trittbrett der Lokomotive während der Fahrt stehen geblieben ist, beruht auf eigenem Verschulden desselben. — Ist ein Unfall in Folge Uebertretens eines von der Eisenbahndirektion zur Sicherheit erlassenen Verbots verursacht, so entschuldigt der Umstand, daß dieses Verbot regelmäßig unter Duldung der Aufsichtsbeamten übertreten sei, den Verunglückten dann nicht, wenn es sich um bekannte Gefahren handelt, welchen jeder vernünftige Mensch bei seinen Handlungen Rechnung tragen muß.
   Erk. vom 13. März 1877 (deutscher Reichsanzeiger 1877 Nr. 146; Eger a. a. O. S. 157).

l) Die ungeheißene Vornahme eines Rettungsversuches, bei welchem der denselben Unternehmende selbst verunglückt, kann an sich nicht als Verschulden des Letztern angesehen werden. Eigenes Verschulden desselben kann namentlich nicht darin gefunden werden, daß er gewisse Vorsichtsmaßregeln, die er sonst zu beobachten hat, wegen der erforderlichen Schnelligkeit der Handlung nicht anwendet.
   Erk. vom 25. Juni 1877 (Entsch. B. 22 S. 313).

m) Die Landesgesetze sind bei der Frage, durch welches Verschulden die Haftpflicht des Betriebsunternehmers ausgeschlossen wird, nicht anwendbar. Das Reichsgesetz fordert allgemein „eigenes Verschulden" des Verletzten oder Getödteten, ohne zwischen grobem und leichtem Verschulden, Vorsatz und Fahrlässigkeit zu unterscheiden.
Erk. vom 27. Juni 1877 (Zeit. der deutschen Eisenbahnverwalt. 1877 Nr. 83; Eger a. a. O. S. 136).

n) Der Unfall eines Arbeiters, der sich befugter Weise bei Ankunft eines Eisenbahnzuges auf einem Eisenbahngeleise befindet und von einem anderen Zuge, der ganz unerwartet und ohne die üblichen Warnungszeichen auf jenes Geleise übergeht, verletzt wird, ist nicht durch „eigenes Verschulden" des Verletzten herbeigeführt. Daß der Verletzte sich nicht gehörig umgesehen und dadurch die übliche Vorsicht verabsäumt habe, kann ihm unter solchen Umständen nicht zum Vorwurf gemacht werden.
Erk. vom 27. Mai 1878 (Zeit. der deutschen Eisenbahnverwalt. 1878 S. 734; Eger a. a. O. S. 149.)

o) Eine Handlung, welche unter gewöhnlichen Umständen als eine schuldhafte Gefährdung des eigenen Lebens erscheint, kann als eine nicht schuldhafte erscheinen, wenn das Motiv zu derselben die Absicht, ein anderes Menschenleben zu retten, war. Die Erkenntniß, daß sofort gehandelt werden muß, und die Aufregung, welche die Vorstellung von dem bevorstehenden Unglück hervorruft, entzieht dem Handelnden die Möglichkeit eingehender Untersuchung des Falles und entziehen ihm die Umsicht und Kaltblütigkeit, welche man unter gewöhnlichen Verhältnissen erwarten darf.
Erk. vom 4. September 1878 (Zeit. d. V. d. Eisenbahnverwalt. 1878 S. 1034; Eger a. a. O. S. 150).

p) Ist ein Rangirer über ein Geleise gegangen und hierbei von einer herankommenden Lokomotive erfaßt worden, so liegt kein „eigenes Verschulden" desselben vor, wenn für ihn besondere Eile geboten und das vorschriftsmäßige Achtungssignal von der Lokomotive nicht gegeben war.
Erk. vom 25. September 1878 (Zeit. d. V. d. Eisenbahnverwalt. 1878 S. 1078).

q) Darin, daß ein Passagier der Pferdeeisenbahn während der Fahrt ausgestiegen ist, liegt hinsichtlich des hierbei eingetretenen Unfalls kein eigenes Verschulden des Verunglückten, wenn er dem Kondukteur angedeutet hat, daß er aussteigen wolle, und dieser den Wagen nicht zum

Stillstehen gebracht, sondern nur die Bewegung desselben verlangsamt hat.

Erk. vom 30. Oktober 1878 (deutsch. Jurist. Zeitung 1878 S. 396).

r) Hinaustreten des Schaffners auf den Wagenperron während der Fahrt involvirt hinsichtlich eines hierbei ihm zugestoßenen Unfalls kein eigenes Verschulden, wenn das Hinaustreten ihm nicht verboten war.

Erk. vom 18. November 1878 (Zeit. d. V. deutsch. Eisenbahnverwalt. 1879 S. 112).

s) Der Versuch vor einer herankommenden Lokomotive, deren Nahen bemerkt ist, das Geleise zu überspringen, stellt sich hinsichtlich des dadurch verursachten Unfalls als eigenes Verschulden dar.

Erk. vom 5. Februar 1879 (Zeit. d. V. deutsch. Eisenbahnverwalt. 1879 S. 332).

Aus der Rechtsprechung des Reichsgerichts.

a) Durch die seitens der Aufsichtsbeamten erfolgte stillschweigende Billigung der Ueberschreitung einer Instruktion kann letzterer derart Werth und Bedeutung entzogen werden, daß eine Uebertretung der Instruktion allein nicht schon als ein anrechenbares Verschulden in Betracht zu ziehen ist.

Urtheil vom 23. Januar 1880 (Entsch. B. I. S. 48).

b) Der wörtliche Inhalt des Reichshaftpflichtgesetzes darf nicht durch Anwendung der allgemeinen Prinzipien über außerkontraktliches Verschulden eingeschränkt werden, da sich dieses Gesetz seinem Zwecke und seinem gesammten übrigen Inhalte nach als ein besonderes, aus sich selbst auszulegendes darstellt.

Urtheil vom 27. Januar 1880 (Entsch. B. I. S. 50; Blum's Annalen B. I. S. 58).

c) Zur Begründung der Einrede des „eigenen Verschuldens“ aus § 1 des Haftpflichtgesetzes ist schon ein leichtes Verschulden ausreichend. Ein Eisenbahnbeamter ist jedoch vermöge der Anforderungen seines Dienstes, welcher immer mehr oder weniger zur Eile drängt, nicht in der Lage, gleich wie ein vorsichtiger Dritter jede Gefahr drohende Situation sorgfältig zu vermeiden und im Stillstehen ängstlich Umschau zu halten.

Urtheil vom 13. Juli 1880 (Blum's Annalen B. II. S. 357).

d) Die Einrede des „eigenen Verschuldens“ aus § 1 des

Haftpflichtgesetzes ist einem Eisenbahnbeamten gegenüber, der sich bei dem Betriebe der Eisenbahn in eine gefährliche Situation begeben und hierbei verunglückt ist, nur dann begründet, wenn entweder ein vorsichtiger Eisenbahnbediensteter es überhaupt nicht unternommen haben würde, unter den damaligen Umständen sich in jene Situation zu begeben, oder wenn der Verunglückte es bei seinem Unternehmen an der gehörigen Vorsicht hat fehlen lassen.

Urtheil vom 13. Juli 1880 (Blum's Annalen B. II. S. 359).

e) Wenn ein Eisenbahnbeamter mit Rücksicht auf die Bedeutung der Zugleine für die Sicherheit des Zuges sich für verpflichtet hält, dieselbe während der Fahrt trotz der hiermit für ihn verbundenen Gefahr und entgegen seiner Dienstanweisung zu befestigen, so kann hierin, auch wenn jener in seinem Diensteifer zu weit gegangen ist, ein Verschulden nicht gefunden werden.

Urtheil vom 7. Dezember 1880 (Blum's Annalen B. III. S. 193).

16. Dem Betriebsunternehmer, der sich von der Haftpflicht für einen Unfall befreien will, liegt der Beweis ob, daß zwischen dem Unfall und dem Wirken einer höheren Gewalt oder einem eigenen Verschulden des Verletzten ein ursächlicher Zusammenhang besteht.

Hinsichtlich der „höheren Gewalt" ist bereits oben (Anmerk. 14) hervorgehoben worden, daß dieselbe nur dann als die Ursache des Unfalls gelten kann, wenn ihre schädlichen Wirkungen durch angemessene Maßregeln nicht abwendbar waren. Andernfalls würde der Unfall durch die Unterlassung dieser Maßregeln verursacht worden sein. —

Ist ein Unfall unter Zusammenwirken eines Verschuldens des Verletzten mit einer Ordnungswidrigkeit des Betriebes erfolgt, so cessirt die Haftpflicht des Unternehmers, sofern die Möglichkeit des Unfalls nur durch das Verschulden des Verletzten herbeigeführt worden ist, ohne dieses Verschulden aber der Unfall trotz der Betriebswidrigkeit nicht eingetreten sein würde. Die Haftpflicht greift dagegen Platz, wenn der Unfall nicht durch das Verschulden des Verletzten überwiegend oder wesentlich verursacht, das verbotswidrige oder unvorsichtige Verhalten des Verletzten vielmehr erst durch die Ordnungswidrigkeit des Betriebes herbeigeführt worden ist (cfr. Eger a. a. O. S. 159, 161). Ein Verschulden des Verletzten, das mit dem Unfall nur in zeitlichem, jedoch nicht in ursächlichem Zusammenhang steht, ist auf die Haftpflicht des Unternehmers ohne Einfluß. Eine Uebertretung der zur Sicherheit des Betriebes und des Publikums gegebenen bahnpolizeilichen Vorschriften, die an sich ein Verschulden involvirt, kann nur dann als Ursache des Unfalls angesehen werden, wenn letzterer jener nicht nur zeitlich folgt, sondern wenn jene die causa efficiens des Unfalls ist, wenn dieser ohne jene Uebertretung nicht eingetreten wäre (cfr. Endemann a. a. O. S. 29, 30; Eger a. a. O. S. 139). Nicht jede Uebertretung einer Vorschrift der Bahnverwaltung, sondern nur die einer zur Sicherung des Betriebes und der in Beziehung zu demselben tretenden Personen gegebenen Bestimmung kann die Ursache eines Unfalls sein. Das Zuwiderhandeln gegen Anordnungen, die zu anderen Zwecken getroffen sind, kann nicht mit dem Unfall im Kausalnexus stehen. Insbesondere kann das verbotene Betreten des Stationsperrons ohne Besitz eines Passagierbillets, das verbotene Mitfahren im Zuge ohne ein solches u. dergl. bei Eintritt eines Unfalles den Unternehmer von der Haftpflicht nicht befreien, da jene Verbote nicht zur Sicherung vor Betriebsgefahren gegeben sind, die betreffenden Zuwiderhandlungen nicht eine Vergrößerung der Gefahr für den Kontravenienten im Verhältniß zu andern Personen, welche jene Verbote beachten, zur Folge haben, mithin einen Unfall nicht bewirken können, der den Kontravenienten bei Beobachtung jener Vorschriften (z. B. bei Lösen eines Billets) nicht betroffen haben würde. Ob der Verunglückte durch Lösen eines Billets zu der Bahnverwaltung in ein kontraktliches Verhältniß getreten ist oder nicht, ist für die Haftpflicht des Unternehmers ganz unerheblich, da dieselbe sich außer auf Bahnbedienstete und Passagiere auf jede dritte Person erstreckt (siehe Anmerkung 4). Die entgegengesetzte Ansicht Frantz's (Kommentar z. Haftpflichtgesetz S. 5) ist bereits mehrfach widerlegt (cfr. Eger a. a. O. S. 140; Kah a. a. O. S. 33; Endemann a. a. O. S. 29).

Bei Entscheidung der Frage, ob „eigenes Verschulden" bezw. „höhere Gewalt" die Ursache des Unfalls ist, muß stets festgehalten werden, daß unter „Unfall" nicht das schädigende Betriebsereigniß, sondern die Tödtung bezw. Verletzung der betreffenden Person zu verstehen ist (siehe Anmerkung 13), daß mithin dem Unternehmer nicht der Beweis obliegt, daß das fragliche Betriebsereigniß, sondern nur daß die eingetretene Verletzung durch Verschulden des Verletzten verursacht worden ist. Letzteres ist auch dann der Fall, wenn bei einem ohne Verschulden der demnächst verletzten Person eingetretenen Betriebsereigniß die schädigende Wirkung desselben nur durch ein schuldhaftes Verhalten der betreffenden Person herbeigeführt worden ist, wenn mithin diese Person durch ihr eigenes Verschulden es bewirkt hat, daß ein ohne Beziehung auf letzteres eingetretenes, an sich schadenbringendes Ereigniß auch auf jene Person individuell seine schädigende Wirkung geäußert hat. „Kann der Betriebsunternehmer," bemerkt Eger (a. a. O. S. 143), „nachweisen, daß, obwohl das Betriebsereigniß (Explosion, Entgleisung u. s. w.) an sich und direkt nicht durch den Verletzten herbeigeführt ist, doch für diesen die Möglichkeit einer Verletzung durch jenes Betriebsereigniß nur dadurch eingetreten ist, daß er unerlaubt, also durch unbefugte Annäherung an die explodirende Maschine, durch verbotswidriges Ueberschreiten des Bahnkörpers u. s. w., die verletzende Wirkung der Betriebsstörung auf seine Person hervorgerufen hat, so wird der ursächliche Zusammenhang zwischen dem Verschulden des Beschädigten und der Verletzung für genügend begründet zu erachten sein."

Die Bestimmungen der Landesgesetze über Verschulden und über die Schadensersatzpflicht bei konkurrirendem Verschulden finden hinsichtlich der Frage, ob „eigenes Verschulden" des Verletzten die Ursache des Unfalls ist, keine Anwendung. Diese Frage ist vielmehr nach allgemeinen Rechtsgrundsätzen zu beurtheilen.

Aus der Rechtsprechung des Reichsoberhandelsgerichts.

a) Die Uebertretung des Bahnpolizeireglements seitens des Verletzten kann für die Verpflichtung zum Schadensersatz nur in Frage kommen, wenn ein ursächlicher Zusammenhang zwischen dem polizeiwidrigen Handeln und dem betreffenden, dem Schadensersatz zu Grunde liegenden Ereigniß nachweisbar ist.
Erk. vom 2. Oktober 1875 (Entsch. B. 19 S. 175).

b) Die Folgen eines konkurrirenden Verschuldens des Betriebsunternehmers und des Verletzten bei einem Unfalle sind nicht nach den Landesgesetzen, sondern in dem gesammten Gebiete der Geltung des Reichshaftpflichtgesetzes nach einheitlichem Recht zu beurtheilen. Es ist daher auch in den Fällen des § 1 cit. der Einfluß des konkurrirenden Verschuldens ohne Rücksicht auf das gemeine Recht und die Landesgesetze unter Beachtung des Zweckes und der einzelnen Bestimmungen des Reichshaftpflichtgesetzes nach der Natur der Sache und den allgemeinen Rechtsgrundsätzen zu beurtheilen. Hiernach aber ist der gemeinrechtliche Grundsatz, daß jedes Verschulden des Beschädigten, sofern nur dem Urheber des Schadens kein dolus zur Last fällt, den Entschädigungsanspruch ausschließt, für die Anwendung und das Verständniß des § 1 als allgemein gültig nicht anzuerkennen, vielmehr eine Abwägung des beiderseitigen Verschuldens hinsichtlich der Art und des Grades, sowie des Einflusses desselben auf den eingetretenen Unfall erforderlich.

Erk. vom 9. Mai 1876 (Entsch. B. 20 S. 135).

Aus der Rechtsprechung des Reichsgerichts.

Daraus, daß nach allgemeinen Erfahrungen bei rascher Hülfe durch einen geschickten Arzt die vollständige Heilung einer gewissen Verletzung in der Regel gelingt und ein Mißerfolg zu den Ausnahmen gehört, kann nicht gefolgert werden, daß die Heilung bei Zuziehung eines Arztes eingetreten sein würde, und daß bei unterlassener Zuziehung die geminderte Erwerbsfähigkeit, die durch die Verletzung herbeigeführt worden ist, als Folge der Nichtzuziehung eines Arztes anzusehen ist.

Urtheil vom 16. Dezember 1879 (Blum's Annalen B. I. S. 206—208; Entsch. B. I. S. 46—48).

---

§ 2.

Wer ein Bergwerk,[1]) einen Steinbruch,[2]) eine Gräberei (Grube)[3]) oder eine Fabrik[4]) betreibt,[5]) haftet,[6]) wenn ein Bevollmächtigter[7]) oder ein Repräsentant[8]) oder eine zur Leitung oder Beaufsichtigung des Betriebes oder der Arbeiter angenommene Person[9]) durch ein Verschulden[10]) in Ausführung der Dienstverrichtungen[11]) den Tod oder die Körperverletzung eines Menschen[12]) herbeigeführt[13]) hat, für den dadurch entstandenen Schaden.[14])

1. Ein „Bergwerk" ist eine technische Anlage zur gewerblichen Gewinnung von Mineralien auf unterirdischen Wegen. Durch die Art dieser Gewinnung unterscheidet es sich von anderen gleichem Zwecke dienenden Anlagen, wie Steinbrüche und Gräbereien. Während bei diesen die Gewinnung direkt von der Erdoberfläche erfolgt, geschieht sie beim Bergwerk auf unterirdischen Wegen, die zum Zwecke der

Aufsuchung und Förderung des Minerals in das Erdinnere hineingeführt werden.

Nicht jeder Schacht oder Stollen jedoch, der zur Gewinnung von Mineralien ohne Rücksicht auf bergtechnische Regeln in die Erde hineingetrieben wird, sondern nur ein solches Werk, welches sich als eine technische Anlage darstellt, ist ein „Bergwerk" im Sinne dieses Gesetzes. Zweck derselben muß die gewerbliche Gewinnung von Mineralien sein. Anlagen, die nicht gewerblichen, sondern etwa wissenschaftlichen Interessen dienen, fallen ebensowenig unter den Begriff „Bergwerk", als solche, die nicht der Gewinnung, sondern der Reinigung und Verarbeitung von Mineralien dienen (Hüttenwerke), oder solche, die nicht das Auffinden von Mineralien, sondern von Petroleum, Mineralquellen und dergl. bezwecken, oder endlich solche, die überhaupt nicht die Gewinnung irgend welcher Stoffe, sondern die Herstellung eines Verkehrsweges (Straße, Tunnels) bezwecken. Wie bereits die Motive zu § 2 hervorheben, fallen sowohl die kraft des Bergregals oder des Berghoheitsrechtes verliehenen Bergwerke, als auch diejenigen, bei welchen das Recht zum Betriebe sich aus dem Grundeigenthum ableitet, unter § 2 des Haftpflichtgesetzes.

Von den Kommentatoren des Gesetzes bemerkt Endemann (a. a. O. S. 32), daß unter den Begriff des Bergwerks jeder Betrieb, groß oder klein, falle, der Bergbau, d. h. die Gewinnung unterirdischer Schätze irgend einer Art, zum Zwecke habe. Mit Rücksicht auf das oben Hervorgehobene erscheint diese Definition zu weit. Eger (a. a. O. S. 178) versteht unter Bergwerk „jede Anlage, welche 1) die wesentlichen Merkmale eines Bergwerks in technischer Beziehung an sich trägt, 2) als solche der bergpolizeilichen Aufsicht und Kontrole nach Maßgabe der zuständigen Landesgesetze unterliegt". Diese Definition leidet an einem doppelten Mangel. Einmal gebraucht sie zur Erklärung des fraglichen Ausdruckes wiederum diesen selbst. Dann aber macht sie die Anwendbarkeit des Reichsgesetzes von der Geltung landespolizeilicher Vorschriften abhängig, die mit dem Reichsgesetze in gar keinem inneren Zusammenhange stehen. Der Umstand, daß eine Partikulargesetzgebung eine polizeiliche Aufsicht über gewisse Bergwerke nicht für erforderlich hält, kann nicht entscheidend für die Frage sein, ob diese Bergwerke dem Reichshaftpflichtgesetze unterliegen. Die reichsgesetzlich normirte Haftpflicht kann nicht von dem Inhalt landespolizeilicher Vorschriften abhängig gemacht werden, die lediglich mit Rücksicht auf ihren speziellen Zweck normirt sind.

Aus der Rechtsprechung des Reichsoberhandelsgerichts.

a) In der Anlage eines Tunnels kann nicht der „Betrieb eines Bergwerks“ gefunden werden.
Erk. vom 10. März 1876 (Entsch. B. 20 S. 3—5).

b) Hinsichtlich des Begriffes „Bergwerk“ im Sinne des § 2 des Haftpflichtgesetzes kann nicht das betreffende Partikularrecht entscheidend sein. Das Reichsgesetz muß hierin aus sich selbst interpretirt werden. — Unter „Bergwerken“ sind Anlagen zu verstehen, vermittelst welcher nach Aufdeckung der Fundstätte Mineralien bergmännisch gewonnen werden. Das Aufsuchen der Lagerstätte der Mineralien (Schürfen und Bohren) gehört nicht zum Betriebe eines Bergwerks.
Erk. vom 22. April 1879 (Entsch. B. 25 S. 145).

2. Ein „Steinbruch“ ist eine technische Anlage zur gewerblichen Gewinnung von Mineralien durch Losbrechen derselben von der Oberfläche einer Felswand.

Die Motive bemerken, daß die „Steinbrüche“ neben den „Bergwerken“ besonders aufgeführt seien, weil es zweifelhaft sei, ob ein Steinbruch unter den Begriff „Bergwerk“ zu subsumiren sei. Zwischen einem unterirdischen Steinbruch und einem Bergwerk lassen sich allerdings keine begrifflichen Unterschiede aufstellen. Derselbe erscheint als eine Spezies des Genus „Bergwerk“. Wenn daher das Gesetz Steinbrüche neben den Bergwerken nennt, so kann sich dieses nur auf oberirdische beziehen. Hinsichtlich der Begrenzung des Begriffes „Steinbruch“ als einer technischen Anlage, die zur gewerblichen Gewinnung von Mineralien dient, gilt Alles, was in dieser Beziehung oben bezüglich des Begriffes „Bergwerk“ (Anmerkung 1) hervorgehoben ist.

Eger (a. a. O. S. 183) will als „Steinbruch“ im Sinne des § 2 nur diejenige Anlage ansehen, „welche 1) die technischen Merkmale eines Steinbruches an sich trägt, und 2) als solche der staatlichen Aufsicht nach Maßgabe der speziellen Landesgesetzgebung unterstellt ist.“ Gegen diese Definition sind dieselben Einwendungen zu erheben, wie gegen die analoge des Begriffes „Bergwerk“. (Vergl. oben Anmerkung 1.)

Aus der Rechtsprechung des Reichsoberhandelsgerichts.

Unter dem „Betriebe eines Steinbruches“ ist nach dem hier maßgebenden gewöhnlichen Sprachgebrauche nur ein Unternehmen zu verstehen, dessen Zweck sich unmittelbar auf das Gewinnen von Steinen und deren Verwerthung bezw. Benutzung richtet, bei welchem also die Steine selbst als das zu erzielende Produkt erscheinen. Vom Betriebe eines Steinbruchs kann nicht gesprochen werden, wenn das Brechen der Steine nur deshalb erfolgt, weil es zur Ausführung eines anderen Unternehmens (eines Eisenbahntunnels, einer Straßenanlage) nöthig ist, wenn also die Steine nicht als ein zu erzielendes Produkt, sondern umgekehrt als ein zu beseitigendes Hinderniß erscheinen. Unerheblich ist es hierbei, ob die gebrochenen Steine nebenbei auch genutzt werden können, ob das Steinbrechen in derselben Arbeitsweise, wie es beim Betriebe eines Steinbruchs zu geschehen pflegt, stattfindet, und ob die damit verbundene Gefahr die gleiche, ja noch eine größere ist, wie im letzteren Falle.

Erk. vom 10. März 1876 (Entsch. B. 20 S. 3 ff.).

3. „Gräberei" ist eine technische Anlage zur gewerblichen Gewinnung von Mineralien durch Ausgraben derselben aus der Erdoberfläche.

Nach den Motiven des Gesetzes sind unter „Gräbereien" Mergel-, Kies-, Sand-, Thon-, Lehm- und ähnliche Gruben zu verstehen. Gegenstand der Gewinnung sind bei ihnen die in „oberflächlichen Lagerstätten" befindlichen Mineralien (vergl. Eger a. a. O. S. 184). Sie unterscheiden sich von den Bergwerken dadurch, daß sie unmittelbar „am Tage" geführt werden, von den Steinbrüchen dadurch, daß bei ihrem Betrieb nicht ein Losbrechen des Minerals, sondern ein Ausgraben desselben stattfindet, sowie dadurch, daß sie nicht Gewinnung von Steinblöcken oder Steinplatten, sondern von Mineralien der oben erwähnten Art bezwecken.

Hinsichtlich der Gräbereien findet das oben (Anmerkung 1) bezüglich des Begriffes „Bergwerk" Erwähnte gleichfalls Anwendung.

Aus der Rechtsprechung des Reichsoberhandelsgerichts.

a) In dem Ausgraben der Fundamente eines Gebäudes kann nicht eine „Gräberei" im Sinne des § 2 des Haftpflichtgesetzes gefunden werden.

Erk. vom 10. März 1876 (Entsch. B. 20 S. 3—5).

b) Bei dem Ausdruck „Gräberei" und „Grube" im § 2 des Haftpflichtgesetzes hat man ebenso wie bei dem Ausdruck „Steinbruch" den Bergwerken analoge Unternehmungen, nämlich solche Unternehmungen im Auge gehabt, welche als Unterarten unter dem Ausdruck „Bergwerk" im weiteren Sinne mit begriffen angesehen werden könnten. Der Ausdruck „Gräberei" ist im bergtechnischen Sinne gebraucht. Im Bergwesen aber versteht man unter „Gräberei" eine Anlage behufs Gewinnung der in den sogenannten oberflächlichen Lagerstätten vorkommenden Fossilien. Von den Gruben unterscheiden sich die Gräbereien dadurch, daß sie unmittelbar am Tage geführt werden und eigentlicher bergmännischer Vorkehrungen nicht bedürfen. (Vergl. Veith, Bergwörterbuch i. v. „Gräberei" und „Grube"; Sächs. Allg. Berggesetz vom 16. Juni 1868 § 180; Verord. z. Ausführung desselben vom 2. Dezember 1868 §§ 158 u. 159; Polizeiverord. der Regierung zu Oppeln in Huyssen's Kommentar S. 258.) — Hiernach kann ein Unternehmen, welches nicht auf die Gewinnung von Fossilien oder besonderer Erdarten, sondern auf die Hebung und Fortschaffung von Erdmassen zu baulichen Zwecken gerichtet ist, nicht als eine Gräberei im Sinne des § 2 cit. angesehen werden.

Erk. vom 24. Mai 1878 (Entsch. B. 23 S. 403).

4. Eine „Fabrik" ist eine umfangreiche technische Anlage zur Bearbeitung beweglicher Sachen.

Die Motive des Gesetzes geben keine Definition des Begriffes „Fabrik", sondern bezeichnen die Versuche, diesen Begriff gesetzlich festzustellen, als vergebliche. Sie heben jedoch hervor, daß das Haftpflichtgesetz auf alle Arten von Fabriken Anwendung finden solle ohne Rücksicht auf die in denselben wirkende Triebkraft, und daß es dem richterlichen Ermessen überlassen bleiben müsse, zu entscheiden, ob es sich im konkreten Falle um ein Fabrikunternehmen handelt oder nicht. Die Reichstagsverhandlungen über den Gesetzesentwurf haben ebenfalls zu keiner Definition des fraglichen Begriffes geführt. Sie ergeben indessen einerseits, daß man nicht auch für andere gefährliche Anlagen, die an sich keine Fabriken sind (Triebwerke u. dergl.) eine Haftpflicht des Unternehmers hat einführen wollen, andererseits, daß es für den Begriff „Fabrik" unerheblich sein soll, ob in der betreffenden Anlage Triebwerke angewendet werden oder nicht. Bei der Auslegung des Gesetzes ist man zu dem Resultat gekommen, daß eine strikte Definition des fraglichen Begriffes nicht möglich sei, weil der Fabrikbetrieb keine absoluten unterscheidenden Merkmale von dem handwerkmäßigen Betrieb hat, sondern sich nur relativ durch den Umfang von demselben unterscheidet. (Vergl. Endemann a. a. O. S. 33; Kah a. a. O. S. 89; Jacobi a. a. O. S. 25; Frantz a. a. O. S. 7; Eger a. a. O. S. 196.) Eger (a. a. O. S. 200) bezeichnet als Fabrik „jede gewerbliche Anstalt, in welcher die

Bearbeitung oder Verarbeitung beweglicher Sachen für den Handel gewerbsmäßig und im Großen betrieben wird". —

Die Industrie, d. h. die Erzeugung von wirthschaftlichen Werthen, kann sowohl fabrikmäßig als handwerkmäßig betrieben werden. Beide Betriebsarten unterscheiden sich wesentlich durch ihren Umfang. Im Fabrikbetriebe werden in der Regel größere Massen auf Lager zum Verkauf unter Benutzung von Maschinen bei entwickeltem Kredit und ausgedehnter Arbeitstheilung, im Handwerkbetriebe geringere Quantitäten auf Bestellung mittels Handarbeit bei Beschränkung auf die eigenen pekuniären Mittel und nur wenige fremde Arbeitskräfte produzirt. (Vergl. Goldschmidt, Handbuch des Handelsrechts S. 367.) Der begriffliche Unterschied zwischen beiden Betrieben ist mithin ein relativer.

Sowohl im Fabrik- als im Handwerkbetriebe erfolgt die Herstellung der Produkte zwar in der Regel für den Handel. Es ist jedoch nicht ausgeschlossen, daß auch lediglich für den Bedarf des Betriebsunternehmers produzirt wird. Dies kann der Fall sein, wenn der Unternehmer neben dem fraglichen Fabrikbetriebe noch eine andere Anlage betreibt, für deren Bedarf die fragliche Fabrik ausschließlich arbeitet, wie es z. B. in den Fabrikstätten einer Eisenbahn der Fall ist.

Nicht nur die Herstellung neuer Produkte, sondern auch die Wiederherstellung schadhaft gewordener kann fabrikmäßig betrieben werden. Es wird hier gleichfalls der Umfang des betreffenden Betriebes für die Entscheidung der Frage, ob Fabrikbetrieb oder Handwerkbetrieb vorliegt, maßgebend sein. So werden die großen Reparaturwerkstätten der Eisenbahnen als Fabriken anzusehen sein. Daß der Betrieb der betreffenden Fabrik ein kaufmännischer im Sinne des Handelsgesetzbuches sei, ist nicht Vorbedingung der Anwendbarkeit des § 2 des Haftpflichtgesetzes.

Aus dem erörterten Begriffe der Fabrik ergiebt sich, daß das Baugewerbe, soweit es sich dabei um die Herstellung eines Gebäudes handelt, nicht fabrikmäßig betrieben werden kann, daß aber eine Anlage, welche die Herstellung oder Bearbeitung von Baumaterialien bezweckt, eine „Fabrik" im Sinne des § 2 cit. sein kann.

Ebenso kann die Landwirthschaft (der Ackerbau) selbst nicht fabrikmäßig betrieben werden, wohl aber können landwirthschaftliche Rohprodukte auch von dem Landwirthe, der sie durch seine Landwirthschaft gewonnen hat, fabrikmäßig bearbeitet werden. Ob eine landwirthschaftliche Bierbrauerei, Spiritusbrennerei, Stärkefabrik, Zuckerfabrik, Molkerei, Glasbläserei, Ziegelei, Schneidemühle, Mahlmühle u. s. w. als „Fabrik" anzusehen ist oder nicht, hängt lediglich von dem Umfange des Betriebes ab. (Vergl. Eger a. a. O. S. 203; Jacobi a. a. O. S. 25.)

Hüttenwerke und ähnliche Anlagen, in welchen die durch den Bergwerksbetrieb gewonnenen Erze zum Zwecke der Reinigung bearbeitet werden, fallen ebenfalls bei umfangreichem Betriebe unter den Begriff der Fabrik. (Vergl. Jacobi a. a. O. S. 25; Kah a. a. O. S. 69; Eger a. a. O. S. 204.)

Auch eine Eisenbahn, die lediglich den Zwecken eines einzelnen Fabriketablissements dient und Pertinenz desselben ist, kann als Theil der „Fabrik" angesehen werden (vergl. § 1 Anmerk. 3).

Aus der Rechtsprechung des Reichsoberhandelsgerichts.

a) Beschädigungen, welche Arbeiter bei der Reparatur der Bestandtheile einer zerlegten Lokomotive in der Maschinenwerkstatt treffen, fallen nicht unter § 1, sondern unter § 2 des Haftpflichtgesetzes.
Erk. vom 17. März 1874 (Entsch. B. 13 S. 81).

b) Hüttenwerke fallen als „Fabriken" unter § 2 des Haftpflichtgesetzes.
Erk. vom 22. September 1874 (Entsch. B. 14 S. 196).

c) Ob eine Bierbrauerei als „Fabrik" im Sinne des Haftpflichtgesetzes zu erachten ist, hängt von der jedesmaligen thatsächlichen Beurtheilung des Richters ab.
Erk. vom 25. April 1876 (deutscher Reichsanzeiger 1876; Jacobi, Kommentar S. 36; Eger, Kommentar S. 203).

d) Eine Ziegelei, die im Großen und fabrikmäßig betrieben wird, fällt unter § 2 des Haftpflichtgesetzes, auch wenn die Ziegelfabrikation in derselben nicht als Handelsgewerbe, sondern als landwirthschaftliches Nebengewerbe betrieben wird.
Erk. vom 22. September 1877 (Entsch. B. 22 S. 415).

e) Eine Dampfmühle mit 4 Mahlgängen kann als eine „Fabrik" im Sinne des Haftpflichtgesetzes angesehen werden.
Erk. vom 26. März 1878 (deutsche Jurist. Zeit. 1878 Nr. 17; Eger a. a. O. S. 203).

f) Unter den Begriff der „Fabrik" im Sinne des § 2 des Haftpflichtgesetzes können auch Anstalten fallen, in denen die Fabrikate lediglich für den Gebrauch oder Verbrauch des Unternehmers der Anstalt fertig gestellt werden.
Erk. vom 21. Oktober 1878 (Entsch. B. 24 S. 103).

Aus der Rechtsprechung des Reichsgerichts.

Eine Schienenanlage, welche integrirender Bestandtheil beziehungsweise Zubehör einer Fabrik ist und ausschließlich zur Erleichterung des Fabrikbetriebes dient, ist keine Eisenbahn im Sinne des § 1 des Haftpflichtgesetzes.

Urtheil vom 18. Januar 1881 (Blum's Annalen B. III. S. 193).

5. Der Betriebsunternehmer ist der Träger der durch § 2 normirten Haftpflicht. Es gilt hinsichtlich der Bedeutung des Ausdruckes „wer — betreibt" Alles, was in Betreff des „Betriebsunternehmers" einer Eisenbahn (§ 1 Anmerkung 8) gesagt worden ist. Insbesondere ist auch unter dem Betriebsunternehmer eines Bergwerkes, eines Steinbruches, einer Gräberei oder einer Fabrik nicht der Eigenthümer oder der technische Leiter derselben zu verstehen, sondern derjenige, welcher die bezügliche Anlage für eigene Rechnung und Gefahr ausnutzt. (Vergl. Endemann a. a. O. S. 31; Frantz a. a. O. S. 7; Kah a. a. O. S. 71; Jacobi a. a. O. S. 24; Eger a. a. O. S. 172.)

Es kann aber auch der Fassung des § 2 „Wer ein Bergwerk u. s. w. betreibt, haftet...." keine weitergehende Bedeutung hinsichtlich der lokalen Grenzen der Haftpflicht beigelegt werden, als der Fassung des § 1 „Wenn bei dem Betriebe einer Eisenbahn......, so haftet der Betriebsunternehmer......" Man wird vielmehr annehmen müssen, daß die Haftpflicht des § 2 nur dann Platz greift, wenn die betreffende Verletzung bei dem Betriebe des Bergwerks u. s. w. eingetreten ist. Hieraus folgt, daß weder Verletzungen, die vor Beginn des Betriebes, bei dem Bau einer Fabrik, noch solche die während des Ruhens des Betriebes, noch solche, die außerhalb der betreffenden Anlagen beim Transport der Fabrikate erfolgt sind, unter § 2 fallen. In räumlicher Beziehung kann der Betrieb jedoch insofern nicht auf den Ort der Fabrikanlage beschränkt bleiben, als auch technische Manipulationen, die außerhalb der Fabrik zur Fertigstellung des Fabrikates vorgenommen werden (wie z. B. das Montiren einer Maschine), zu dem Betriebe der Fabrik gehören.

Unter Betrieb eines Bergwerks u. s. w. ist nicht die Verwaltung, sondern nur der technische Betrieb zu verstehen. Es treffen hinsichtlich der engen Auffassung dieses Begriffes bei den unter § 2 des Gesetzes fallenden Anlagen dieselben Gründe zu, welche oben (§ 1 Anmerkung 2) hinsichtlich des Eisenbahnbetriebes erörtert sind. Gegen die Auffassung Eger's (a. a. O. S. 206), wonach unter dem in Rede stehenden Betrieb nur diejenigen Funktionen des Bergwerks u. s. w. und des Fabrikbetriebes zu verstehen sind, welche demselben die ihm eigenthümliche Gefährlichkeit verleihen, sind gleichfalls dieselben Einwendungen zu erheben, wie gegen die analoge Definition des Eisenbahnbetriebes (vergl. § 1 Anmerk. 2). Die erwähnte Definition ist zu eng, da eine Theilung der technischen Manipulationen innerhalb des betreffenden Betriebes in besonders gefährliche und ungefährliche in Beziehung auf die Haftpflicht des Unternehmers weder dem Wortlaut noch dem Geiste des Haftpflichtgesetzes entspricht.

Auch ein zwangsweise unternommener Betrieb, wie er bei Bergwerken stattfinden kann, fällt unter § 2 des Haftpflichtgesetzes (vergl. Frantz a. a. O. S. 7; Eger a. a. O. S. 176).

Aus der Rechtsprechung des Reichsoberhandelsgerichts.

a) Das Eigenthum an dem Bergwerk, der Fabrik u. s. w. ist ohne Einfluß für die Frage, wer für die bei dem Betriebe der betreffenden Anlage eintretenden Unfälle haftpflichtig ist.
Erk. vom 24. Januar 1875 (Entsch. B. 16 S. 4).

b) Unter dem „Betreiben" einer Fabrik u. s. w. kann nur der Betrieb des Gewerbes, wozu die Fabrikanlagen bestimmt sind, verstanden werden. Die Bezeichnung einer Person als solche, die „eine Fabrik betreibt", paßt auf denjenigen, der Fabrikgebäude nebst den zum Gewerbebetrieb in denselben erforderlichen Einrichtungen hergestellt oder erworben hat, nicht eher, als bis mit dem wirklichen Gewerbebetriebe der Anfang gemacht wird. Auf Handlungen, die den Betrieb blos vorbereiten, kann die Haftpflicht des Betriebsunternehmers nicht ausgedehnt werden.
Erk. vom 20. April 1876 (Entsch. B. 20 S. 13).

c) Betriebsunternehmer ist derjenige, der um des Unternehmergewinnes willen, mithin für eigene Rechnung, den Betrieb der gewerblichen Anlage unternimmt. Betriebsunternehmer ist somit auch derjenige, welcher die gewerbliche Anlage von dem Eigenthümer zur eigenen Benutzung pachtet, nicht aber derjenige, welcher zum Zwecke der Ausnutzung derselben durch den Eigenthümer Arbeiten in derselben übernimmt. Der Gegenstand der Unternehmung des letzteren ist die übernommene Arbeit, nicht der Betrieb der gewerblichen Anlage.
Erk. vom 17. Oktober 1876 (Entsch. B. 21 S. 175).

d) Die Beschränkung der Anwendung des § 2 auf solche Unfälle, welche mit der eigenthümlichen Gefährlichkeit des Betriebes der in § 2 bezeichneten Anlage in Verbindung stehen, ist nicht zulässig. Die Haftpflicht aus § 2 erstreckt sich vielmehr unbeschränkt auf den gesammten technischen und mechanischen Betrieb dieser gewerblichen Anlagen.

Erk. vom 4. Januar 1877 (Entsch. B. 21 S. 276).

e) Die Anwendung des § 2 des Haftpflichtgesetzes setzt einen ursächlichen Zusammenhang des Unfalles mit dem Fabrikbetriebe voraus. Sie muß cessiren, wenn der Unfall sich gänzlich außerhalb des Bereichs des Fabrikbetriebes zuträgt. Kann der vom Gesetze vorausgesehene Zusammenhang zwischen dem Unfall und dem Fabrikbetriebe auch vorliegen, wenn der Unfall sich außerhalb des zur Fabrikation bestimmten Lokales ereignet, so fehlt die Voraussetzung des Gesetzes doch in der Regel, wenn das vollständig fertige Fabrikat sich außerhalb der zur Fabrikation bestimmten Räume bereits auf dem Transporte nach dem Orte der anderweiten Bestimmung befindet.

Erk. vom 13. Juni 1877 (Entsch. B. 22 S. 311).

f) Für die Anwendung des § 2 des Haftpflichtgesetzes ist es unerheblich, daß die Arbeit, bei welcher der Unfall eingetreten, außerhalb der Geschäftsräume des Fabriketablissements ausgeführt worden, wenn sie nur als ein Theil des Fabrikbetriebes anzusehen ist. — Die Versenkung von Messingröhren, die von einer Eisengießerei neben der Anfertigung dieser Röhren gewerbsmäßig betrieben wird, gehört zu dem Betriebe dieser Fabrik.

Erk. vom 31. Mai 1879 (Entsch. B. 25 S. 201).

g) Der Unternehmer des Fabrikbetriebes haftet für Unfälle, die durch Reparaturarbeiten bei eingestelltem Betriebe der Fabrik verursacht sind, ebensowenig wie für Unfälle, die bei den Bauten zur Einrichtung der Fabrik sich ereignen.

Erk. vom 21. Juni 1879 (Entsch. B. 25 S. 219).

Aus der Rechtsprechung des Reichsgerichts.

a) Zur Begründung eines Schadensersatzanspruches aus § 2 des Haftpflichtgesetzes ist die Darlegung des ursächlichen Zusammenhanges zwischen dem Unfall und dem Fabrikbetrieb erforderlich. — Die Anwendbarkeit des § 2 cit. ist ausgeschlossen, wenn der Unfall sich außerhalb des Bereiches des Fabrikbetriebes zugetragen hat.

Urtheil vom 16. Dezember 1879 (Entsch. B. I. S. 47).

b) § 2 des Haftpflichtgesetzes findet keine Anwendung, wenn

die Thätigkeit, bei welcher der Unfall eingetreten ist, nicht zu der Fabrikthätigkeit gehörte, sondern, wie der Transport zur Fabrik, etwas von derselben völlig Getrenntes war. Der Fabrikunternehmer, der diesen Transport übernommen und durch seine Fabrikarbeiter hat ausführen lassen, hat damit nur neben der auszuführenden Fabrikarbeit ein davon getrenntes Transportgeschäft, auf welches das Haftpflichtgesetz nicht anwendbar, ist übernommen. Bei letzterem kommt es nur auf Dienstverrichtungen bei dem Fabrikbetriebe, nicht auch bei anderen von dem Fabrikunternehmer übernommenen Arbeiten an.

Urtheil vom 22. September 1880 (Blum's Annalen B. II. S. 494).

6. Die Haftpflicht des Betriebsunternehmers, welche § 2 des Gesetzes normirt, entspringt nicht, wie die auf § 1 beruhende, aus einer obligatio ex lege, sondern aus einer obligatio quasi ex delicto. Es genügt zur Begründung des Ersatzanspruches nicht, wie bei Eisenbahnunfällen, der Nachweis, daß der Unfall bei dem Betriebe der betreffenden Anlage eingetreten ist, sondern es muß auch erwiesen werden, daß derselbe verursacht ist durch ein Verschulden eines Angestellten des Betriebsunternehmers in Ausführung der Dienstverrichtungen. Die Haftpflicht gründet sich mithin auf ein Verschulden (culpa), ein widerrechtliches Handeln oder Unterlassen. Dieses Verschulden darf indessen nicht den Betriebsunternehmer selbst treffen, sondern muß, wenn § 2 Anwendung finden soll, von einem Angestellten desselben ausgegangen sein. Vermöge des persönlichen Verhältnisses des Unternehmers zu seinen Angestellten entsteht zwischen dem ersteren und dem Beschädigten eine direkte Obligation. Der Unternehmer wird verpflichtet durch Delikte seiner Angestellten, weil er sich bei seiner Unternehmung der Hülfe schuldhaft handelnder Personen bedient hat („Quum enim .... aliquatenus culpae reus est, quod opera malorum hominum uteretur, ideo quasi ex maleficio teneri videtur“; Institutionum Lib. IV. Tit. V. § 3).

Das Verschulden muß von dem Beschädigten bewiesen werden, eine gesetzliche Präsumtion spricht nicht für dasselbe.

Die Schadensersatzpflicht des Betriebsunternehmers aus eigenem Verschulden regelt sich nach § 9 des Haftpflichtgesetzes. Der Verletzte kann unter Umständen die Wahl haben, ob er auf Grund des § 9 cit. und der in Betracht kommenden landesgesetzlichen Bestimmungen oder auf Grund des § 2 cit. eine Schadensersatzklage anstellen will (vergl. § 9 Anmerkung 1 und 5). Jedenfalls kann er den Schadensersatz nur einmal verlangen, da er andernfalls nicht Schadensersatz erhalten, sondern bereichert werden würde (vergl. § 1 Anmerkung 7).

Regreßansprüche des haftbaren Unternehmers gegen den schuldhaften Angestellten regeln sich nach Landesrecht.

Aus der Rechtsprechung des Reichsoberhandelsgerichts.

a) Die Schadensersatzverpflichtung des § 2 des Haftpflichtgesetzes entspringt zwar aus einem außerkontraktlichen Verschulden. Der bezügliche Schadensersatzanspruch richtet sich aber nicht gegen denjenigen, welcher dieses Verschulden begangen hat, sondern gegen dessen Machtgeber oder Dienstherrn. Derselbe charakterisirt sich daher — verschieden von dem Anspruche aus § 1 cit. — als ein Recht aus einer obligatio quasi ex delicto.
Erk. vom 24. Januar 1875 (Entsch. B. 16 S. 4, 6).

b) Die Vorschrift des § 2 des Haftpflichtgesetzes enthält einen dem Artikel 1384 des code civile entlehnten Rechtssatz. Die durch § 2 normirte Haftpflicht beruht auf dem Gedanken, daß derjenige, welcher beim Betriebe eines Unternehmens der bezeichneten Art anderer Personen sich bedient, die statt seiner den Betrieb zu leiten bezw. zu beaufsichtigen haben, für ein von denselben hierbei begangenes Verschulden ebenso einzustehen habe, als wäre solches von ihm selbst begangen.
Erk. vom 4. Januar 1877 (Entsch. B. 21 S. 276). —

7. „Bevollmächtigter" ist ein Stellvertreter kraft Auftrags. Er steht im Gegensatz zu einem Beauftragten, der keine Vollmacht, kein Mandat im juristischen Sinne besitzt. Ein solcher Beauftragter des Betriebsunternehmers ist kein Stellvertreter desselben, sondern eine lediglich für gewisse Dienstleistungen von letzterem angenommene Person. Die Form der Vollmacht für einen „Bevollmächtigen" des Betriebsunternehmers ist unerheblich. Jene kann sowohl ausdrücklich als auch stillschweigend ertheilt werden. In letzterer Weise kann die Bevollmächtigung namentlich durch Anstellung zu gewissen Geschäften in dem Betriebe, die eine Vollmacht voraussetzen, erfolgen (vergl. Eger a. a. O. S. 224—227). Das Verschulden des „Bevollmächtigten" verpflichtet den Betriebsunternehmer nur dann zum Schadensersatz, wenn jener mit der Einwirkung auf den Betrieb im engeren Sinne, dem technischen Betrieb der bezüglichen Anlage, beauftragt war.

Endemann (a. a. O. S. 35) versteht unter einem „Bevollmächtigten" jede Person, welcher die Befugniß zur Leitung des Betriebes in irgend welchem Umfange ertheilt worden ist, ohne Rücksicht darauf, ob durch die Vollmacht eine Stellvertretung im juristischen Sinne hervorgerufen wird oder nicht. Er hält es für gleichgültig, auf welche Branche sich die Bevollmächtigung bezieht, wenn sie nur in den Umfang des Gesammtbetriebes fällt.

Aus der Rechtsprechung des Reichsgerichts.

a) Unter einem „Bevollmächtigten" im Sinne des § 2 des Haftpflichtgesetzes ist nicht jede Person zu verstehen, welche einen Auftrag zur Ausführung einer Arbeit bei dem Betriebe erhalten hat. Ist auch bei dem Ausdruck „Bevollmächtigter" nicht an die Ertheilung einer Vollmacht im eigentlichen Sinne, an die Ermächtigung zur Abschließung von Rechtsgeschäften, gedacht worden, da unter dem „Betriebe" im § 2 cit. nur das Technische der Fabrikation oder Produktion zu verstehen ist und dieser Ausdruck die durch den Gewerbebetrieb hervorgerufenen Rechtsgeschäfte nicht umfaßt, so setzt der Ausdruck „Bevollmächtigter" doch jedenfalls voraus, daß die betreffende Person in einem gewissen Vertragsverhältnisse, wenn auch nur bei den technischen Geschäften des Gewerbebetriebs, zu dem Unternehmer steht. Von einem solchen Verhältniß kann bei einem Markscheider, welcher selbständig und unter eigener Verantwortlichkeit die ihm übertragene Arbeit, wie die Anfertigung eines dem Bergbaubetriebe zu Grunde zu legenden Spezialrisses in Betreff eines Flötzes, auszuführen hat, nicht die Rede sein. Dieser Markscheider ist daher nicht ein „Bevollmächtigter" des Betriebsunternehmers.
Urtheil vom 9. Oktober 1880 (Blum's Annalen B. II. S. 495).

b) Ein Gesellschafter einer offenen Handelsgesellschaft, der nicht von der Geschäftsführung ausgeschlossen ist, muß nach den ihm in Artikel 102 des Handelsgesetzbuchs eingeräumten Rechten und Pflichten als ein „Bevollmächtigter" der Gesellschaft im Sinne des § 2 des Haftpflichtgesetzes angesehen werden.
Urtheil vom 20. Oktober 1880 (Blum's Annalen B. II. S. 496).

8. „Repräsentant" ist ein Stellvertreter für die gesammte Geschäftsführung. Er gehört begrifflich zu den Bevollmächtigten und zeichnet sich unter denselben nur durch den Umfang seiner Vollmacht aus. Der Repräsentant eines Betriebs-

unternehmers ist hiernach Stellvertreter für den Gesammtbetrieb. Seine Vollmacht betrifft nicht einzelne Geschäftszweige, sondern umfaßt den ganzen Betrieb der bezüglichen Anlage. Speziell wird die Bezeichnung „Repräsentant" in der Berggesetzgebung dem Generalbevollmächtigten der Gewerkschaft beigelegt. Dieser kann auch im Wege des Zwangsverfahrens der Gewerkschaft von der Aufsichtsbehörde bestellt werden (vergl. Eger a. a. O. S. 232).

Auch die Vorsteher (Direktoren) einer Aktiengesellschaft, welche eine Fabrik u. s. w. betreibt, sowie die geschäftsführenden Mitglieder einer offenen Handelsgesellschaft (siehe oben Anmerkung 7 die Rechtsprechung) sind als „Repräsentanten" anzusehen. Eger (a. a. O. S. 222, 223) nimmt an, daß der „Theilhaber" einer Fabrik nicht deren Bevollmächtigter oder Repräsentant, sondern selbst Geschäftsherr und Mitunternehmer, mithin Betriebsunternehmer im Sinne des Haftpflichtgesetzes sei. Auch unter „Repräsentanten" will er nur Personen verstehen, die in irgend einer dienstlichen Abhängigkeit zum Betriebsunternehmer stehen und seiner Aufsicht unterworfen sind. Dieser Ansicht kann nicht beigepflichtet werden. Die offene Handelsgesellschaft bildet ein selbständiges Rechtssubjekt, die Mitglieder derselben sind als Rechtssubjekte mit jener nicht identisch. Ist daher eine offene Handelsgesellschaft der Betriebsunternehmer, so können es nicht daneben auch die Mitglieder derselben sein. Letztere vertreten vielmehr nur die Gesellschaft und handeln in deren Namen.

Aus der Rechtsprechung des Reichsoberhandelsgerichts.

a) Die Firma einer Fabrik haftet als Betriebsunternehmerin für den durch einen Unfall verursachten Schaden gemäß § 2 des Haftpflichtgesetzes, wenn dem Theilhaber der Firma bei der Leitung des technischen Betriebes der Fabrik ein Verschulden zur Last fällt. In diesem Falle muß der Theilhaber der Fabrik als deren „Repräsentant" im Sinne des Haftpflichtgesetzes angesehen werden.
Erk. vom 9. Juni 1875 (Entsch. B. 18 S. 216).

b) Die Ausdrücke „ein Bevollmächtigter oder ein Repräsentant oder eine zur Leitung oder Beaufsichtigung des Betriebes oder der Arbeiter angenommene Person" sind im weitesten Sinne aufzufassen. Es ist kein Grund vorhanden, darunter nur solche Personen zu verstehen, welche als Angestellte und Untergebene des

Betriebsunternehmers sich in einem Verhältnisse der Abhängigkeit und Unterordnung diesem gegenüber befinden. Daher ist zu jenen Personen auch derjenige zu rechnen, der zum Betrieb gehörige Arbeiten für eigene Rechnung übernimmt, selbst wenn er der Aufsicht des Betriebsunternehmers nicht unterliegt, sondern demselben in Folge des bestehenden Vertragsverhältnisses selbständig gegenübersteht. Ob eine solche Person zu den „zur Leitung des Betriebes angenommenen Personen" oder zu den „Repräsentanten" des Betriebsunternehmers gehört, kann hierbei dahingestellt bleiben.

Erk. vom 17. Oktober 1876 (Entsch. B. 21 S. 175).

9. Außer den Bevollmächtigten und den Repräsentanten zählt § 2 zu den Betriebsorganen, für deren Verschulden der Unternehmer haftbar ist, jede Person, welche angestellt ist

a) zur Leitung oder Beaufsichtigung des Betriebes,

b) zur Leitung oder Beaufsichtigung der Arbeiter.

Beide Kategorien von Personen gehören zu den Beauftragten, die den Unternehmer nicht vertreten, sondern nur im Auftrage desselben gewisse Dienstleistungen ausführen.

Der Ausdruck „Betrieb" ist hier wieder in dem engeren Sinne des technischen Betriebes zu verstehen (vergl. oben Anmerkung 5 und § 1 Anmerkung 2). Es gehören daher nicht hierher die Angestellten, welchen außerhalb des technischen Betriebes eine Leitung oder Aufsicht übertragen worden ist (z. B. Büreauvorsteher, Magazinverwalter, Rendanten und dergl.).

Die Leitung und Beaufsichtigung des Betriebes erstreckt sich auf die Beschaffenheit der Anlage, der Werkzeuge, Geräthe, Sicherheitsvorrichtungen, Maschinen und die Thätigkeit der letztern. Zu der Leitung und Beaufsichtigung der Arbeiter gehört die Anstellung derselben bei der Arbeit, die Unterweisung über die Ausführung der Arbeit und die Aufsicht über letztere.

Zu dem fraglichen Aufsichtspersonal sind nicht nur die Inspektoren, Werkführer, Aufseher, Betriebsführer, Steiger, Obersteiger u. s. w. zu rechnen, sondern auch solche Arbeiter, denen die Leitung oder Kontrole ihrer Mitarbeiter (Kolonnenführer und dergl.) oder die Aufsicht über eine Maschine (Maschinist, Kesselwärter und dergl.) übertragen worden ist, soweit der ihnen zugewiesene dienstliche Wirkungskreis reicht (vergl. unten Anmerkung 11).

Für Beschädigungen, die einem Arbeter oder unbetheiligtn Dritten durch Verschulden eines anderen blos ausführenden, und nicht anordnenden oder beaufsichtigenden Arbeiters zugefügt sind, haftet der Betriebsunternehmer selbstverständlich nicht.

Aus der Rechtsprechung des Reichsoberhandelsgerichts.

a) Die Vorschrift des § 2 des Haftpflichtgesetzes ist nur dann anwendbar, wenn das Verschulden eines der darin genannten Funktionäre vorliegt. Das Gesetz wollte ebensowenig über das Verschulden des Betriebsherrn selbst, als über das der gewöhnlichen Arbeiter Verfügung treffen. — Sache dessen, der den Betriebsunternehmer auf Grund des § 2 cit. verklagt, ist es, darzulegen, daß der Urheber des Unfalls zu den darin bezeichneten Kategorien gehört. — Die Führung und Leitung einer einzelnen Maschine in einem Fabrikbetriebe erscheint an sich noch nicht als Leitung und Beaufsichtigung des Betriebes. Es kommt vielmehr darauf an, ob der Maschinist durch seine Stelle ein Recht hat, den Betrieb oder einen Zweig desselben zu dirigiren, oder ob er lediglich die Maschine bedient und in deren Verwendung an die Weisung Anderer gebunden ist. Der Maschinist eines einzelnen Dampfhammers hat nicht entfernt die Stellung eines Dirigenten der Dampfmaschine, welche für alle Dampfhämmer und andere Arbeitsmaschinen die bewegende Kraft liefert; der Maschinist kann sehr wohl zu den Arbeitern gehören. Wird dem Maschinisten von seinem Hammerschmiedemeister das „Kommando" zum Anhalten und Niederlassen des Hammers gegeben, so besitzt er, wenn er auch die Maschine bedient, in dieser mechanischen Verrichtung keine Selbständigkeit, sondern ist gleich den andern Arbeitern am Hammer dem Hammerschmiedemeister untergeben.

Erk. vom 22. September 1874 (Entsch. B. 14 S. 196 ff.).

b) Derjenige, welcher eine Fabrik betreibt, soll nicht nur für Beamte in einem technischen Sinne, sondern für Jeden haften, der nicht blos ausführender Arbeiter, sondern irgendwie anzuordnen, zu befehlen, zu beaufsichtigen oder zu leiten befugt ist, und es kommt dabei nicht auf den Umfang der Leitung, sondern nur darauf an, ob das Verschulden innerhalb der Grenze derselben, innerhalb des Wirkungskreises begangen wurde.

Erk. vom 3. Oktober 1877 (mitgetheilt bei Jacobi a. a. O. S. 38 und Eger a. a. O. S. 236).

c) War dem Beschädigten von dem Werkführer der Fabrik

eine in der letzteren sonst nur als Arbeiter beschäftigte Person als Aufseher vorgestellt, dessen Weisungen der Beschädigte in Abwesenheit des Werkführers zu gehorchen habe, so haftet der Betriebsunternehmer für den durch das Verschulden jenes Arbeiters verursachten Unfall.
Erk. vom 11. Oktober 1877 (Entsch. B. 23 S. 46).

d) Ein Vorarbeiter in einer Fabrik, dem nur die Vertheilung der Arbeit an die verschiedenen Arbeitsstellen obliegt, jedoch keine Leitung des Betriebes oder Beaufsichtigung der Handwerker übertragen ist, gehört nicht zu den im § 2 des Haftpflichtgesetzes erwähnten, den Fabrikbesitzer verpflichtenden Personen.
Erk. vom 5. Juni 1878 (Zeit. d. V. d. Eisenb.Verw. 1878 S. 1035; Eger a. a. O. S. 237).

Aus der Rechtsprechung des Reichsgerichts.

a) § 2 des Haftpflichtgesetzes umfaßt Jeden, der eine Aufsichtsfunktion irgend welcher Art vorübergehend oder dauernd ausübt, selbst wenn die betreffende Arbeit eine einfache und gewöhnliche ist. Aus der Gleichheit der Thätigkeit des mitwirkenden Vorarbeiters mit derjenigen der ihm unterstellten einfachen Arbeiter kann nicht die allgemeine Folgerung gezogen werden, daß ein Verschulden des Vorarbeiters bei seiner Verrichtung nicht als ein Verschulden bei der Leitung oder Beaufsichtigung zu gelten habe.
Urtheil vom 19. Dezember 1879 (Blum's Annalen B. I. S. 322—325; Entsch. B. I. S. 28—31).

b) Der Ausdruck „Leitung und Beaufsichtigung des Betriebs" in § 2 des Haftpflichtgesetzes ist nicht blos in Bezug auf das Betriebsganze, sondern auch in Bezug auf den Betrieb in seinen einzelnen Theilen zu verstehen. Zu dem Betriebe gehören aber namentlich die Funktionen der in Verwendung befindlichen Maschinen, Werkzeuge und Geräthe. Kann nun auch freilich ein Arbeiter, welchem blos die Bedienung einer Maschine obliegt, nicht zu dem Leitungs- und Beaufsichtigungspersonal gerechnet werden, so kann es doch andererseits, zumal der Fabrikherr schon aus dem Arbeitskontrakte nach allgemeinen Grundsätzen verpflichtet ist, dafür zu sorgen, daß die Maschinen u. s. w. sich nicht in einem durch Schadhaftigkeit die Arbeiter gefährdenden Zustande befinden, keinem Zweifel unterliegen, daß die Ueberwachung der Tüchtigkeit und der Instandhaltung sämmtlicher Maschinen,

Werkzeuge und Geräthe einen Bestandtheil der Beaufsichtigung des Betriebes bildet. Das Gesetz macht zwar den Fabrikherrn für ein von einem gewöhnlichen Arbeiter bei gewöhnlichen Dienstverrichtungen begangenes Verschulden nicht verantwortlich. Für die Verschuldungen einer zur Leitung oder Beaufsichtigung des Betriebs angenommenen Person aber hat der Fabrikherr ganz allgemein zu haften, ohne daß etwas darauf ankommt, ob dieselbe eine höhere, anderen Arbeitern vorgesetzte Stellung einnimmt oder nicht. Wird ein gewöhnlicher Arbeiter von dem Fabrikherrn oder einem Bevollmächtigten desselben mit der Wahrnehmung von Geschäften, welche zur Leitung oder Beaufsichtigung des Betriebes gehören, beauftragt, so wird er hierdurch hinsichtlich dieser Geschäfte zu einer Person, für welche der Fabrikherr gemäß § 2 des Reichshaftpflichtgesetzes zu haften hat. So sind auch Kesselwärter, welche den Kessel einer Dampfmaschine auf dessen Gefahrlosigkeit zu revidiren haben, und diejenigen gewöhnlichen Bergleute, welche mit den vor dem Einfahren in den Schacht vorzunehmenden Prüfungen oder mit der Herrichtung oder Austheilung der Sicherheitslampen betraut sind, zu dem Personal, für welches gehaftet werden muß, gezählt worden. Hiernach ist auch die Untersuchung der Tüchtigkeit einer Kette, an welcher Kohlen aus einem Schiffe aufgewunden werden sollen, als ein Akt der Beaufsichtigung des Betriebes anzusehen.

Urtheil vom 3. Dezember 1880 (Blum's Annalen B. III. S. 75).

10. Nur ein „Verschulden" einer der erwähnten Personen begründet die Haftpflicht des Betriebsunternehmers einer der im § 2 aufgeführten Anlagen. Unter „Verschulden" ist diejenige Ursache eines Schadens zu verstehen, welche sich als ein Unterlassen der gebotenen Aufmerksamkeit darstellt. Dieses Verschulden kann sowohl in einer Handlung, einer fehlerhaften Anordnung, als auch in einer Unterlassung, einer Nichtbeobachtung der erforderlichen Vorsicht, bestehen. Das Verschulden einer der fraglichen Aufsichtspersonen kann mithin sowohl in einer Befehlertheilung als in dem Unterlassen eines Befehls oder Verbotes gefunden werden.

Da das Haftpflichtgesetz nicht einen besondern Grad des Verschuldens erwähnt, so ist jedes Verschulden, mag es auf grobem oder geringem Versehen oder Vorsatz beruhen, geeignet, die Haftpflicht des Betriebsunternehmers zu begründen.

Da es Pflicht eines jeden in einer der fraglichen Anlagen angestellten Aufsichtsbeamten ist, sich die Kenntniß der speziellen gesetzlichen und polizeilichen Sicherheitsvorschriften, der hinsichtlich des betreffenden Betriebes gemachten technischen Erfahrungen und durch wissenschaftliche Untersuchungen gewonnenen Resultate zu verschaffen, so stellt ein Zuwiderhandeln gegen die erwähnten Sicherheitsvorschriften, das seitens eines Laien kein Verschulden involviren würde, seitens eines Betriebsbeamten sich als ein solches dar. (Vergl. Eger a. a. O. S. 248.)

Der Umstand, ob das fragliche Verschulden wegen des durch dasselbe verursachten Unfalls von Strafrichtern für strafbar befunden wird oder nicht, ist für die Entscheidung des Civilrichters unerheblich. Hinsichtlich der Haftpflicht bei einem konkurrirenden Verschulden eines Angestellten und des Verletzten selbst vergleiche § 1 unten Anmerkung 13. Ist das Verschulden Beider ein gleiches oder überwiegt das Verschulden des Verunglückten, so cessirt die Haftpflicht. Ist dagegen in erster Linie das Versehen des Angestellten als die Ursache des Unfalls anzusehen, so greift die Haftpflicht Platz. Landesrechtliche Vorschriften über den Ausschluß der Schadensersatzpflicht bei konkurrirendem Verschulden bleiben hierbei außer Anwendung (vergl. Eger a. a. O. S. 277 bis 283).

Bezüglich der Haftpflicht bei einem Verschulden des Betriebsunternehmers siehe § 9 Anmerk. 2 und 3.

Aus der Rechtsprechung des Reichsoberhandelsgerichts.

a) Der Begriff des „Verschuldens" ist in § 2 des Haftpflichtgesetzes nicht näher bestimmt. Man darf also nicht zwischen leichtem und schwerem Verschulden unterscheiden, sondern jedes nachgewiesene Verschulden genügt. Ebenso umfaßt das Verschulden nicht blos das positive Handeln, sondern auch die Unterlassung. Die Pflicht eines Aufsehers, besonders wenn die ihm obliegende Aufsicht sich auf ein an sich gefährliches Geschäft bezieht, erfordert aber auch dessen Einschreiten gegen ein ungeeignetes Verhalten der Arbeiter, um diese vor Schaden zu bewahren. Die Verabsäumung dieser Pflicht bildet ein Verschulden, für welches der Betriebsunternehmer nach § 2 cit. aufzukommen hat.

Erk. vom 27. Januar 1874 (Entsch. B. 12 S. 303 bis 308).

b) Einem Werkmeister kann nicht zugemuthet werden, solchen

Arbeitern, welchen er die nöthige eigene Sachkunde zuzutrauen berechtigt ist, bei der Uebertragung von Arbeiten eine umfassende Belehrung über die möglicherweise eintretenden Gefahren und die dagegen anzuwendenden Vorsichtsmaßregeln zu ertheilen. Die Unterlassung einer solchen Belehrung ist ihm daher auch nicht als Verschulden zuzurechnen.

Erk. vom 21. November 1874 (Entsch. B. 15 S. 92).

c) Ein gewöhnlicher Bergarbeiter, welcher von seinem unmittelbaren Vorgesetzten einen Befehl empfängt, welcher sofort befolgt werden muß, sofern er wirksam sein soll, und der sich auf eine Arbeit bezieht, in deren Ausführung der Arbeiter begriffen ist, und die jener Vorgesetzte zu leiten und zu beaufsichtigen hat, begeht regelmäßig kein Versehen, wenn er Gehorsam leistet, sollte auch der Befehl mit einem früher von der höheren Autorität (dem Repräsentanten) erlassenen Verbot kollidiren. Verunglückt der Arbeiter in Folge der Uebertretung des letzteren Verbots, so ist dieser Unfall nicht durch Verschulden des Arbeiters, sondern des Aufsehers, der den fraglichen Befehl ertheilt hat, verursacht.

Erk. vom 9. November 1875 (Entsch. B. 19 S. 26).

d) Es kann auch nach § 107 der Gewerbeordnung, abgesehen von den Fällen, in welchen einer speziellen Aufforderung der Behörde entgegengehandelt ist (§ 148 Nr. 10), von dem Gewerbeunternehmer keine größere Fürsorge zur Abwendung von Gefahren, die den Arbeitern drohen, gefordert werden, als sie ein sorgfältiger Gewerbetreibender der betreffenden Geschäftsbranche anzuwenden pflegt, wobei derselbe darauf rechnen darf, daß die Arbeiter ihrerseits die gewöhnliche Vorsicht nicht außer Acht lassen.

Erk. vom 14. März 1876 (Entsch. B. 19 S. 397).

e) Die Verpflichtung des Betriebsunternehmers zur thunlichsten Beseitigung der den Arbeitern bei dem Betriebe der Fabrik drohenden Gefahren ist eine allgemeine, sich keineswegs auf die den Arbeitern verborgen bleibenden oder weniger leicht zu entdeckenden Gefahren beschränkende. Bei Beurtheilung der Nothwendigkeit von schützenden Einrichtungen ist der geringere Bildungsgrad, der erfahrungsmäßig häufig vorkommende Mangel an Achtsamkeit, Geschicklichkeit, Besonnenheit und Geistesgegenwart sowie die aus der Gewöhnung an Gefahren sich bildende Gleichgültigkeit und Mißachtung derselben bei den Arbeitern zu berücksichtigen. Hieraus folgt aber zugleich, daß umgekehrt an die Arbeiter hinsichtlich der Frage eines konkurrirenden Verschuldens derselben kein allzustrenger Maßstab angelegt werden darf.

Erk. vom 18. März 1876 (Entsch. B. 20 S. 240).

f) Die Anordnung einer durch ein Polizeigesetz verbotenen Arbeitsweise seitens des Betriebsleiters begründet ein Verschulden desselben hinsichtlich der dadurch herbeigeführten Unfälle, während in dem Umstande, daß sich die Arbeiter der fraglichen gefährlichen Arbeit dem ertheilten Auftrage gemäß unterziehen, ein eigenes Verschulden derselben nicht gefunden werden kann.

Erk. vom 24. März 1876 (Entsch. B. 19 S. 412).

g) Die Haftpflicht des Unternehmers wird dadurch nicht aufgehoben, daß der Verletzte bezw. getödtete Arbeiter die Gefährlichkeit seiner Arbeitsstelle gekannt und dennoch ohne Widerrede der Anordnung des Betriebsleiters, daselbst zu arbeiten, Folge geleistet hat; denn es ist der Zweck des Haftpflichtgesetzes, daß die Sorglosigkeit und der Leichtsinn gewöhnlicher Arbeiter an der besseren Einsicht und der vorsichtigen Besonnenheit der Betriebsleiter ihr Korrektiv und Gegengewicht finden sollen, und es soll ihnen nicht als Verschuldung angerechnet werden, wenn sie sich im Zwange nothwendigen Erwerbs und im Vertrauen auf besseres Verstehen ihrer Vorgesetzten aufgetragenen Dienstverrichtungen unterziehen und deren Gefahren unterschätzen.

Erk. vom 16. Juni 1876 (Calm, Rechtsgrundsätze III. S. 102; Eger a. a. O. S. 255).

h) Es kann ein Verschulden einer zur Leitung oder Beaufsichtigung des Betriebes u. s. w. angenommenen Person darin gefunden werden, wenn sie einen Befehl, der von einem gewöhnlichen Arbeiter, insbesondere einem noch unerfahrenen, als die Aufforderung zu einer gefährlichen Manipulation aufgefaßt werden kann, erläßt, ohne ihn gehörig zu erläutern und so dem möglichen Mißverständnisse von vorneherein zu begegnen.

Erk. vom 23. Juni 1876 (Calm a. a. O. S. 103; Eger a. a. O. S. 255).

i) § 2 des Haftpflichtgesetzes findet keine Anwendung, wenn der Verletzte und der Bevollmächtigte, beziehungsweise Aufseher, in einer Person zusammentreffen.

Erk. vom 26. September 1876 (Calm a. a. O. S. 103; Eger a. a. O. S. 265).

k) Auch eine geschäftsübliche Vorrichtung, die einen Unfall

verursacht, kann ein Verschulden des Betriebsleiters involviren, wenn die Ueblichkeit lediglich eine allgemeine unverzeihliche Nachlässigkeit in sich schließt, so daß kein Fabrikant, der sich in der üblichen Weise verhält, für einen sorgfältigen Gewerbtreibenden in dieser Geschäftsbranche erachtet werden kann.

Erk. vom 11. Oktober 1877 (Entsch. B. 23 S. 47).

Aus der Rechtsprechung des Reichsgerichts.

a) Es kann ein Verschulden des Fabrikleiters darin gefunden werden, daß er eine schwierige und gefährliche Arbeit einem Arbeiter, dem die hierzu erforderliche Erfahrung mangelt, überträgt, ohne ihm genaue Verhaltungsmaßregeln bei der Arbeit oder den Beistand und Rath eines technischen Sachverständigen zu gewähren.

Urtheil vom 10. Dezember 1879 (Blum's Annalen B. I. S. 209—211).

b) Die Anstellung eines jugendlichen und unerfahrnen Arbeiters bei einer gefährlichen, nur einem erfahrenen und verständigen Menschen zuzumuthenden Arbeit begründet hinsichtlich eines bei derselben eintretenden Unfalls ein Verschulden des Werkführers u. s. w., der die Anstellung bewirkt hat.

Urtheil vom 27. Dezember 1879 (Blum's Annalen B. I. S. 204).

c) Der wörtliche Inhalt des Reichshaftpflichtgesetzes darf nicht durch Anwendung der allgemeinen Prinzipien über außerkontraktliches Verschulden eingeschränkt werden, da sich dieses Gesetz seinem Zwecke und seinem gesammten übrigen Inhalte nach als ein besonderes und aus sich selbst auszulegendes darstellt.

Urtheil vom 23. Januar 1880 (Entsch. B. I. S. 48).

d) Die Haftpflicht des Betriebsunternehmers einer Fabrik für Unfälle beim Betriebe derselben ist dann ausgeschlossen, wenn dargethan wird, daß auch bei Berücksichtigung der Jugend und Unerfahrenheit des Verletzten ein derartig grobfahrlässiges Verhalten desselben die nächste wirkende Veranlassung des Unfalls gewesen ist, daß bei Abwägung des Verhaltens des Betriebsunternehmers bezw. Aufsehers in dessen Ursächlichkeit für den Unfall die ihnen zur Last fallende Pflichtverletzung nicht als die wirkliche Ursache des Unfalls gelten kann.

Urtheil vom 10. Juli 1880 (Blum's Annalen B. II. S. 480, 481).

e) Die Ordnungswidrigkeit eines der in § 2 des Haftpflichtgesetzes erwähnten Angestellten involvirt nur dann ein Verschulden hinsichtlich des durch dieselbe herbeigeführten Unfalls, wenn sie eine solche ist, daß es sich vernünftiger Weise vorhersehen ließ, sie könne derartige Folgen haben, wie die demnächst eingetretenen. Diese Voraussetzung würde dann zutreffen, wenn der Angestellte auf die Gefahren, welche durch die fragliche Ordnungswidrigkeit (Umherliegen einer Stange) herbeigeführt werden könnten, hingewiesen worden ist.
Urtheil vom 22. September 1880 (Blum's Annalen B. II. S. 493).

f) Es kann auch einem untergeordneten Angestellten nicht als Verschulden hinsichtlich eines Unfalles, der bei dem Betriebe einer der in § 2 des Haftpflichtgesetzes erwähnten Anlagen eingetreten ist, angerechnet werden, wenn er die von ihm hinsichtlich der Gefährlichkeit einer Arbeit gehegten und geäußerten Bedenken gegen die ihm darauf von seinem Vorgesetzten ertheilte Anweisung nicht weiter geltend machte.
Urtheil vom 28. September 1880 (Blum's Annalen B. II. S. 567).

g) Durch eigenes Verschulden des Verletzten ist ein Unfall bei dem Fabrikbetriebe nicht deshalb schon herbeigeführt, weil der Verletzte einer Arbeit sich in einer Weise unterzog, wie sie durch einen Anschlag in den Fabriksälen ausdrücklich verboten war, falls er einen ihm von dem Aufseher ertheilten Befehl dahin verstehen durfte, daß er die Arbeit in der verbotenen Weise ausführen solle. — Einem Aufseher kann es im Allgemeinen nicht zum Verschulden angerechnet werden, wenn er nicht jeden einzelnen der ihm unterstellten Arbeiter in jedem Moment so genau beobachtet, daß er von dessen Thun und Treiben fortwährend speziell unterrichtet ist. Diese Regel muß aber dann eine Ausnahme erleiden, wenn der Aufseher einen ausdrücklichen Befehl zu einer besonders gefährlichen Verrichtung ertheilt hat. In einem solchen Falle verpflichtet ihn diese Beauftragung des Arbeiters auch zur besonderen Vorsorge gegen die möglichen Gefahren.
Urtheil vom 23. November 1880 (Blum's Annalen B. III. S. 76, 77).

h) Die Frage, inwieweit gegenüber einem etwaigen Verschulden der Repräsentanten oder Betriebsleiter (§ 2 des Haftpflichtgesetzes) eine konkurrirende Culpa des Verletzten von Einfluß ist, ist nicht nach dem Landesrecht, sondern nach allgemeinen Rechtsgrundsätzen zu beurtheilen, da andernfalls das Haftpflichtgesetz in den einzelnen Rechtsgebieten eine von dem Gesetzgeber nicht gewollte verschiedenartige Auslegung erfahren würde.

Urtheil vom 14. Dezember 1880 (Blum's Annalen B. III. S. 74).

i) Ein Verschulden eines zur Beaufsichtigung der Arbeiter bestellten Werkführers im Sinne des § 2 des Haftpflichtgesetzes liegt nicht nur dann vor, wenn er den Arbeitern den Gebrauch einer an sich zulässigen und zur Vermeidung von Gefahren geeigneten Schutzmaßregel (Schutzbrillen) förmlich verboten, sondern auch, wenn er von deren Anwendung abgemahnt und seine Mißbilligung zu erkennen gegeben hat.

Urtheil vom 25. Februar 1881 (Blum's Annalen B. III. S. 413).

Vergl. auch unten Anmerkung 13 die Rechtspr. d. O.H.G. und § 9 Anmerkung 2 Rechtspr. d. R.O.H.G. und R.G. —

11. Die Haftpflicht des Betriebsunternehmers ist davon abhängig, daß das Verschulden des Angestellten „in Ausführung der Dienstverrichtungen" begangen ist. Unter „Dienstverrichtungen" sind die dem Angestellten innerhalb des Betriebes der betreffenden Anlage in Folge seiner Anstellung obliegenden Funktionen zu verstehen. Ueberschreitet ein Angestellter den Kreis seiner Dienstobliegenheiten, greift er über seine Vollmacht, seinen Auftrag hinaus in eine fremde Verfügungssphäre hinein, so hört er auf als Angestellter zu handeln. Seine Handlungen sind dann wie die jedes Dritten anzusehen, der zu dem Betriebsunternehmer in keiner Beziehung steht, und begründen daher keine Haftpflicht für letzteren. (Vergl. Eger a. a. O. S. 265 bis 271.) Der Ausdruck „in Ausführung der Dienstverrichtungen" ist gleichbedeutend mit „in Ausführung ihrer Dienstverrichtungen". Letzterer Ausdruck ist, wie die Verhandlungen des Bundesraths über den Gesetzesentwurf ergeben (vergl. Eger a. a. O. S. 267), nur deshalb nicht gebraucht, um die mögliche Beziehung des Wortes „ihrer" auf das vorangehende Wort „Arbeiter" auszuschließen.

Endemann (a. a. O. S. 37), Kah (a. a. O. S. 77) und Franz (a. a. O. S. 8) nehmen an, daß der Unternehmer auch dann haften müsse, wenn die fraglichen Aufsichtspersonen außerhalb ihrer speziellen Aufsichtssphäre, jedoch innerhalb des Betriebes des Unternehmers „in Ausübung des Dienstes" schuldhaft gehandelt haben. Die Unrichtigkeit dieser Ansicht ist eingehend dargethan von Eger (a. a. O. S. 265—267).

Die Handlungen des „Repräsentanten" innerhalb des Betriebes sind, da derselbe zur Vertretung des Unternehmers im vollen Umfange und daher zu jeder Anordnung befugt ist, stets als in Ausübung seiner Dienstverrichtungen erfolgt anzusehen. Der Umfang des Kreises der Dienstverrichtungen eines „Bevollmächtigten" dagegen hängt von dem Inhalt der ihm ertheilten Vollmacht ab. In gleicher Weise bemißt sich der Geschäftskreis der „zur Leitung oder Beaufsichtigung des Betriebs oder der Arbeiter" angenommenen Personen nach dem Umfang des ihnen ertheilten Auftrages zur Leitung oder Beaufsichtigung (vergl. oben Anmerkung 7, 8, 9). Hat die Vollmacht oder der Auftrag nicht ausdrücklich Bestimmung über den Umfang des Geschäftskreises getroffen, so sind zu letzterem diejenigen Funktionen zu rechnen, die gewöhnlich, gewohnheitsmäßig und geschäftsüblich von einem Bevollmächtigten oder Beauftragten der fraglichen Art wahrzunehmen sind.

Aus der Rechtsprechung des Reichsoberhandelsgerichts.

Der Betriebsunternehmer haftet nach § 2 des Haftpflichtgesetzes für das Verschulden eines Jeden, der irgendwie anzuordnen, zu befehlen, zu beaufsichtigen befugt ist. Es kommt dabei nicht auf den Umfang der übertragenen Leitung, sondern nur darauf an, ob das Verschulden innerhalb der Grenzen derselben, innerhalb des Wirkungskreises des Angestellten begangen worden ist.

Erk. vom 3. Oktober 1877 (mitgetheilt bei Jakobi a. a. O. S. 38 und Eger a. a. O. S. 271).

12. Hinsichtlich des Begriffs des „Todes" und der „Körperverletzung" siehe oben § 1 Anmerkung 5 und 6.

Von einem Verschulden eines Angestellten kann nicht die Rede sein bei Schädigungen der Gesundheit, welche lediglich die Folge davon sind, daß der betreffende Gewerbebetrieb auch unter völlig normalen Verhältnissen ein allmälig die Gesundheit der Arbeiter angreifender ist (z. B. in Glasbläsereien, Arsenikbergwerken, Bleibergwerken, Giftfabriken, Steinschleifereien u. dergl.).

Für die Haftpflicht des Betriebsunternehmers ist es auch in den Fällen des § 2 unerheblich, in welchem Verhältniß der verunglückte „Mensch" zu dem Unternehmer oder der technischen Anlage steht, ob er ein Angestellter, Arbeiter oder unbetheiligter Dritter ist.

Aus der Rechtsprechung des Reichsoberhandelsgerichts.

Die Haftpflicht des Betriebsunternehmers ist in den Fällen des § 2 des Haftpflichtgesetzes nicht auf die Beschädigung von Personen beschränkt, welche sich in seinem Dienste befunden haben und bei ihren Dienstverrichtungen verletzt worden sind.

Erk. vom 6. März 1877 (Calm, Rechtsgrundsätze III. S. 192; Eger a. a. O. S. 273).

13. Der Tod oder die Körperverletzung muß durch das Verschulden des Angestellten „herbeigeführt" sein, d. h. beide müssen in einem ursächlichen Zusammenhange stehen, wenn die Haftpflicht des Betriebsunternehmers begründet sein soll. Ein nur zeitliches und örtliches Zusammentreffen von Verschulden und Unfall genügt hierzu nicht. Das ordnungswidrige, gefahrbringende Ereigniß, welches die Ursache der Tödtung oder Verletzung ist, muß sich als die Folge des Verschuldens darstellen. Diese Folge kann eine unmittelbare oder mittelbare sein. Wesentlich ist immer, daß die Beschädigung nur deshalb eingetreten ist, weil das fragliche Verschulden vorgekommen ist, daß sie dagegen unter sonst gleichen Verhältnissen nicht eingetreten sein würde, wenn das Verschulden nicht erfolgt wäre.

Das Verschulden ist unmittelbare Ursache der Verletzung, wenn der Angestellte eine ordnungswidrige Handlung vorgenommen hat, deren nothwendige Folge ein Ereigniß war, welches die Verletzung bewirkt hat. Es ist dieses zum Beispiel der Fall, wenn jener durch ordnungswidriges Schließen eines Ventils die hierbei unausbleibliche Explosion eines Dampfkessels und Verletzung der in der Nähe desselben beschäftigten Arbeiter herbeigeführt hat. Das Verschulden ist dagegen nur mittelbare Ursache des Unfalls, wenn derselbe nur in Folge des Zusammentreffens anderer zufälliger Umstände mit jenem Verschulden eingetreten ist. Es ist dieses dann der Fall, wenn der Angestellte durch ordnungswidrige Anordnungen oder Unterlassung nothwendiger Anordnungen die Möglichkeit herbeigeführt hat, daß ein demnächst in Folge Zufalls oder Verschuldens einer anderen Person eingetretenes Ereigniß eine schädigende Wirkung äußert. Dies trifft beispielsweise zu, wenn in Folge der Unterlassung einer dem Aufsichtsbeamten obliegenden Revision eine schadhafte Sicherheitslampe in ein Bergwerk gebracht und nun eine Entzündung der zufällig im Bergwerk sich sammelnden schlagenden Wetter durch jene Lampe herbeigeführt wird.

Treffen als Ursache des Unfalls ein Verschulden eines Angestellten mit einem Verschulden des Verletzten (konkurrirendes

Verschulden) zusammen, so sind beide Verschulden nach allgemeinen Rechtsgrundsätzen abzuwägen und der Schwere des einzelnen Verschuldens gemäß zu entscheiden, welches derselben als die überwiegende und vorzugsweise in Betracht kommende Ursache des Unfalls anzusehen ist.

Den Nachweis, daß das Verschulden eines Angestellten die Ursache der Verletzung ist, hat der Verletzte zu führen. Dieser Nachweis wird jedoch nur selten ganz strikte erbracht werden können. Die Gerichtspraxis neigt daher mit Recht dahin, jenen Nachweis auch schon darin zu erblicken, daß der ursächliche Zusammenhang zwischen dem schuldhaften Verhalten des Betriebsfunktionärs und der Verletzung nach Lage der Dinge als ein wahrscheinlicher und zu muthmaßender dargethan wird. Eger (a. a. O. S. 274) hebt hervor, daß jede kulpose Handlungsweise, durch welche der Angestellte den Beschädigten in die Möglichkeit gebracht hat, verletzt zu werden, zu der Annahme, daß durch dieselbe die Verletzung „herbeigeführt" sei, ausreiche, wenn diese Möglichkeit sich verwirklicht habe. Es bedürfe nicht des strikten Nachweises, daß die Verletzung auf keine andere Weise, als durch die kulpose Handlungsweise des Angestellten habe eintreten können.

Der Behauptung des Verletzten gegenüber, daß die Verletzung durch Verschulden eines Angestellten verursacht sei, kann der in Anspruch genommene Unternehmer im Prozesse den Gegenbeweis antreten, daß höhere Gewalt, Zufall oder eigenes Verschulden des Verletzten die Ursache des Unfalls ist. Es ist diese prozessualische Vertheidigung jedoch keine Einrede, wie Eger (a. a. O. S. 271) annimmt, sondern ein Gegenbeweis gegen die klagefundamentale Behauptung des Verletzten.

Aus der Rechtsprechung des Reichsoberhandelsgerichts.

a) Anlangend die Folgen einer konkurrirenden culpa ist § 2 des Haftpflichtgesetzes aus sich selbst unter Beobachtung der allgemeinen rechtswissenschaftlichen Prinzipien so zu interpretiren, als wenn die Landesgesetze über dieselbe nichts bestimmten. Es darf dahingestellt bleiben, ob in allen Fällen der konkurrirenden culpa der Anspruch auf Schadensersatz zu versagen ist. Die Frage, ob der Tod oder die Körperverletzung durch das Verschulden des Angestellten herbeigeführt worden, ist jedenfalls insofern zu verneinen, als sich mit derselben Berechtigung behaupten läßt, der schädliche Erfolg sei durch das Verschulden des Getödteten oder Verletzten herbeigezogen. Sie ist auch dann zu verneinen, wenn der Getödtete oder Verletzte dolos gehandelt, während dem Anderen nur ein Versehen zur Last fällt, nicht weniger aber auch dann, wenn der erstere eines frevelmüthigen Leichtsinns sich schuldig gemacht, der letztere aber nur ein unbedeutendes Versehen beging. Wenn das Verschulden des Getödteten oder Verletzten weit überwiegt, so tritt das leichtere Verschulden des Angestellten als die causa efficiens mindestens so weit in den Hintergrund, daß die Annahme unhaltbar wird, durch dasselbe sei der Tod oder die Verletzung in dem von dem Gesetzgeber bei Erlassung des Gesetzes gemeinten Sinne „herbeigeführt".

Erk. vom 9. Februar 1875 (Entsch. B. 16 S. 111—115).

b) Die ungeheißene Vornahme eines Rettungsversuches kann an sich nicht als Verschulden des dabei verunglückten Bergmanns angesehen werden. Bei der unter Berücksichtigung aller Umstände des Falls vorzunehmenden Prüfung der Frage, ob eigenes Verschulden des Verunglückten vorliege, kann der von letzterem verfolgte Zweck insofern in Betracht kommen, als derselbe Handlungen, welche, bei Gelegenheit des gewöhnlichen Bergbetriebes vorgenommen, als schuldhafte zu qualifiziren wären, nicht als solche erscheinen läßt. Dies gilt insbesondere für den Fall, daß der Bergmann gewisse Vorsichtsmaßregeln, die er sonst zu beobachten hat, wegen der erforderlichen Schnelligkeit der Hülfsleistung nicht anwendet.

Erk. vom 25. Juni 1877 (Entsch. B. 22 S. 313).

Vergleiche auch oben Anmerkung 10 Rechtspr. des R.O.H.G. c. f. g. i. Rechtspr. d. R.G. c. d. e. f. g. h. und § 9 Anmerk. 2 Rechtspr. d. R.O.H.G. b. c. und Rechtspr. d. R.G. a. i. l. —

14. Der „dadurch entstandene Schaden" ist derjenige Vermögensnachtheil, der durch die Tödtung oder Körperverletzung verursacht worden ist. Der Umfang des zu ersetzenden Schadens wird durch §§ 3 und 9 bestimmt.

Hinsichtlich der Entstehung des Schadens vergl. § 1 Anmerkung 10.

§ 3.

Der Schadenersatz (§§ 1 und 2) ist zu leisten: [1])

1) im Falle der Tödtung [2]) durch Ersatz der Kosten [3]) einer versuchten Heilung und der Beerdigung, sowie des Vermögensnachtheils, [4]) welchen der Getödtete während der Krankheit durch Erwerbsunfähigkeit oder Verminderung der Erwerbsfähigkeit erlitten hat. War der Getödtete zur Zeit seines Todes vermöge Gesetzes verpflichtet, [5]) einem Andern Unterhalt zu gewähren, [6]) so kann dieser insoweit Ersatz fordern, [7]) als ihm in Folge des Todesfalles der Unterhalt entzogen worden ist; [8])

2) im Fall einer Körperverletzung [9]) durch Ersatz der Heilungskosten [10]) und des Vermögensnachtheils, [11]) welchen der Verletzte durch eine in Folge der Verletzung eingetretene zeitweise oder dauernde Erwerbsunfähigkeit oder Verminderung der Erwerbsfähigkeit erleidet.

1. Während durch die §§ 1 und 2 die Voraussetzungen festgestellt werden, unter welchen die Haftpflicht der Betriebsunternehmer eintritt, normirt § 3 den Umfang der Verbindlichkeit zum Schadensersatz. Der Begriff des Schadens umfaßt an sich sowohl die positive Vermögensminderung (damnum emergens) als auch die vereitelte Vermögensmehrung (lucrum cessans). Die Verpflichtung des Betriebsunternehmers bei den in §§ 1 und 2 vorgesehenen Unfällen erstreckt sich jedoch nicht auf Ersatz des gesammten Interesses nach den beiden erwähnten Gesichtspunkten, sondern ist auf ganz bestimmte Vermögensnachtheile beschränkt. Letztere fallen theils unter den Begriff des wirklichen Schadens (damnum emergens) theils über den des entgangenen Gewinnes (lucrum cessans.) Zu ersteren gehören die Heilungs- und Beerdigungskosten, zu letzteren die Vermögensnachtheile in Folge aufgehobener oder verminderter Erwerbsfähigkeit und die Entziehung des Unterhalts für die Unterhaltsberechtigten.

Entschädigungen anderer Art, als die durch § 3 fixirten, können nur auf Grund landesgesetzlicher Vorschriften und nur dann verlangt werden, wenn der Anspruch auf Schadensersatz an sich nicht auf §§ 1 oder 2 des Haftpflichtgesetzes, sondern außer den in diesem Gesetze vorgesehenen Fällen auf landesgesetzliche Bestimmungen gestützt wird, welche dem Beschädigten einen höheren Ersatzanspruch gewähren, als § 3 des Haftpflichtgesetzes (vergl. § 9).

Abgesehen von den Unterhaltsberechtigten enthält der § 3 keine Bestimmung darüber, wem der Schadensersatz zu leisten ist, wer den Anspruch auf denselben im Prozeßwege geltend machen kann. Ein selbständiges, direktes Klagerecht kann nur dem Verletzten selbst und dessen Unterhaltsberechtigten beigelegt werden. Der Eingang des § 3 „der Schadenersatz ist zu leisten" nimmt ausdrücklich Bezug auf §§ 1 und 2 des Gesetzes, mithin auf den durch diese Bestimmungen begründeten Schadensersatzanspruch. Durch dieselben ist dem Betriebsunternehmer eine Haftpflicht auferlegt für den durch den Unfall verursachten Schaden. Dieser Schaden wird aber nur dem durch den Unfall direkt Betroffenen und den Personen, deren Vermögenslage von der des Verletzten rechtlich abhängig ist, den Unterhaltsberechtigten, zugefügt. Für dritte Personen, die in Folge des Unfalles ohne gesetzliche Verpflichtung Aufwendungen für den Verunglückten, insbesondere zum Zwecke der Heilung oder der Beerdigung desselben machen, kann ein Vermögensschaden nur in Folge des Ausbleibens der Gegenleistung eintreten. Dieser Schaden ist nicht durch den Unfall, sondern durch die Uebernahme jener Leistungen und die Zahlungsunfähigkeit des Verunglückten, beziehungsweise die Unzulänglichkeit seines Nachlasses, verursacht. Ebensowenig kann ein Anspruch auf Zahlung der Kosten für Heilung oder Begräbniß von den Personen, die zum Zweck der Heilung oder des Begräbnisses thätig gewesen sind oder etwas geliefert haben, aus einer „negotiorum gestio" oder auf Grund einer „in rem versio" erhoben werden. Denn der Unternehmer ist gesetzlich nicht verpflichtet, die Heilung bezw. das Begräbniß zu besorgen. Er ist vielmehr nur verbunden, die zu jenen Zwecken aufgewendeten Kosten zu ersetzen. Die Besorgung der Heilung oder des Begräbnisses ist kein negotium, das dem Unternehmer obliegt, und wird daher auch nicht für denselben geführt. Dagegen kann Jeder, der Kosten für die versuchte Heilung oder die Beerdigung des Verletzten gezahlt hat, Ersatz derselben von dem haftpflichtigen Betriebsunternehmer mittels einer actio de in rem verso oder einer Bereicherungsklage verlangen, da die Erstattung dieser Kosten demselben nach § 3 des Haftpflichtgesetzes obliegt. Die Ansichten der bisherigen Kommentatoren des Haftpflichtgesetzes hinsichtlich der aus § 3 desselben sich ergebenden Forderungsrechte gehen auseinander. Endemann (a. a. O. S. 52) meint, daß der Betriebsunternehmer demjenigen zum Ersatz verpflichtet ist, der die Beerdigung thatsächlich besorgt hat. Gleicher Ansicht sind Kah

(a. a. O. S. 89), Jacobi (a. a. O. S. 27) und Frantz (a. a. O. S. 9). Eger dagegen (a. a. O. S. 381) führt aus, daß andere Personen, als der Verletzte und dessen Unterhaltsberechtigte, selbständige Ansprüche aus dem Haftpflichtgesetz nicht herleiten könnten, daß die etwaigen Ansprüche derselben vielmehr auf allgemeine Rechtsregeln oder Landesgesetze zu stützen und auf Grund der negotiorum gestio, des mandatum oder mittels der actio cessa u. s. w. gegen den Unternehmer geltend zu machen seien.

Zweifellos ist es, daß alle Ersatzansprüche aus § 3 sowohl auf die Erben des Forderungsberechtigten übergehen als auch durch Singularcession auf Andere freiwillig oder durch richterliche Verfügung im Zwangsvollstreckungsverfahren übertragen werden können.

Die einzelnen aus § 3 entspringenden Forderungen können auch gesondert geltend gemacht werden. Die Verjährung der einen schließt die Geltendmachung der andern nicht aus. (Vergl. Eger a. a. O. S. 383—386; Endemann a. a. O. S. 51 ff; Frantz a. a. O. S. 10).

Aus der Rechtsprechung des Reichsoberhandelsgerichts.

a) Die Bestimmungen des § 3 des Haftpflichtgesetzes derogiren den abweichenden Vorschriften der Landesrechte, welche die Bemessung des Schadensersatzes betreffen.
Erk. vom 27. Januar 1874 (Entsch. B. 12 S. 303).

b) Ein Anspruch auf Entschädigung für erlittene Verunstaltung kann aus dem Haftpflichtgesetze nicht hergeleitet werden. Dieses Gesetz bezeichnet in § 3 die Art des Schadens, der ersetzt werden soll, und läßt damit erkennen, daß es eine andere Entschädigungsforderung nicht gestattet.
Erk. vom 14. März 1876 (Entsch. B. 19 S. 396).

Aus der Rechtsprechung des Reichsgerichts.

Das Reichshaftpflichtgesetz gewährt nur den in § 3 desselben bestimmten Schadensersatz, nicht Ersatz anderer Schäden, insbesondere auch keinen Anspruch auf Schmerzensgeld.
Urtheil vom 16. Dezember 1879 (Blum's Annalen B. I. S. 206—208).

2. Der Schadensersatz, der von dem Betriebsunternehmer zu leisten ist, gestaltet sich verschieden, je nachdem der Unfall sich nur als eine Körperverletzung oder als eine Tödtung darstellt. Der im Falle einer Tödtung zu leistende Schadensersatz zerfällt in zwei Unterabtheilungen, nämlich in denjenigen, welchen die Rechtsnach-

folger des Getödteten, und denjenigen, welchen die Personen, zu deren Unterhalt der Getödtete verpflichtet war, beanspruchen können.

In Betreff des Begriffes der „Tödtung“ vergl. Anmerkung 5 zu § 1. —

3. Der „Ersatz der Kosten einer versuchten Heilung und der Beerdigung“ ist von dem Betriebsunternehmer nur so weit zu leisten, als diese Kosten angemessen sind. Es kann zwar niemals mehr von dem Unternehmer gefordert werden, als thatsächlich für jeden der beiden fraglichen Zwecke aufgewendet ist. Die aufgewendeten Kosten können jedoch nur so weit gefordert werden, als sie nothwendige und angemessene gewesen sind. Als solche werden nur die Heilungskosten erachtet werden können, welche zu den ökonomischen und sozialen Verhältnissen des Verunglückten sowie zu dem von dem Heilungsversuche zu erwartenden Erfolg in einem vernünftigen Verhältnisse stehen. „Die Heilungsversuche,“ bemerkt Eger (a. a. O. S. 298), dürfen die Verhältnisse des Verletzten nicht derartig überschreiten, daß sie den Charakter einer willkürlichen und verschwenderischen Kur annehmen, es dürfen nicht ohne triftigen Grund besonders kostbare Hülfeleistungen in Anspruch genommen und außerordentliche Kosten aufgewendet werden.“ (Vergl. auch Kah a. a. O. S. 89.)

Unter „Kosten einer Heilung“ sind alle Aufwendungen zu verstehen, die behufs Wiederherstellung der Gesundheit des Verletzten oder Besserung des Krankheitszustandes desselben gemacht worden sind und zweckmäßiger Weise gemacht werden mußten. Der thatsächlich durch dieselbe erzielte Erfolg kommt dabei nicht in Betracht. Eine relative Besserung oder die Verhütung einer Verschlimmerung kann auch bei einem unheilbaren Leiden erstrebt werden. Auch die zu diesem Zwecke aufgewendeten Kosten sind daher, soweit sie angemessene sind, zu ersetzen. Im Speziellen sind zu den Heilungskosten zu rechnen die Kosten für ärztliche Behandlung, Medikamente, Bäder, Logis, Krankenkost, Stärkungsmittel, Wartung, Wäsche, Fortbewegung u. s. w. Das Reichsgericht (siehe unten) und Eger (a. a. O. 299) rechnen auch die für Anschaffung künstlicher Gliedmaßen aufgewendeten Kosten zu denen der Heilung. Diese Interpretation des Ausdruckes „Kosten einer Heilung“ erscheint zu weitgehend. Künstliche Gliedmaßen können zwar einen Ersatz für verloren gegangene Körpertheile hinsichtlich des Gebrauches derselben bieten. Jedoch kann die Anbringung derselben keine „Heilung“, d. h. eine Wiederherstellung der Integrität des Körpers, darstellen. Von den oben erwähnten Krankheitskosten sind die Kosten, welche der gewöhnliche Unterhalt der verletzten Person in dem Zeitraum der Krankheit verursacht haben würde, bei Berechnung der zu ersetzenden Summe in

Abzug zu bringen, da andernfalls eine Bereicherung des Verletzten um diese Kosten stattfinden würde. (Vergl. Endemann a. a. O. S. 41.)

Der Ausdruck „einer versuchten Heilung" ist nicht im Zahlsinne zu verstehen. Auch verschiedene Heilungsversuche fallen unter jenen Begriff. (Vergl. Endemann a. a. O. S. 40; Kah a. a. O. S. 89; Frantz a. a. O. S. 9.)

Die Beerdigungskosten, deren Ersatz verlangt wird, müssen ebenfalls den sozialen Verhältnissen des Verstorbenen angemessen sein. (Vergl. Eger S. 300; Kah S. 89.) Der Transport einer Leiche zum Zwecke der Beerdigung in die Heimath des Verstorbenen gehört nicht zu den Aufwendungen, welche zum Zwecke der Beerdigung nothwendig sind. Ersatz für die durch einen solchen Transport entstandenen Kosten wird daher von dem Unternehmer nicht verlangt werden können. Endemann (a. a. O. S. 42), Kah (a. a. O. S. 90) und Eger (a. a. O. S. 300) sind der Ansicht, daß mit Rücksicht auf die jedesmaligen konkreten Verhältnisse nach richterlichem Ermessen über die Verpflichtung des Unternehmers zum Ersatz der fraglichen Transportkosten zu entscheiden sei.

Der Ersatz der Kosten der versuchten Heilung und der Beerdigung kann bereits verlangt werden, wenn dieselben entstanden, jedoch noch nicht bezahlt sind. Die Verpflichtung zur Zahlung derselben begründet für die Rechtsnachfolger des Getödteten bereits den Anspruch auf Befreiung von dieser Verpflichtung durch Zahlung gegen den ersatzpflichtigen Betriebsunternehmer (vergl. Eger a. a. O. S. 296).

Aus der Rechtsprechung des Reichsgerichts.

a) Die Anschaffung künstlicher Gliedmaßen gehört zu den Heilungskosten im Sinne des § 3 des Haftpflichtgesetzes.

Urtheil vom 13. April 1880 (Blum's Annalen B. I. S. 579).

b) Zu den Heilungskosten (§ 3 des Haftpflichtgesetzes) kann auch derjenige Kostenaufwand gerechnet werden, welcher erforderlich ist, damit der Zustand des Verletzten sich nicht verschlimmere. Die Heilungskosten können auch in Form einer Rente zugesprochen werden.

Urtheil vom 9. Oktober 1880 (Blum's Annalen B. II. S. 569).

c) Der durch die Pflegebedürftigkeit eines Verletzten hervorgerufene Aufwand gehört zu den Heilungskosten, deren Ersatz dem haftpflichtigen Betriebsunternehmer obliegt.

Urtheil vom 12. November 1880 (Blum's Annalen B. III. S. 82).

4. Der Vermögensnachtheil, den der Getödtete während der Krankheit durch Erwerbsunfähigkeit oder Minderung der Erwerbsfähigkeit erlitten hat, stellt sich als der entgangene Gewinn (lucrum cessans) dar, für welchen der haftpflichtige Betriebsunternehmer Ersatz zu leisten hat. Es kommt hier nur der Vermögensnachtheil des Getödteten in Betracht, nicht der dritter Personen, und auch nur derjenige, welcher durch die dem Tode vorausgehende und durch den Unfall herbeigeführte Krankheit verursacht ist. Nur eine Krankheit, die Folge des Unfalls ist, kann hier in Betracht kommen. Treten während dieser Krankheit Pausen ein, während welcher der Verletzte gesund erscheint, so können die durch die ersteren Krankheitsstadien verursachten Vermögensnachtheile als solche angesehen werden, welche im Falle einer „Körperverletzung" nach Absatz 2 des § 3 zu ersetzen sind. (Vergl. Endemann a. a. O. S. 42.)

In Betreff der Begriffe „Erwerbsunfähigkeit" und „Verminderung der Erwerbsfähigkeit" siehe Anmerk. 11.

5. Die Haftpflicht des Betriebsunternehmers erstreckt sich außer auf den Vermögensschaden des Verunglückten selbst auch auf den Schaden, welchen Personen erleiden, denen Unterhalt zu gewähren der Getödtete verpflichtet war. Diese Verpflichtung des Betriebsunternehmers ist nach zwei Richtungen eingeschränkt. Sie tritt erstens nur dann ein, wenn eine Pflicht des Getödteten zur Unterhaltsgewährung bereits zur Zeit des Todes desselben bestand, und zweitens nur dann, wenn diese Pflicht auf gesetzlicher Anordnung beruhte. Auf einem Vertrag mit dem demnächst Getödteten beruhende Unterhaltsansprüche begründen dagegen für den Betriebsunternehmer keine Verpflichtung zum Schadensersatz. Noch weniger kommt eine nur moralische Verpflichtung des Getödteten zum Unterhalt anderer Personen für die Haftpflicht des Betriebsunternehmers in Betracht.

Gleichgültig für die Schadensersatzpflicht ist es, ob der Getödtete seiner Verpflichtung thatsächlich nachgekommen ist, ob er thatsächlich Unterhalt gewährt hat oder nicht.

Aus der Rechtsprechung des Reichsoberhandelsgerichts.

a) Für ein uneheliches Kind, welches zur Zeit des durch einen Betriebsunfall verursachten Todes seines Erzeugers bereits empfangen, aber noch nicht geboren war, kann im Gebiete des Preußischen Landrechts, wo dieses Kind hinsichtlich seines Alimentenanspruches einem bereits geborenen gleich geachtet wird, Schadensersatz auf Grund des § 3 des Haftpflichtgesetzes beansprucht werden. Ebenso kann die uneheliche Mutter dieses Kindes Ersatz für die Entbindungskosten u. s. w. von dem Betriebsunternehmer verlangen.

Erk. vom 12. Februar 1878 (Entsch. B. 23 S. 197).

b) Die Schadensersatzpflicht aus § 3 des Haftpflichtgesetzes bezüglich des entzogenen Unterhalts umfaßt auch die Fälle, in denen die Unterhaltspflicht erst nach dem Unfall, jedoch vor Eintritt des Todes entstanden ist.

Erk. vom 3. September 1878 (Entsch. B. 24 S. 115).

Aus der Rechtsprechung des Reichsgerichts.

Durch § 3 des Reichshaftpflichtgesetzes ist der Anspruch derjenigen, welchen der Getödtete, zur Zeit seines Todes Unterhalt zu gewähren, gesetzlich verpflichtet war, als ein selbständiger gewährt, welcher erst mit dem Tode des Verunglückten entsteht. Der wegen entzogenen Unterhalts Schadensersatz beanspruchenden Wittwe des Getödteten und den Kindern Beider kann weder ein etwaiges Verschulden des Verletzten selbst entgegengehalten werden, welches er mit der dem Unfall folgenden Eheschließung begangen haben soll, noch der Rechtssatz über die Unstatthaftigkeit einseitiger Erschwerung der Verbindlichkeit des Betriebsunternehmers. Denn es handelt sich um ein eigenes erst mit dem Tode des Ernährers entstandenes Recht der Wittwe und ihres Kindes.

Urtheil vom 27. Januar 1880 (Entsch. B. I. S. 40—52; Blum's Annalen B. I. S. 58).

6. Ob eine gesetzliche Verpflichtung zur Unterhaltsgewährung für den Getödteten bestanden hat, hängt von den Bestimmungen der betreffenden Landesgesetzgebung ab. Eine solche gesetzliche Verpflichtung kann in einem der folgenden Verhältnisse ihren Grund haben (vergl. Eger a. a. O. S. 342, 343):

a) Verwandtschaft und Ehe. Hierher gehören die Verpflichtungen der Eltern zum Unterhalt der Kinder und weiterer Deszendenten, der Kinder zur Unterstützung der Eltern und weiterer Aszendenten, der Geschwister zur gegenseitigen Unterstützung. Es gehören ferner hierher die Alimentationsansprüche des unehelichen Kindes gegen seinen Erzeuger und die Verpflichtung des letzteren, der Geschwängerten Unterhalt während des Wochenbettes zu gewähren. Endlich ist hierher zu rechnen die Verpflichtung des Ehemannes zum Unterhalt seiner Ehefrau.

b) Das Gesindeverhältniß, insofern durch dasselbe ein gesetzlicher Anspruch auf Unterhalt gegen die Dienstherrschaft begründet wird.

c) Das Verhältniß zwischen Geschenkgeber und Beschenkten, insofern letzterer gesetzlich verpflichtet ist, dem in Dürftigkeit gerathenen Geschenkgeber eine Kompetenz zu gewähren.

d) Das Verhältniß des für todt erklärten Verschollenen zu dem Besitzer seines Vermögens, insofern als letzterer zum Unterhalt des ersteren, wenn dieser zurückkehrt, verpflichtet ist.

e) Das Verhältniß des unterhaltsberechtigten Angehörigen eines Getödteten zu demjenigen, welcher die Tödtung verübt hat, insofern als letzterer durch die Tödtung zur Alimentation jener Angehörigen verpflichtet wird.

In Betreff des Begriffes „Unterhalt" siehe Anmerkung 8.

7. Die Schadensersatzforderung steht nur dem Unterhaltsberechtigten zu, kann von diesem aber durch Erbgang oder Cession auf Andere übertragen werden. Gegenstand der Forderung ist nicht der Unterhalt selbst, sondern der Schadensersatz für denselben (siehe Anmerkung 8). Die besonderen gesetzlichen Vorzüge der Alimentenansprüche sind daher der Schadensersatzforderung nicht beizulegen. Der Schadensersatz kann vom Todestage des Unterhaltsverpflichteten ab gefordert werden, und zwar in Pränumerationsraten, wenn der Unterhalt in solchen zu gewähren war.

Aus der Rechtsprechung des Reichsoberhandelsgerichts.

a) Der Tod des Unterhaltsverpflichteten ist der Anfangspunkt der Rechte des Unterhaltsberechtigten dem Betriebsunternehmer gegenüber, und zwar ohne Rücksicht auf den früheren oder späteren Zeitpunkt der prozessualen Geltendmachung, vorausgesetzt, daß letztere innerhalb der Verjährungsfrist (§ 8 des Haftpflichtgesetzes) geschieht. Der Satz „in praeteritum non vivitur" ist hier nicht anwendbar.

Erk. vom 10. April 1874 (Entsch. B. 13 S. 87).

b) Die Entschädigungsansprüche aus § 3 des Haftpflichtgesetzes haben nicht die Natur und die gesetzlichen Vorzüge der Alimentenansprüche.

Bescheid vom 5. September 1877 (Entsch. B. 22 S. 324).

c) Der Ersatzpflichtige übernimmt nach § 3 des Haftpflichtgesetzes nicht die Alimentationspflicht des Getödteten, sondern nur die Ersatzverbindlichkeit für das, was dem Ersatzberechtigten durch den Tod des zur Unterhaltsgewährung Verpflichteten entgangen ist.
Erk. vom 27. September 1877 (Entsch. B. 22 S. 347).

d) Die Natur einer zum Lebensunterhalt bestimmten Rente erheischt schon an sich die Vorausbezahlung, weil mit jedem kommenden Tage von Neuem der Lebensunterhalt zu beschaffen ist. Nach dem Zwecke der §§ 3 und 7 des Haftpflichtgesetzes erscheinen vierteljährliche Vorausbezahlungen angemessen.
Erk. vom 8. März 1878 (Entsch. B. 23 S. 219).

Aus der Rechtsprechung des Reichsgerichts.

Die den Geschädigten auf Grund des Haftpflichtgesetzes zuerkannten Renten gehören nicht zu den nach § 749 Ziffer 2 der Civilprozeßordnung der Pfändung nicht unterworfenen, auf gesetzlicher Vorschrift beruhenden Alimentenforderungen.
Beschluß vom 23. Januar 1880 (Entsch. B. 1. S. 231).

8. Der Betriebsunternehmer tritt den Unterhaltsberechtigten gegenüber nicht in die Verpflichtung des Getödteten ein, sondern hat nur Schadensersatz für den Fortfall dieser Verpflichtung zu leisten. Gegenstand des Schadensersatzes ist jedoch nicht dasjenige, was thatsächlich von dem Unterhaltsverpflichteten zum Unterhalt gewährt worden war, sondern dasjenige, zu dessen Leistung jener verpflichtet gewesen war. Wo die Vermögensverhältnisse des Verpflichteten an sich für den Umfang des zu gewährenden Unterhalts maßgebend sind, ist die Höhe des Schadensersatzes nicht nach der Vermögenslage des Betriebsunternehmers, sondern nach der des Getödteten zu bemessen. Wo die Vermögensverhältnisse des Berechtigten für das Unterhaltsrecht desselben von Bedeutung waren, bleiben sie es auch dem Betriebsunternehmer gegenüber hinsichtlich des Umfanges des Schadensersatzes. Wo aber die Bedürftigkeit des Unterhaltsberechtigten keine Vorbedingung des Anspruches auf Unterhalt war, ist sie es auch nicht hinsichtlich des Rechts auf Schadensersatz. Aenderungen in der Vermögenslage des Unterhaltsberechtigten, die für die Unterhaltsverpflichtung des Getödteten von Einfluß gewesen sein würden, sind es auch hinsichtlich der Ersatzverpflichtung des Betriebsunternehmers. Zutreffend stellt Eger (a. a. O. S. 353, 363) folgende beiden Sätze auf:

I. „Der Ersatz für entzogenen Unterhalt ist dem Unterhaltsberechtigten in dem Maße zu gewähren, als der alimentationspflichtige Getödtete zur Zeit des Todes hierzu verpflichtet war und bei Lebzeiten weiter verpflichtet gewesen sein würde."

II. „Die Vermögensverhältnisse des Unterhaltsberechtigten kommen für die Feststellung der Höhe des Ersatzanspruches nur insoweit in Betracht, als Bedürftigkeit eine unbedingte gesetzliche Voraussetzung der Unterhaltspflicht des Getödteten selbst war."

Der Ansicht Endemann's (a. a. O. S. 45), daß der zu Alimentirende nur dann an den Betriebsunternehmer Ansprüche machen könne, wenn er nicht mehr anderswoher seinen Unterhalt zu beziehen hat und noch alimentationsbedürftig ist, kann nach dem oben Ausgeführten nicht beigestimmt werden.

Der Ersatzanspruch der Unterhaltsberechtigten kann auch dann gegen den Betriebsunternehmer geltend gemacht werden, wenn außer den Getödteten andere nach landesgesetzlicher Vorschrift subsidiär zum Unterhalt jener Personen Verpflichtete vorhanden sind. Der Betriebsunternehmer soll auch hinsichtlich der Unterhaltspflicht den Schaden ersetzen, der durch den Unfall verursacht ist. Der aus dem letzteren resultirende Vermögensverlust soll nach der Absicht des Gesetzes den Betriebsunternehmer treffen. Keineswegs aber sollen aus dem Unfalle dritten Personen vermögensrechtliche Verpflichtungen erwachsen, durch welche der Betriebsunternehmer hinsichtlich der ihm obliegenden Schadensersatzpflicht thatsächlich entlastet werden würde. Solches würde aber der Fall sein, wenn man annehmen wollte, daß bei Vorhandensein und Leistungsfähigkeit von subsidiär zur Gewährung des Unterhaltes verpflichteten Personen die Ersatzpflicht des Betriebsunternehmers nicht einträte. Die Schadensersatzpflicht des Betriebsunternehmers soll, wie der Wortlaut des Gesetzes ergiebt, nicht nur dann eintreten, wenn der betreffende Unterhaltsberechtigte in Folge des Unfalles von Niemand fernerhin Unterhalt beanspruchen kann, sondern bereits dann, wenn der vor dem Unfall ihm gegen den Verunglückten zustehende konkrete Unterhaltsanspruch ihm durch den Unfall entzogen wird. Anders gestaltet sich die Sachlage, wenn der Unterhaltsanspruch gegen den Getödteten nach landesgesetzlicher Vorschrift auf dessen Erben übergeht und die Erbschaft zur Erfüllung der Unterhaltsverpflichtung ausreicht. In diesem Falle wird der betreffende Unterhaltsanspruch dem Berechtigten durch den Unfall nicht entzogen, da er den Erben des Verunglückten gegenüber fortbesteht. Es wird dann durch den Unfall ein Vermögensschaden für den Unterhaltsberechtigten nicht herbeigeführt, da die Quelle, aus welcher der Unterhalt vor dem Unfall floß, in wirthschaftlicher Beziehung nicht die Erwerbsthätigkeit des Verunglückten, sondern das auf den

Universalsuccessor übergehende, durch den Unfall in seinem Bestande nicht berührte Vermögen des Getödteten war. Eine Schadensersatzpflicht des Betriebsunternehmer tritt in diesem Fall, da ein Vermögensschaden für die Unterhaltsberechtigten durch den Unfall nicht verursacht wird, diesen gegenüber nicht ein.

Der Ansicht Eger's (a. a. O. S. 366, 368), daß der Betriebsunternehmer zwar auch bei Vorhandensein von subsidiär zum Unterhalt Verpflichteten den Unterhaltsberechtigten zunächst Schadensersatz zu leisten habe, daß er aber von jenen „den von ihm verauslagten Unterhalt im Regreßwege" zurückfordern dürfe, kann nicht beigetreten werden. Die hierauf bezügliche Ausführung Eger's, daß die Pflicht des Unternehmers, weil sie auf einem Ausnahmegesetze beruhe, hinsichtlich der sonst civilrechtlich Verpflichteten höchst subsidiär und zwar der Zeit nach die nächste, aber dem Grunde nach die entfernteste Unterhaltspflicht sei, erscheint verfehlt. Der Unternehmer wird nicht zum Unterhalt, sondern zum Schadensersatz verpflichtet, eine Unterhaltspflicht tritt für ihn überhaupt nicht ein. Er „verauslagt" nicht Unterhalt, sondern er ersetzt den Vermögensschaden, der durch Wegfall der Unterhaltsleistung des Getödteten herbeigeführt ist. Einen „Regreß" kann der Unternehmer nur gegen denjenigen Dritten nehmen, der den Unfall durch sein Verschulden herbeigeführt hat, nicht aber gegen Personen, die zu dem Unfall in gar keiner Beziehung stehen, lediglich weil dieselben durch den Unfall von einer bedingten Verpflichtung befreit werden, hinsichtlich welcher es nicht nur ungewiß war, wann sie eintrat, sondern auch, ob sie jemals eintrat. Die Schadensersatzpflicht des Unternehmers beruht in ihrem ganzen durch § 3 des Haftpflichtgesetzes bemessenen Umfange auf einem „Ausnahmegesetz". Dieser Umstand kann jedoch keinen Grund abgeben, sie hinsichtlich ihres vermögensrechtlichen Effekts als eine provisorische anzusehen.

Was zum Unterhalt gehört, bestimmt sich nach den betreffenden Landesgesetzen. Zunächst sind dahin die Aufwendungen für Ernährung, Kleidung, Wohnung, Heizung zu rechnen. Jedoch auch Ausgaben für ärztliche Behandlung und Pflege in Krankheitsfällen, für Erziehung, Erlernung eines Handwerkes, einer Kunst oder eines Berufes können mit Rücksicht auf die konkreten Verhältnisse, namentlich auf den Stand des Getödteten, als zum „Unterhalt" erforderlich erachtet werden. Dagegen fällt die Ausstattung von Töchtern zum Zwecke der Heirath nicht unter diesen Begriff (vergl. Endemann S. 46; Eger S. 370—375).

Hinsichtlich der Umstände, welche die Wiederaufhebung oder Minderung der eingetretenen Ersatzverbindlichkeit für entzogenen

Unterhalt betreffen, vergleiche § 7 Anmerkung 6, 7, 9, 10, hinsichtlich der Bemessung der Höhe des Schadensersatzes § 7 Anmerkung 2, 4. —

Aus der Rechtsprechung des Reichsoberhandelsgerichts.

a) Die Existenz einer subsidiären gesetzlichen Alimentationspflicht anderer Verwandter befreit den Betriebsunternehmer nicht von dem durch § 3 des Haftpflichtgesetzes unbedingt angeordneten Schadensersatz für Entziehung des Unterhalts. Hat der Getödtete seiner gesetzlichen Alimentationspflicht genügt, weil er dazu im Stande war, so würde es der Intention des Gesetzgebers widersprechen, die Schadensersatzpflicht davon abhängig zu machen, daß nicht ein anderer, zur Erhaltung der Alimentanden subsidiär verpflichteter Angehöriger vorhanden ist. Träte in einem solchen Falle die Befreiung von der Ersatzpflicht ein, so wären es die Subsidiär-Verpflichteten, welche statt des Betriebsunternehmers den durch den Tod entstandenen Schaden trügen; dies kann unmöglich beabsichtigt sein, weil es mit dem im § 2 des Gesetzes proklamirten Prinzip des Gesetzes in vollem Widerspruch stände. Eine andere Beurtheilung mag sich vertreten lassen, sofern die gesetzliche Alimentationspflicht des Getödteten durch seinen Tod nicht erlischt, sondern auf seine Erben übergeht, wie dies partikularrechtlich z. B. bei der Alimentationspflicht des unehelichen Vaters zutrifft, so daß der Tod, die Solvenz der Erbschaft oder der Erben vorausgesetzt, die Rechte der zu alimentirenden Personen unberührt läßt.
Erk. vom 5. März 1874 (Entsch. B. 13 S. 24).

b) Ist die Verpflichtung des Getödteten zur Unterhaltsgewährung an seine Kinder landesgesetzlich von der Unterhaltsbedürftigkeit derselben abhängig, so müssen diese Kinder, falls sie von dem Betriebsunternehmer Schadensersatz wegen entzogenen Unterhalts beanspruchen, ihre Unterhaltsbedürftigkeit nachweisen.
Erk. vom 10. April 1874 (Entsch. B. 13 S. 87).

c) Bei Beurtheilung der Erwerbsfähigkeit angeblich unterhaltsbedürftiger Kinder ist auf den Stand, die Vermögensverhältnisse und den seither bethätigten Gebrauch der Mitglieder der Familie des Verstorbenen Rücksicht zu nehmen. — Die zur Entschädigung für entzogenen Unterhalt zugesprochene Rente ist nicht für die Lebensdauer des Berechtigten, sondern nur für die Zeit der ohne Eintritt des Unfalles anzunehmenden muthmaßlichen Lebensdauer des Getödteten zuzuerkennen. — Der Schadensersatz an die Unterhaltsberechtigten muß, wie die Fassung des § 3 des Haftpflichtgesetzes ergiebt, von dem Betriebsunternehmer geleistet werden, gleichviel, ob Personen, welchen nach den Vorschriften des bürgerlichen Rechts die Alimentationspflicht der Kinder subsidiär obliegt, vorhanden sind oder nicht. Das Haftpflichtgesetz bezweckt, die gesetzliche Unterhaltspflicht, welche dem bei dem Betriebe einer Eisenbahn Getödteten obgelegen hat, in der Weise, als lebte er noch fort, dem Unternehmer der Eisenbahn aufzulegen.

Erk. vom 19. Oktober 1874 (Entsch. B. 14 S. 407).

d) Für die Höhe des in Folge eines Todesfalles entzogenen und von dem Haftpflichtigen zu ersetzenden Unterhalts ist in der Regel derjenige Betrag maßgebend, den der Verstorbene von seinem Verdienst in der nächsten dem Todesfall vorausgegangenen Zeit thatsächlich für die Seinigen aufgewendet hat oder aufzuwenden pflegte. Vermehrte sich jedoch nach einer schon beim Tode des Ernährers feststehenden oder wenigstens erfahrungsmäßig gehandhabten Norm ohne Veränderung der Arbeitsmodalität im Laufe der Zeit der Verdienst, läßt sich also mit Grund annehmen, der Verstorbene würde in späterer Zeit, nach dem natürlichen Verlaufe der Dinge in der Lage gewesen sein, mehr als zur Zeit seines Todes auf den Unterhalt der Seinigen aufzuwenden, so steht von dem gesetzlich gebotenen Standpunkt des freien Ermessens aus nichts im Wege, dieses Moment bei Feststellung der Schadenhöhe gebührend mit zu berücksichtigen. Andrerseits entscheidet nicht schlechthin das Bedürfniß der Alimentenberechtigten über das Maß des zu Gewährenden; allein die bei Lebzeiten des Ernährers bestandenen oder doch in dem oben festgestellten Sinne von dem Getödteten selbst noch angebrachten Erwerbsverhältnisse geben den maßgebenden Anhalt. Bloße Absichten des letzteren betreffs der Ergreifung eines lohnenderen Lebensberufes, sofern von ihm zu deren Durchführung nicht in erkennbarer Weise Veranstaltungen getroffen worden sind, oder mindestens nachweisbar die Endgültigkeit des Entschlusses feststeht, können als relevante Faktoren der Schadenberechnung in Gemäßheit des § 3 des Haftpflichtgesetzes niemals angesehen werden.

Erk. vom 22. Oktober 1874 (Entsch. B. 14 S. 341).

e) Es ist für die Ersatzverbindlichkeit des Betriebsunternehmers gleichgültig, ob der Verunglückte die ihm obliegende Alimentationspflicht thatsächlich erfüllt hat; es kommt vielmehr nur darauf an, ob die Alimentationsverpflichtung gesetzlich noch bestanden hat.
Erk. vom 21. Mai 1875 (Entsch. B. 18 S. 3).

f) Als Endtermin der Unterhaltsbedürftigkeit ist für die Söhne eines Eisenbahnunterbeamten die vollendete Lehrzeit, für die Töchter eines solchen das zurückgelegte siebenzehnte Lebensjahr den Umständen entsprechend.
Erk. vom 22. Juni 1877 (Zeit. d. V. d. Eisenbahnverwalt. 1877 S. 933; Eger, Kommentar S. 355).

g) Auf den nach § 3 des Haftpflichtgesetzes Ersatzpflichtigen geht nicht die Alimentationsverbindlichkeit des Verstorbenen über. Es entsteht für denselben nur eine Ersatzverbindlichkeit für das, was dem Ersatzberechtigten durch den Tod des zur Unterhaltsgewährung Verpflichteten entzogen ist. — Die Entschädigung ist keineswegs nur nach dem Maße dessen zu bemessen, was der Verunglückte an Alimenten hätte leisten müssen, sondern auch nach dem Maße dessen, was er nach richterlichem Ermessen geleistet haben würde, wenn der Unfall nicht eingetreten wäre.
Erk. vom 27. September 1877 (Entsch. B. 22 S. 347).

h) Auf den Umstand, daß neben dem Getödteten noch andere Personen zur Unterhaltsgewährung an den Unterhaltsberechtigten verpflichtet sind, kann von dem ersatzpflichtigen Betriebsunternehmer keine Einrede der Theilung, bezw. mehrerer Streitgenossen gegründet werden; denn dem für sich allein stehenden Schuldner kann keine Einrede aus dem weitergehenden Rechte des Gläubigers zugestanden werden.
Erk. vom 23. Februar 1878 (Entsch. B. 23 S. 299).

i) Der Anspruch der Töchter auf künftige Ausstattung gehört nicht zum „Unterhalt" im Sinne des § 3 des Haftpflichtgesetzes.
Erk. vom 8. März 1878 (Zeit. d. V. d. Eisenbahnverwalt. 1878 S. 404; Eger, Kommentar S. 373).

k) Eine Geschwängerte kann als eine Person, welcher der Schwängerer Unterhalt für eine gewisse Zeit zu gewähren verpflichtet war, Schadensersatz für Entziehung dieses Unterhalts durch den Tod des Verpflichteten von dem haftpflichtigen Betriebsunternehmer auch dann fordern, wenn der Tod desselben vor ihrer Entbindung eintrat. Die Ungewißheit, ob der fragliche Anspruch der Geschwächten dem Schwängerer gegenüber sich nicht durch den vor der Entbindung auch sonst erfolgten Tod des Schwängerers erledigt haben würde, ist für die Ersatzverbindlichkeit des Betriebsunternehmers ohne Belang.

Erk. vom 12. Februar 1878 (Entsch. B. 23 S. 197).

l) Wenngleich dem zu Alimentirenden nur der nothwendigste Lebensunterhalt zu gewähren ist, so muß doch nicht der Betrag des Nothwendigen in rigoroser Weise auf das zur nothwendigsten Fristung des Lebens absolut Unentbehrliche beschränkt werden. Es ist vielmehr je nach den konkreten Umständen eine ausgiebigere Bemessung des zum Lebensunterhalte Nothwendigen zulässig, namentlich dann, wenn die zur Alimentation Verpflichteten bis dahin den Unterhalt in solchem Maße thatsächlich gewährt haben und dadurch einen solchen Umfang ihrer Alimentationspflicht anerkannt haben. Dagegen kommt das, was freiwillig ohne gesetzliche Pflicht, aus Liberalität zum Unterhalt gegeben worden ist, für die Ersatzpflicht des Betriebsunternehmers auf Grund des § 3 des Haftpflichtgesetzes nicht in Betracht. — Die Tödtung eines nur subsidiarisch zur Unterhaltsgewährung Verpflichteten hat eine Entschädigungspflicht des Betriebsunternehmers dann nicht zur Folge, wenn zur Zeit der Tödtung der Prinzipalverpflichtete noch lebt und seine Pflicht erfüllen kann. Ist letzteres jedoch nicht der Fall, so ist der Subsidiarverpflichtete vermöge Gesetzes verbunden, den durch die ungenügende Leistungsfähigkeit des Prinzipalverpflichteten entstehenden Ausfall zu decken, mithin auch der Betriebsunternehmer verbunden, für Entziehung dieser Leistung des Subsidiarverpflichteten durch den Unfall desselben Schadensersatz zu leisten.

Erk. vom 11. Mai 1878 (Entsch. B. 23 S. 330).

m) Erfahrungsgemäß ist als Regel anzunehmen, daß die Kinder niederer Beamter mit dem sechszehnten Lebensjahre befähigt werden, sich ihren Unterhalt selbst zu verschaffen.

Erk. vom 27. Juni 1878 (Zeit. d. V. d. Eisenbahnverwalt. 1878 S. 982; Eger, Kommentar S. 355).

Aus der Rechtsprechung des Reichsgerichts.

a) Die Zahlung einer als Schadensersatz für entzogenen Unterhalt auf Grund des § 3 des Haftpflichtgesetzes zugesprochenen Rente kann praenumerando gefordert werden, wenn der fragliche Unterhalt, bezw. die Geldmittel zur Beschaffung desselben, nach landesgesetzlicher Vorschrift an den Verunglückten im Voraus zu leisten gewesen war.

Urtheil vom 10. Mai 1880 (Blum's Annalen B. II. S. 190—195).

b) Bei Bemessung des Schadensersatzes wegen entzogenen Unterhalts ist auch die Erhöhung des Einkommens, welches der Getödtete bei längerem Leben gehabt haben würde, und die hierdurch herbeigeführte Verpflichtung desselben zur Gewährung höherer Unterhaltsbeiträge in Betracht zu ziehen.

Urtheil vom 8. Dezember 1880 (Blum's Annalen B. III. S. 77).

c) Der Ehemann kann aus dem durch einen Unfall herbeigeführten Tod seiner Ehefrau, wenn er gegen dieselbe nicht Unterhaltsansprüche hatte, keine Haftansprüche erheben.

Urtheil vom 5. Januar 1881 (Blum's Annalen B. III. S. 194).

9. Hinsichtlich des Begriffes der Körperverletzung vergl. § 1 Anmerkung 6. —

Aus einer bei dem Betriebe eingetretenen Körperverletzung kann nur der Verletzte selbst, nicht die Unterhaltsberechtigten desselben, ein Recht auf Schadensersatz gegen den Betriebsunternehmer geltend machen. Die Rechte der Unterhaltsberechtigten beginnen erst mit dem Tode des Verletzten. —

Die Schadensersatzverbindlichkeit des Betriebsunternehmers ist, abgesehen von den Beerdigungskosten und dem Ersatz an die Unterhaltsberechtigten, im Falle der Körperverletzung dieselbe, wie im Falle des Todes des Verunglückten.

10. In Betreff der Heilungskosten gilt auch hier das oben in Anmerkung 3 Erwähnte. Der Ausdruck „Heilungskosten" setzt nicht voraus, daß in der That eine Heilung erfolgt ist. Er umfaßt vielmehr alle zum Zwecke der Heilung aufgewendeten, diesem Zwecke angemessenen Kosten.

11. Schadensersatz ist seitens des Betriebsunternehmers wegen der durch einen Unfall herbeigeführten Aufhebung oder Minderung der Erwerbsfähigkeit des Verletzten nur dann zu leisten, wenn der Unfall thatsächlich und nothwendigerweise ein Aufhören oder eine Minderung der Erwerbsthätigkeit des Verletzten zur Folge hat.

„Erwerbsfähigkeit" ist die Eigenschaft einer Person, sich durch Arbeit wirthschaftliche Güter zu verschaffen. Diese Eigenschaft giebt der Person die Möglichkeit, durch gewinnbringende Thätigkeit den Lebensunterhalt zu erlangen. Ihrem Grade nach ist jene Eigenschaft abhängig von den physischen und geistigen Anlagen der Person sowie von der Ausbildung dieser Anlagen. Die Erwerbsfähigkeit ist hiernach ein Zustand, der von der körperlichen und geistigen Integrität der Person abhängig ist und durch Aufhebung derselben beeinflußt wird. Ob in Folge dieses Zustandes eine Thätigkeit eintritt, hängt im Wesentlichen von dem Willen der Person ab.

Tritt zu der Erwerbsfähigkeit der Erwerbswille hinzu, so ergiebt sich hieraus die Erwerbsthätigkeit und als Resultat der letzteren der Erwerb. Vorausgesetzt ist hierbei, daß objektiv durch die äußeren, die Person umgebenden Verhältnisse die Möglichkeit einer Erwerbsthätigkeit gegeben ist. Ein Aufhören, beziehungsweise eine Minderung der Erwerbsthätigkeit kann an sich sowohl durch ein Aufhören bezw. Nachlassen des Erwerbswillen als durch ein solches der Erwerbsfähigkeit verursacht sein. Fehlte jedoch einer von diesen den Erwerb durch ihr Zusammenwirken herbeiführenden Faktoren von vornherein, so ist der Wegfall des anderen für das Resultat, den Erwerb der betreffenden Person, ohne Bedeutung. Der Eintritt der Erwerbsunfähigkeit oder eine Minderung der Erwerbsfähigkeit berührt den Erwerb einer Person mithin dann nicht, wenn dieselbe bereits vorher keinen Erwerbswillen besessen hat. Nach der Vorschrift des Haftpflichtgesetzes ist der Betriebsunternehmer ersatzpflichtig für den Vermögensnachtheil, welchen der Verletzte durch eine in Folge der Verletzung eingetretene Erwerbsunfähigkeit oder Minderung der Erwerbsfähigkeit erleidet. Hiernach hat die Ersatzverbindlichkeit desselben zur Voraussetzung erstens den thatsächlichen Eintritt eines Wegfalles oder einer Verminderung des Erwerbes als des durch die Erwerbsthätigkeit erzielten Vermögensvortheils, und zweitens den ursächlichen Zusammenhang zwischen dieser Erwerbslosigkeit beziehungsweise Erwerbsminderung und der Körperverletzung des Verunglückten. Ein Rentier, der in Folge des Mangels von Erwerbswillen keinen Erwerb erzielt, erleidet mithin durch Minderung seiner Erwerbsfähigkeit keinen Vermögensnachtheil. Die Entscheidung über die Frage, ob und in wie weit ein Verunglückter Erwerbswillen in Zukunft gehabt haben würde, falls der Unfall nicht eingetreten wäre, kann im Prozeßverfahren große Schwierigkeiten bieten. Sie wird vorzugsweise davon abhängig gemacht werden müssen, ob und wie weit der Verletzte vor dem Unfall von seiner Erwerbsfähigkeit Gebrauch gemacht hat, oder ob, falls dieses nicht geschehen, nach den obwaltenden Umständen die Wahrscheinlichkeit dafür spricht, daß er später von derselben Gebrauch gemacht haben würde. Da jedoch der Erwerbswille sehr häufig von den schnellem Wechsel ausgesetzten Vermögensverhältnissen abhängig ist und aus den Verhältnissen vor dem Unfall ein sicherer Schluß auf die zukünftigen Vermögensverhältnisse des Verletzten und die zukünftige Intensität des Erwerbswillen nie möglich ist, da mithin die künftige Nothwendigkeit oder Wahrscheinlichkeit einer Erwerbsthätigkeit des Verletzten oft schwer nachgewiesen werden kann, so wird der Richter am wenigsten fehlgehen, wenn er nur die Verhältnisse des Verletzten zur Zeit des Unfalls und der Klageanstellung hinsichtlich der Erwerbsfähigkeit und des Erwerbswillen im Prozesse berücksichtigt und es den Parteien überläßt, eine Aufhebung, Minderung oder Erhöhung der zugebilligten Rente zu beantragen, sobald die Verhältnisse, die für Feststellung derselben maßgebend waren, wesentlich andere geworden sind. Ist durch den Unfall die Erwerbsthätigkeit des Verletzten zwar nicht beeinflußt, weil eine solche vor demselben nicht ausgeübt worden, liegt aber die Wahrscheinlichkeit vor, daß in späterer Zeit ein Einfluß des Unfalls auf die Erwerbsthätigkeit sich geltend macht, so kann im Prozeßwege nur die abstrakte Verpflichtung des Betriebsunternehmers zum Schadensersatz für Verlust oder Verminderung der Erwerbsfähigkeit festgestellt werden, ohne daß ein bestimmtes Maß des Schadensersatzes zunächst in Frage kommt. Auch hinsichtlich einer Person, die vor dem Unfall in Folge ihres jugendlichen Alters weder erwerbsthätig noch erwerbsfähig gewesen ist, kann die Feststellung jener Verpflichtung zum Schadensersatz wegen voraussichtlich eintretender Erwerbsunfähigkeit, bezw. Minderung der Erwerbsfähigkeit, im Prozeßwege beansprucht werden. Ist es jedoch gewiß, daß die verunglückte Person eine Erwerbsthätigkeit weder vor dem Unfalle ausgeübt hat noch jemals eine solche ausgeübt haben würde, so kann der fragliche Schadensersatz, wie Endemann (a. a. O. S. 47) zutreffend bemerkt, nicht gefordert werden.

Eger (a. a. O. S. 307) nimmt an, daß der Verletzte nur dann eine Vermögensbeeinträchtigung erleide, wenn ihm entweder die positive Erwerbsthätigkeit oder doch die nachweisbare Gewißheit der künftigen Ausübung einer solchen entzogen wird. „Denn nicht der abstrakte Werth der verlorenen Arbeitskraft soll Ersatz finden, gleichviel ob sie ausgeübt bezw. ihre Ausübung möglich, d. h. ob sie überhaupt verwerthbar ist oder nicht, sondern nur der wirkliche Vermögensnachtheil aus ihrer Entziehung."

Nur der erlaubte, gesetzlich zulässige Erwerb, nicht aber der unerlaubte oder ohne Anwendung von Arbeit zufällig erlangte, wie z. B. der von Spielern, Bettlern, Prostituirten u. s. w., kommt bei Feststellung des fraglichen Vermögensnachtheils in Betracht (Eger S. 305; Kah S. 96; Jacobi S. 27; Frantz S. 10). „Dagegen ist es gleichgültig," wie Eger hervorhebt, „ob die Thätigkeit eine wirthschaftlich nützliche ist (Kunstreiter, Wahrsager, Spielleute), wenn sie nur subjektiv dem Verletzten Erwerb verschafft hat."

Anlangend den Begriff des Erwerbes bemerkt Endemann (a. a. O. S. 48) Folgendes: „Der Ausdruck hat insofern den weitesten Sinn, als Alles darunter fällt, was irgend als dem Erwerb, d. h. der Erlangung von materiellen Gütern, sei es ausschließlich, sei es in Verbindung mit idealen Zwecken, gewidmetes Streben bezeichnet werden kann. Es bedarf kaum der Erwähnung, daß hier die Unterscheidung von operae liberales und illiberales keinen Werth hat. Oeffentlicher Dienst des Staates, der Gemeinde, Ausübung einer Kunst oder Wissenschaft, indem sie des Erwerbes halber geübt werden, gehören so gut hinzu, wie die einfachste Handarbeit. Auch dem Beamten, Künstler, Gelehrten muß die durch die Körperverletzung verursachte Beeinträchtigung seiner Erwerbsfähigkeit vergütet werden."

Die Höhe des Vermögensnachtheils, der durch Minderung der Erwerbsfähigkeit verursacht wird, entspricht der Differenz zwischen dem vor dem Unfall erzielten Erwerbe und dem nach dem Unfall noch möglichen. Zur Feststellung dieser Differenz ist zu ermitteln erstens der Durchschnittsertrag des Erwerbes, welchen der Verletzte vor dem Unfall in der Regel durch seine Erwerbsthätigkeit erlangt hat, und zweitens der Durchschnittsbetrag desjenigen Erwerbes, den andere Personen von dem Stande, dem Alter, den Kräften, den Anlagen und Lebensverhältnissen des Verletzten erzielen, welche die dem Verletzten nach dem Unfall noch verbliebene Erwerbsfähigkeit besitzen. War durch den Unfall eine vollständige Erwerbsunfähigkeit herbeigeführt, so entspricht der entstandene Vermögensnachtheil dem ganzen zuerst erwähnten Durchschnittsbetrag. — Die Ansicht Kah's (a. a. O. S. 95) und Frantz's (a. a. O. S. 10), daß bei Abmessung des Vermögensnachtheils, der durch Verlust oder Minderung der Erwerbsfähigkeit verursacht ist, auch im Falle der Körperverletzung die Alimentenansprüche, welche den Unterhaltsberechtigten dem Verletzten gegenüber zustehen, in Rechnung zu ziehen seien, erscheint unrichtig. Diese Ansprüche haben auf die Erwerbsfähigkeit des Verletzten nicht den geringsten Einfluß und können daher auch bei Feststellung des durch Verlust oder Minderung der Erwerbsfähigkeit verursachten Schadens nicht in Betracht kommen. Dem Betriebsunternehmer ist durch § 3 des Haftpflichtgesetzes im Falle der Körperverletzung, wie erwähnt, nicht die Verpflichtung auferlegt, dem Verletzten Unterhalt zu gewähren, sondern vielmehr nur die Verbindlichkeit, den durch den Unfall hinsichtlich des Erwerbes verursachten Schaden auszugleichen. Tritt diese Ausgleichung ein, so bleiben die ökonomischen Verhältnisse des Verletzen unverändert. Derselbe bleibt daher in der Lage, seinen Alimentationspflichten in demselben Maße nachzukommen, wie vor dem Unfall.

Eine zeitweise Erwerbsunfähigkeit oder Verminderung der Erwerbsfähigkeit ist dann vorhanden, wenn diese voraussichtlich einen nur vorübergehenden Zustand, eine dauernde dagegen, wenn sie einen voraussichtlich unverändert bleibenden Zustand darstellt. Ob dauernde oder vorübergehende Beeinflussung der Erwerbsfähigkeit vorliegt, hängt von der Natur und Beschaffenheit, der Heilbarkeit der betreffenden Körperverletzung ab. Bei Verlust eines Gliedes oder Sinnesorgans wird in der Regel eine dauernde, bei einer heilbaren Beschädigung eines solchen nur eine vorübergehende Beeinträchtigung der Erwerbsfähigkeit von vornherein feststehen.

Im Rechtsstreit über den fraglichen Schadensersatz hat der Verletzte, der als Kläger auftritt, den Eintritt der Erwerbsunfähigkeit bezw. die Minderung der Erwerbsfähigkeit sowie die Fortdauer dieses Zustandes bis zur Zeit der Klageerhebung, die Höhe des hierdurch verursachten Vermögensnachtheils oder die oben erwähnten Thatsachen, aus denen sich jene Höhe ergiebt, zu erweisen. Aenderungen dieses Zustandes, die während des Prozesses eintreten, würde der verklagte Betriebsunternehmer geltend zu machen und nachzuweisen haben. Wird Schadensersatz wegen dauernder Erwerbsunfähigkeit bezw. Minderung der Erwerbsfähigkeit beansprucht, so liegt der Nachweis, daß der fragliche Zustand kein vorübergehender, sondern ein dauernder ist, gleichfalls dem Kläger ob. Ist für den Verletzten nachweislich eine dauernde Erwerbsunfähigkeit bezw. Minderung der Erwerbsfähigkeit verursacht worden, so ist es für die Verpflichtung des Betriebsunternehmers zur Leistung des Schadensersatzes unerheblich, wenn nach dem Unfall Umstände eintreten, die auch ihrerseits ohne Rücksicht auf den Unfall die Erwerbsunfähigkeit herbeigeführt haben würden. (Vergl. jedoch unten das Urtheil des Reichsgerichts vom 23. Dezember 1879 und das Erk. des R.O.H.G. vom 11. Oktober 1877.)

Aus der Rechtsprechung des Reichsoberhandelsgerichts.

a) Für die Berechnung des nach § 3 des Haftpflichtgesetzes im Falle der Körperverletzung wegen Minderung der

Erwerbsfähigkeit zu gewährenden Schadensersatzes ist zunächst diejenige Lage maßgebend, in welcher sich der Verletzte zur Zeit der Verletzung befunden hat. Diese Regel ergiebt als nothwendige Folge, daß zur Begründung der Schadensersatzklage die Behauptung ausreicht, es sei dem Verletzten durch die Beschädigung der zur Zeit der Beschädigung regelmäßig bezogene Verdienst dauernd entzogen werden. Der Ersatzpflichtige hat dieser Behauptung gegenüber im Wege der Einrede diejenigen Umstände darzulegen, durch welche dieser Umfang der Schadensersatzpflicht eingeschränkt wird. Die bezügliche Einrede kann darauf gestützt worden, daß der Verletzte, durch anderweitige Thätigkeit Erwerb zu erzielen, Gelegenheit hat.

Erk. vom 14. Januar 1873 (Entsch. B. 8 S. 370).

b) Die dauernde Unmöglichkeit für den Verletzten, seinen bisherigen Beruf fortzusetzen, kann Erwerbsunfähigkeit im Sinne des § 3 des Haftpflichtgesetzes begründen. Als Beruf kann aber der keine technische oder wissenschaftliche Vorbildung erfordernde Dienst gewöhnlicher Handarbeiter nicht angesehen werden. Bei diesen ist Erwerbsunfähigkeit nicht schon dann vorhanden, wenn sie zu einer bestimmten Dienstleistung unfähig sind, sondern erst, wenn sie überhaupt nicht im Stande sind, Handarbeiten zu leisten.

Erk. vom 30. Juni 1872 (Entsch. B. 14 S. 44).

c) Die Ansprüche des Verletzten beschränken sich nicht auf den wirklichen Schaden, sondern erstrecken sich auch auf die Vergütung derjenigen Vortheile, deren Erlangung in der Situation des Beschädigten zur Zeit der erlittenen Verletzung schon begründet war, also in sicherer Aussicht stand und durch die Beschädigung vereitelt ist. Der Schadensersatz ist ein lebenslänglicher, wenn nicht der Fall des § 7 Absatz 2 des Haftpflichtgesetzes eintritt. Durch Uebernahme einer anderen angemessenen, aber geringer bezahlten Beschäftigung verzichtet der Verletzte nicht auf den Ersatz des Mindereinkommens. Ist der Verletzte auch zur Uebernahme der anderen Beschäftigung verpflichtet, so kann ihm dadurch doch nicht das wohlerworbene Recht auf Schadensersatz entzogen werden.

Erk. vom 15. März 1875 (Entsch. B. 16 S. 177 ff.).

d) Die Nebenbezüge des Verunglückten sind bei Bemessung der Entschädigung auf Grund des § 3 des Haftpflichtgesetzes als ein Theil des Diensteinkommens anzusehen, selbst wenn sie dem Betrage nach nicht fest bestimmt sind, sondern nur nach Durchschnittsbeträgen berechnet werden können.

Erk. vom 25. Oktober 1875 (Zeit. d. V. d. Eisenbahnverwalt. 1875 S. 990; Eger, Kommentar S. 318).

e) Für die Frage, ob die Erwerbsfähigkeit des Verletzten noch vorhanden, oder inwieweit sie gemindert sei, kann nur die allgemeine Verwerthbarkeit der konkreten, geistigen und physischen Kräfte des Verletzten behufs des Erwerbes den objektiven Maßstab abgeben. Es kommt dabei auf den Nachweis an, daß der Verletzte durch eine seinen Kenntnissen, seinem Bildungsgrade, seiner früheren Stellung und seinen sozialen Verhältnissen entsprechende Beschäftigung einen regelmäßigen und dauernden Erwerb von bestimmter Höhe sich jederzeit zu verschaffen im Stande ist. Den Betrag dieses so nachweisbaren Erwerbes muß sich der Verletzte auf seinen Vermögensverlust anrechnen lassen. Der Verletzte ist als früherer Beamter nicht verpflichtet, sich gegen Fortbezug seines bisherigen Gehaltes nach beliebigem Ermessen der Dienstbehörde in anderer Weise beschäftigen zu lassen.

Erk. vom 5. November 1875 (Entsch. B. 19 S. 12).

f) Es handelt sich bei dem Schadensersatz aus § 3 des Haftpflichtgesetzes um die Ausgleichung des Verlustes, welchen der Verletzte von der Zeit der Verletzung an künftig erleiden wird. Es müssen diejenigen Veränderungen in den Verhältnissen des Verletzten berücksichtigt werden, welche nach der Verletzung, aber vor der Feststellung der Rente eingetreten sind. Daß nur Veränderungen, welch die in der Person des Verletzten gelegenen Voraussetzungen der Erwerbsunfähigkeit betreffen, nicht aber Veränderuugen in den äußeren Umständen zu berücksichtigen seien, kann nicht angenommen werden. Dagegen versteht es sich nach den allgemeinen Grundsätzen über Entschädigung wegen entgehenden Gewinnes von selbst, daß nur solche Veränderungen, welche in sicherer Aussicht stehen, berücksichtigt werden können, wogegen die bloße Möglichkeit künftig eintretender Veränderungen nicht in Betracht kommt.

Erk. vom 5. Dezember 1876 (Zeit. d. V. d. Eisenbahnverwalt. 1877 S. 197; Eger a. a. O. S. 323).

g) Das zur Zeit des Unfalles von dem Verletzten bezogene Gehalt repräsentirt den ökonomischen Werth der Erwerbsfähigkeit des Verletzten zur Zeit des Unfalls.

Erk. vom 4. Mai 1877 (Entsch. B. 22 S. 158).

h) Der Schadensersatzpflichtige, welcher eine Rente wegen eingetretener Erwerbsunfähigkeit zu zahlen hat, wird keineswegs bei jeder zeitweisen Einwirkung anderer Ursachen, welche den Erwerbsunfähigen, wenn er noch erwerbsfähig wäre, ebenfalls für die betreffende Zeit erwerbsunfähig gemacht haben würden, für diese Zeit von der Rentenzahlungspflicht frei. Nachdem einmal die dauernde Erwerbsunfähigkeit realexistent geworden ist, kann eine Erwerbsfähigkeit, die aus anderen späteren Gründen cessiren könnte, nicht mehr fingirt werden. Die Erwerbsunfähigkeit bleibt bestehen als dauernde Folge ihrer ursprünglichen Ursache.
Erk. vom 11. Oktober 1877 (Entsch. B. 23 S. 47).

i) Wird ein beim Betriebe einer Eisenbahn verletzter Beamter in Folge der Verletzung von der zuständigen Behörde pensionirt, so genügt diese Thatsache zur Geltendmachung des Anspruchs auf eine fortlaufende Rente, bestehend in der Differenz zwischen dem bisherigen Gehalt und der nunmehrigen Pension, seitens des Verletzten gegen die Eisenbahnverwaltung. In einem derartigen Falle ist es Sache der Eisenbahnverwaltung, ihre etwaige Behauptung, daß dem Verletzten noch ein anderer, seiner seitherigen Stellung und sonstigen Verhältnissen entsprechender Erwerb zu Gebote steht, zu begründen.
Erk. vom 13. Februar 1878 (Reichsanzeiger 1878 Nr. 57; Zeit. d. V. d. Eisenbahnverwalt. 1878 S. 264; Eger, Kommentar S. 325).

k) Macht ein Verletzter einen Anspruch auf laufende Rente gerichtlich geltend, so hat er seine Erwerbsunfähigkeit nachzuweisen, und selbst wenn festgestellt ist, daß er zeitweise in Folge der Verletzung erwerbsunfähig geworden ist, so hat er doch nachzuweisen, daß dieser Zustand der Erwerbsunfähigkeit zur Zeit der Klageerhebung noch fortgedauert habe. Denn es streitet hierfür keine Rechtsvermuthung. Die Behauptung jedoch der Verklagten, daß die Erwerbsunfähigkeit während des Prozesses gehoben worden sei, ist von der Verklagten zu beweisen.
Erk. vom 12. März 1878 (Zeit. d. V. d. Eisenbahnverwalt. 1878 S. 447, 558; Eger, Kommentar S. 309).

l) Ein einfacher Tagelöhner, dessen Arbeitskraft durch die erhaltene Körperverletzung wesentlich vermindert worden, ist nicht verpflichtet, den positiven Nachweis zu bringen, zu welcher andern Beschäftigung er noch tauglich sei oder wie viel er gegenwärtig zu verdienen vermöge, sondern es kann ohne Weiteres davon ausgegangen werden, daß der regelmäßige und dauernde Verdienst desselben in Zukunft etwa die Hälfte des bisherigen Lohnes betragen wird. Bei Ausmessung der Benachtheiligung kann die verbliebene Arbeitskraft des Verletzten nur ihrem gemeinen Werthe nach in Betracht kommen, und es ist der Verletzte der Regel nach nicht verpflichtet, sich von dem Entschädigungspflichtigen gegen Fortbezug des seitherigen Einkommens in anderer Weise beschäftigen zu lassen.

Erk. vom 22. Mai 1878 (Zeit. d. V. d. d. Eisenbahnverwalt. 1878 S. 873; Eger, Kommentar S. 331).

m) Ist der vorhandene Rest von Erwerbsfähigkeit so gering, daß der Verletzte zwar noch möglicherweise zu einzelnen leichteren Arbeiten verwendet werden kann, aber die sichere Aussicht auf festen, regelmäßigen Verdienst für die Zukunft verloren hat, so muß ihm von dem Haftpflichtigen eine dem bisherigen Arbeitsverdienste annähernd gleiche Rente für die Dauer bewilligt werden.

Erk. vom 24. Juni 1878 (Zeit. d. V. d. Eisenbahnverwalt. 1878 S. 991; Eger, Kommentar S. 331).

n) Ist der Verletzte für seinen besonderen Beruf, in welchem er eine gesicherte Stellung mit gesichertem Einkommen hatte, durch einen Unfall untauglich geworden, so besteht der ihm zugefügte Nachtheil, selbst wenn der Verletzte zur zeitweisen Versehung und Uebernahme leichter Arbeiten noch befähigt ist, in der Differenz zwischen dem früheren Diensteinkommen und dem jetzigen Ruhegehalt desselben. Der Entschädigungspflichtige muß behufs Minderung der Entschädigung den Nachweis führen, daß dem Verletzten ein seiner seitherigen Stellung und seinen Verhältnissen, seiner Gesundheit und seiner Befähigung entsprechender Erwerb wirklich zu Gebote steht.

Erk. vom 26. Juni 1878 (Zeit. d. V. d. Eisenbahnverwalt. 1878 S. 963; Eger a. a. O. S. 332).

o) Die Ersparnisse an den Nacht- und Meilengeldern sind als Gehaltszuschüsse zu behandeln, und es bedarf die Thatsache, daß solche Ersparnisse gemacht seien, als das Gewöhnliche und Uebliche mangels entgegenstehender Umstände, keines besonderen Beweises. Dieselben gehören mithin zu dem Einkommen, für dessen Verlust in Folge eines Unfalles Schadensersatz nach § 3 des Haftpflichtgesetzes zu leisten ist.

Erk. vom 27. Juni 1878 (Zeit. d. V. d. Eisenbahnverwalt. 1878 S. 951; Eger a. a. O. S. 315).

p) Das Haftpflichtgesetz gewährt dem Betriebsunternehmer nicht die Befugniß zu verlangen, daß der Verletzte gegen Fortbezug seines früheren Gehalts oder Tagelohns anderweit in seinem, des Haftpflichtigen, Dienste sich beschäftige und damit dem Rechte über die Bestimmung seiner Thätigkeit, seiner persönlichen Freiheit entsage.
Erk. vom 7. September 1878 (Zeit. d. V. d. Eisenbahnverwalt. 1878 S. 1069; Eger a. a. O. S. 331).

Aus der Rechtsprechung des Reichsgerichts.

a) Eine Klage auf Grund des § 3 des Reichsgesetzes vom 7. Juni 1871 ist in dem Falle nicht für ausgeschlossen zu erachten, wenn der Verletzte zur Zeit der Verletzung zwar weder erwerbsthätig noch auch momentan erwerbsfähig ist, wohl aber in der Lage sich befindet, daß der Eintritt der Erwerbsfähigkeit und mit ihr die Ausübung gewinnbringender Thätigkeit erfahrungsgemäß und nach dem Lauf der Dinge zu vermuthen ist, und wo die Folgen der erlittenen Verletzung derart sind, daß die präsumtive Erwerbsfähigkeit im Zweifel als beeinträchtigt angesehen werden darf.
Urtheil vom 2. Dezember 1879 (Reichsanzeiger 1880 Nr. 3; Blum's Annalen B. I. S. 193).

b) Daraus, daß nach allgemeinen Erfahrungen bei rascher Hülfe durch einen geschickten Arzt die vollständige Heilung einer Verletzung in der Regel gelingt und ein Mißerfolg zu den Ausnahmen gehört, kann nicht gefolgert werden, daß die Heilung bei Zuziehung eines Arztes eingetreten sein würde, und daß bei unterlassener Zuziehung die geminderte Arbeits- und Erwerbsfähigkeit als Folge der Nichtzuziehung eines Arztes anzusehen ist.
Urtheil vom 16. Dezember 1879 (Blum's Annalen B. I. S. 206; Entsch. B. I. S. 46—48).

c) Es gehört zu den Voraussetzungen des Schadensersatzanspruches wegen Verlust oder Minderung der Erwerbsfähigkeit nicht blos eine bestimmte Erwerbsthätigkeit des Verletzten, sondern auch der Umstand, daß der Verletzte die Möglichkeit eines Erwerbes habe, also aller Voraussicht nach ohne die erlittene Körperverletzung im Stande gewesen sein würde, für die Zukunft durch Verwerthung seiner Kräfte Erwerb zu ziehen. Eine freiwillige oder eine rechtmäßig erzwungene, mit der Körperverletzung selbst außer allem Zusammenhange stehende Erwerbsunthätigkeit des Verletzten (wie z. B. während einer Strafhaft) hindert für die Dauer dieses Zustandes die Zuerkennung einer Rente als Schadensersatz und muß auch die Aufhebung des Rentenbezuges herbeiführen, wenn sie nach dem den haftpflichtigen Betriebsunternehmer verurtheilenden Erkenntnisse eintritt. Für die Dauer der Verbüßung einer Zuchthausstrafe ist daher der haftpflichtige Betriebsunternehmer zur Zahlung der festgesetzten Rente nicht verpflichtet.

Urtheil vom 23. Dezember 1879 (Blum's Annalen B. I. S. 536; Entscheidungen des Reichsgerichts B. I. S. 66).

d) Die Entziehung der Möglichkeit, sich in seinem Berufe weiter auszubilden und darin später sein Fortkommen zu finden, ist ein Schaden, welcher unmittelbar durch den Unfall hervorgerufen werden kann und dann bei Abmessung der als Entschädigung für Verlust oder Minderung der Erwerbsfähigkeit zuzusprechenden Rente zu berücksichtigen ist.

Urtheil vom 20. Februar 1880 (Blum's Annalen B. I. S. 533).

e) Nach den Grundsätzen der Lebenserfahrung ist bei einem gewöhnlichen Arbeiter von vornherein anzunehmen, daß der Verlust des rechten Vorderarms ihn seiner Erwerbsfähigkeit völlig beraubt hat.

Urtheil vom 10. Juli 1880 (Blum's Annalen B. II. S. 478).

f) Zu dem einem im Eisenbahndienste Verletzten zu ersetzenden Erwerb gehören auch die Ersparnisse, welche jener von den Meilen-, Stunden- und Nachtgeldern weiter gemacht haben würde.

Urtheil vom 9. Oktober 1880 (Blum's Annalen B. II. S. 568).

g) Ist das bisherige Gehalt des Verletzten für Festsetzung des Schadensersatzes, der für Verlust oder Minderung der Erwerbsfähigkeit in Folge eines Unfalls zu leisten, maßgebend, so sind bei Berechnung des Gehaltes die von dem Verunglückten gezahlten Pensionsbeiträge in Abzug zu bringen. Bei Berechnung dieses Gehaltes kann der „Wohnungsgeldzuschuß" in Betracht gezogen werden. Hinsichtlich einer „Ortszulage" kann dies jedoch nur dann geschehen, wenn dem Empfänger derselben aus dem Aufenthalte an dem Orte, für welchen jene gewährt wurde, ein Mehraufwand, zu dessen Bestreitung die

Zulage dienen sollte, überhaupt nicht erwuchs, oder wenn jene so bemessen war, daß der fragliche Mehraufwand den Betrag der Ortszulage nicht erreichte.

Urtheil vom 12. November 1880 (Blum's Annalen B. III. S. 79—82).

§ 4.

War der Getödtete oder Verletzte [1]) unter Mitleistung von Prämien oder anderen Beiträgen durch den Betriebs-Unternehmer [2]) bei einer Versicherungsanstalt, Knappschafts-, Unterstützungs-, Kranken- oder ähnlichen Kasse [3]) gegen den Unfall [4]) versichert, so ist die Leistung [5]) der Letzteren an den Ersatzberechtigten auf die Entschädigung [6]) einzurechnen, [7]) wenn die Mitleistung des Betriebs-Unternehmers nicht unter einem Drittel der Gesammtleistung beträgt. [8])

1. Die Bestimmung des § 4, wonach die ganze Versicherungssumme, die aus Anlaß des Unfalls an den Verunglückten bezw. dessen Angehörige von einer Versicherungsanstalt u. s. w. gezahlt wird, auf die Entschädigung des Betriebsunternehmers einzurechnen ist, sofern dieser sich mit mindestens einem Drittel der Gesammtleistung an der Versicherung u. s. w. betheiligt hat, stellt sich als eine exceptionelle, mit den sonstigen Grundsätzen der Entschädigungspflicht nicht im Einklang stehende Vorschrift dar, die lediglich aus der sozialpolitischen Tendenz der Gesetzgebung, die Entwickelung der Unterstützungskassen zu begünstigen, hervorgegangen ist. Diese Bestimmung sollte dem Arbeitsgeber (Betriebsunternehmer) gewisse Vortheile in Beziehung auf seine Entschädigungspflicht bei Unfällen seiner Arbeiter gewähren, falls er sich mit einem gewissen Bruchtheil bei den Versicherungen seiner Arbeiter betheiligt hat.

Das Haftpflichtgesetz bezweckt an sich nur eine Schadloshaltung des Verunglückten, nicht aber eine Bereicherung desselben aus dem Unfall. Die Entschädigungspflicht des Betriebsunternehmers tritt daher nur insoweit ein, als der durch den Unfall dem Verunglückten verursachte Vermögensschaden reicht. Wirkliche Entschädigungen, welche der Verunglückte von anderer Seite, als von dem Betriebsunternehmer, und aus einem anderen Grunde, als der Haftpflicht jenes, erhält, mindern den von dem Unternehmer zu leistenden Schadensersatz. Als Entschädigungen können indessen solche Leistungen nicht betrachtet werden, die sich als Gegenleistungen für frühere Leistungen des Verunglückten darstellen. Diese Leistungen dienen nicht zur Ausgleichung des Vermögensschadens, welcher dem Verunglückten verursacht ist, sondern vielmehr zur Erfüllung eines schon vor dem Unfall bestehenden, vom Eintritt des Unfalls abhängigen, mithin suspensiv bedingten Anspruches, der dem Verunglückten aus seinen eigenen Leistungen erwachsen ist. So ist eine Versicherungssumme, welche dem Verunglückten von der Versicherungsanstalt in Folge der Versicherung bei Eintritt eines Unfalles gezahlt wird, keine Entschädigung für die durch den Unfall herbeigeführten Vermögensnachtheile, sondern lediglich die vertragsmäßige Gegenleistung für die von dem Versicherungsnehmer gezahlten Versicherungsprämien. Oekonomisch stellt sich die Versicherungssumme als Ersparniß des Versicherungsnehmers und erzielt durch Prämienzahlungen, mithin als ein Aequivalent für die in der Vergangenheit durch Prämienzahlung bewirkte Vermögensminderung und nicht als ein Aequivalent für die in der Zukunft liegende durch die Folgen des Unfalls herbeigeführte Vermögensminderung dar. An sich würde daher die Summe, welche der Getödtete, bezw. dessen Angehörige, oder der Verletzte aus einer Versicherungsanstalt, Krankenkasse u. s. w. in Folge einer von ihm selbst genommenen Versicherung bei einem Unfall gezahlt erhält, den durch letzteren verursachten Vermögensschaden hinsichtlich seines Umfanges nicht beeinflussen und folglich auch nicht auf die Schadensersatzleistung des Betriebsunternehmers angerechnet werden können. Dies trifft sowohl hinsichtlich des Ersatzanspruches des Verunglückten selbst als auch hinsichtlich des Anspruches der Unterhaltsberechtigten desselben zu. Nur insoweit bei letzteren die Bedürftigkeit für den Anspruch auf Unterhalt Vorbedingung ist, hat der Empfang der Versicherungssumme, welcher die Bedürftigkeit aufhebt oder mindert, auch nothwendigerweise Einfluß auf den Entschädigungsanspruch.

Die positive Vorschrift des § 4 läßt nun eine Einrechnung auch desjenigen Antheils der Leistung der Versicherungsanstalt u. s. w. auf den Schadensersatz zu, welchen der Verunglückte durch seine eigenen Versicherungsbeiträge erworben hat, sofern der Betriebsunternehmer sich mit mindestens einem Drittel an der Versicherung u. s. w. zu Gunsten des Verunglückten betheiligt hatte. Es soll durch diese Begünstigung der Betriebsunternehmer veranlaßt werden, sich bei Versicherungen seitens seiner Arbeiter bezw. bei Eintritt derselben in Krankenkassen u. s. w. mit einer erheblichen Leistung zu betheiligen. Wird hierdurch der Betriebsunternehmer bei Eintritt von Unfällen hinsichtlich der Höhe der Schadensersatzleistung entlastet, so kommt andererseits seine Mitleistung zu der Versicherung dem Versicherten in allen den Fällen zu gut, in welchen der Versicherungsfall eintritt, die Gegenleistung der Anstalt oder Kasse erfolgt, ohne daß ein Unfall vorliegt, der eine Schadensersatzpflicht des Betriebsunternehmers begründet.

Der „Getödtete oder Verletzte" ist die Person, welche unter den in § 1 und § 2 erwähnten Voraussetzungen bei dem Betriebe verunglückt ist. Es kann dies an sich sowohl ein Arbeiter des Betriebsunternehmers, ein Beamter desselben, ein Passagier der Eisenbahn, als auch eine unbetheiligte dritte Person sein. In Wirklichkeit wird eine gemeinschaftliche Versicherung des Betriebsunternehmers mit anderen Personen nur hinsichtlich der Arbeiter und Beamten desselben vorkommen.

Aus dem oben Ausgeführten ergiebt sich, daß ein Eisenbahnpassagier, welcher selbst eine Versicherung gegen Reiseunfälle genommen hat, trotzdem von dem Betriebsunternehmer vollen Schadensersatz für einen Unfall verlangen kann, ohne daß dabei die Leistung der Versicherungsanstalt an ihn in Betracht kommt; es sei denn daß sich der Betriebsunternehmer an jener Versicherung mit mindestens einem Drittel betheiligt habe. Eine solche Betheiligung ist jedoch bisher nicht üblich gewesen. Die Person des Versicherungsnehmers, der den demnächst Verunglückten versichert hat, ist gleichgültig. § 4 findet ebensowohl Anwendung, wenn der Verunglückte selbst neben dem Betriebsunternehmer die Versicherung für sich genommen hat, als wenn es einer seiner Angehörigen oder eine dritte Person gethan hat.

(Vergl. Kah S. 97; Endemann S. 54; Frantz S. 14; Eger S. 403.)

2. Eine Mitleistung von Prämien oder anderen Beiträgen seitens des Unternehmers ist Voraussetzung der durch § 4 festgestellten Einrechnungsfähigkeit der Versicherungs- oder Unterstützungssumme. Der Ausdruck „Mitleistung" deutet sprachlich darauf hin, daß nur solche Fälle unter § 4 fallen, in denen auch seitens des Verunglückten eine Leistung von Prämien oder Beiträgen stattgefunden hat. Endemann (a. a. O. S. 57) nimmt daher auch an, daß § 4 dort keine Anwendung finde, „wo für die aus der Kasse fließende Versicherungs- oder Unterstützungs-

summe gar kein Aequivalent in Gestalt einer Prämie oder eines Beitrages für den Getödteten oder Verletzten gezahlt wird." Dies Resultat werde nur dadurch verständlich, daß oben § 4 den speziellen Zweck habe, gerade die korporativen Kassen, bei denen eine Mitleistung der Arbeiter und Unternehmer stattfindet, zu befördern. Es wird jedoch der entgegengesetzten Ansicht Eger's (a. a. O. S. 405) beizutreten sein, wonach der Ausdruck „Mitleistung" keineswegs unbedingt eine Gemeinschaft von Leistungen des Betriebsunternehmers mit Leistungen Anderer voraussetzt, sondern nur „Beitragsleistung zur Versicherung überhaupt" bedeutet.

Die „Prämie" ist unter den „Beiträgen", welche an die Versicherungsanstalten, Unterstützungskassen u. s. w. gezahlt werden, besonders hervorgehoben. Sie stellt die Leistung des Versicherungsnehmers im eigentlichen Versicherungsgeschäft dar, während der Ausdruck „Beitrag" hinsichtlich der Leistungen an Knappschafts-, Unterstützungs-, Kranken- und ähnliche Kassen gebräuchlich ist. Unter „Prämien" und „Beiträgen" sind jedoch nur dauernde, regelmäßige, auf Statut beruhende, nicht aber gelegentliche, freiwillige Leistungen zu verstehen.

Aus der Rechtsprechung des Reichsoberhandelsgerichts.

In den Ausdrücken „Beiträge, Prämien, Mitleistung, Gesammtleistung" des § 4 des Haftpflichtgesetzes liegt klar ausgesprochen, daß nicht schon gelegentliche freiwillige Zuschüsse genügen sollen, daß es vielmehr mindestens eines thatsächlich auf die Dauer berechneten Beitragsverhältnisses, einer der That und dem Willen nach regelmäßigen und dauernden Mitleistung bedarf, aus welcher auf eine bleibende, die Leistungsfähigkeit der Kasse bezweckende Einrichtung sich schließen läßt. Beiträge des Betriebsunternehmers können daher auch dann in Betracht kommen, wenn sie nicht auf einem eigentlichen Obligationsverhältniß beruhen. Es genügt aber nicht, daß der Beitrag die im § 4 cit. bezeichnete Höhe erreicht hat, seitdem der Verunglückte der Pensionskasse beigetreten ist, vielmehr bedarf es einer solchen Beschaffenheit der in der gesetzlichen Höhe geleisteten Beiträge, wie sie vorstehend dargelegt ist.

Erk. vom 5. März 1874 (Entsch. B. 13 S. 24).

3. Zu den „Versicherungsanstalten" gehören alle Institute, bei welchen der in Folge Todes, Krankheit oder Erwerbsunfähigkeit entstehende Vermögensnachtheil Objekt der Versicherung

ist. Die „Unterstützungskassen“ unterscheiden sich von jenen dadurch, daß bei ihnen der Kreis der Versicherungsnehmer und Versicherten sich auf Personen beschränkt, die in Folge gleichartiger Beschäftigung und gleicher sozialer Stellung in gewisser Verbindung und Zusammengehörigkeit mit einander stehen.

Zu den neben den Versicherungsanstalten aufgeführten Kassen gehören außer den speziell genannten alle Institute, welche ihren Mitgliedern oder deren Angehörigen bei Unfällen jener Unterstützungen gewähren.

Die „Knappschaftskassen“ sind durch die partikularrechtlichen Berggesetzgebungen organisirt (in Preußen durch das Allgem. Berggesetz vom 24. Mai 1865 §§ 165 ff.; in Sachsen durch das Berggesetz vom 16. Juni 1868 §§ 84 ff.; in Bayern durch das Berggesetz vom 20. März 1869 Art. 197 ff.). Denselben Zwecken, welche die Knappschaftskassen auf dem Gebiete des Bergbaues erfüllen, dienen auf anderen Gebieten der Industrie die Unterstützungs-, Kranken-, Wittwen-, Sterbe- und Hülfskassen (vergl. Reichsgewerbeordnung vom 21. Juni 1869 §§ 140, 141; Novelle zu derselben vom 8. April 1876, R.G.Bl. S. 135; Gesetz über die eingeschriebenen Hülfskassen vom 7. April 1876, R.G.Bl. S. 125).

Ob die Pension des Verunglückten, welche aus einer Pensionskasse gezahlt wird, bei Feststellung des Schadensersatzes zu Gunsten des Beiträge zu jener Pensionskasse entrichtenden Betriebsunternehmers in Rechnung gezogen werden kann, hängt davon ab, ob der betreffende Angestellte bereits durch die Anstellung einen rechtlichen Anspruch auf die Pension für den Fall seiner Dienstunfähigkeit erworben hat, ob sich die Pension mithin als eine Gegenleistung für die Dienstleistungen des Angestellten charakterisirt, oder ob der Pensionsanspruch erst durch Beitritt des Angestellten zu der betreffenden Pensionskasse, durch Beitragszahlungen zu derselben erworben ist. Im ersteren Falle ist die Pension keine Entschädigung für den durch Eintritt der Dienstunfähigkeit verursachten Vermögensnachtheil, sondern eine Gehaltskompetenz, und fällt also solche nicht unter die in § 4 erwähnten Leistungen. Im letzteren Falle dagegen ist die Pension wie jede andere Leistung einer Unterstützungskasse, welcher der Verunglückte beigetreten ist, anzusehen (vergl. Eger S. 411—424). — Endemann (a. a. O. S. 56) spricht sich über die bezügliche Frage dahin aus, daß der aus einer Pensionskasse „von dem Verletzten, der durch die Verletzung dienstunfähig wird, zu beziehende Ruhegehalt (Pension, Wartegeld) bei Ausmessung des Ersatzes für seine verminderte Erwerbsfähigkeit mit in Anschlag kommen muß.“ Kah (a. a. O. S. 109, 110) bemerkt Folgendes: „Durch die Versicherung ohne Mitleistung des Betriebsunternehmers, z. B. dadurch, daß der Verletzte sich aus eigenen Mitteln eine Pension versichert, hat der Beschädigte ein von der Haftpflicht im Sinne dieses Gesetzes völlig getrenntes Vermögensrecht für sich erworben. Es wird deshalb der Fall einer Bereicherung im Sinne dieses Gesetzes nur dann als vorhanden angenommen werden können, wenn der Verletzte durch den Haftpflichtigen doppelt, nämlich einmal auf Grund dieses Gesetzes und dann auf Grund irgend eines anderen Titels, namentlich der Angehörigkeit zu einer Versicherungskasse, unter Leistung des Drittelbeitrags, entschädigt werden soll, und zwar um so mehr, als die Haftpflicht dem Betriebsunternehmer ganz allgemein und ohne die Beschränkung, wenn das Bedürfniß nicht anderwärts gedeckt sei, obliegt." Bei Berathung des Gesetzes im Reichstag hat der Abgeordnete Windthorst ganz zutreffend den Satz aufgestellt, „daß Versicherungssummen oder Entschädigungen, die der Arbeiter auf Grund eigener Leistung erhält, überhaupt alle von ihm selbst erworbenen Rechte mit diesem Gesetze absolut in gar keiner Verbindung stehen." (Stenogr. Bericht B. I. S. 612.) —

Die Pension der Staatsbeamten und Kommunalbeamten stellt sich als eine Gegenleistung für deren Dienstleistungen dar, falls der Beamte als pensionsberechtigt angestellt ist. „Die Staatspension erscheint als ein selbsterworbener, ohne Beitrag des Staates entstandener Vermögensanspruch des Beamten" (Eger a. a. O. S. 415). Nur der Zeitpunkt des Eintritts der betreffenden Verpflichtung des Staates und die Höhe des Betrages der Pension ist von gewissen Voraussetzungen (Dienstunfähigkeit, Dienstalter) abhängig gemacht. Diese Pension kann daher nicht als eine Entschädigung für die Folgen eines Unfalls angesehen werden, welche unter Umständen auf die Entschädigung des Betriebsunternehmers einzurechnen ist. Selbst wenn der Unfall eines Beamten auf einer Staatsbahn eintritt, hat der Fiskus daher dem Beamten neben der Pension die volle Unfallsentschädigung zu zahlen. „Denn die Leistungen aus staatlichen oder Reichs-Pensionsfonds sind eben nicht Leistungen aus andern Mitteln in Folge des Unfalls, sondern Leistungen, die der Beschädigte selbst für den Fall irgend einer Dienstuntauglichkeit im Voraus sich erworben hat, eine selbstgeschaffene, rein aus eigenen Mitteln originirende Versicherung" (Eger a. a. O. S. 416). War dagegen der verunglückte Beamte nicht mit einem „pensionsberechtigten Gehalte" angestellt, hat er vielmehr den Anspruch auf Pension nur durch Eintritt in eine Pensionskasse erworben, so finden auf die aus Anlaß eines Unfalls gezahlte Pension die Bestimmungen des § 4 Anwendung.

Hinsichtlich der Einrechnung der Leistungen der Pensionskassen auf die Ansprüche der Unterhaltsberechtigten des Getödteten vergl. Anmerkung 5 und 6. —

4. Nur Versicherungen des Verunglückten „gegen den Unfall", d. h. gegen die bei dem Betriebe der in §§ 1 und 2 erwähnten Anlagen erhaltenen tödtlichen oder nicht tödtlichen Körperverletzungen, kommen hier in Betracht. Die Versicherung muß jedoch keineswegs lediglich auf einen solchen Unfall sich beziehen. Es genügt vielmehr, wenn der Unfall, bezw. dessen Folgen, in dem Schaden, gegen welchen die Versicherung genommen worden, thatsächlich enthalten ist, mag die Versicherung auch eine weitergehende sein und auch noch andere Fälle, als jenen Schaden, umfassen.

Der Ausdruck „versichert" bezieht sich auch auf die Mitgliedschaft bei den Hülfs- und Unterstützungskassen (Knappschafts-, Sterbekassen u. s. w.), bei denen eine „Versicherung" im juristisch-technischen Sinne nicht stattfindet.

§ 4 muß auch dann Anwendung finden, wenn die Versicherung bereits vor Erlaß des Haftpflichtgesetzes genommen ist und der Betriebsunternehmer erst später in Folge dieses Gesetzes seinen Beitritt zu der Versicherung erklärt und mindestens ein Drittel des Beitrages gezahlt hat. Die Zulassung des Beitrittes kann jedoch seitens des Betriebsunternehmers nicht erzwungen werden. Es bedarf zu demselben der Zustimmung des betreffenden Versicherungsnehmers, bezw. des betreffenden Mitgliedes der Unterstützungskasse.

Hinsichtlich der Frage, ob der Betriebsunternehmer, wenn er das ihm durch § 4 gewährte Recht nachträglich erwerben will, für die seinem Beitritt vorausgegangene Versicherungszeit die Beiträge nachzuzahlen hat, vergl. Anmerkung 8.

Aus der Rechtsprechung des Reichsoberhandelsgerichts.

Die Betheiligung bei den Knappschafts-, Unterstützungs-, Kranken- und ähnlichen Kassen erscheint nicht als eigentliches Assekuranzgeschäft, weshalb der in § 4 des Haftpflichtgesetzes gebrauchte Ausdruck: „gegen den Unfall versichert" nicht eng im technischen Sinne des Worts aufgefaßt werden darf. Das Assekuranzwesen sollte durch § 4 cit. begünstigt werden. Das erklärt einerseits, daß der § 4 die Assekuranz besonders betont, zeigt aber andererseits, daß es auf das Wesen, nämlich die Sicherstellung gegen die betreffenden Gefahren, nicht auf die Form ankommt, daß also auch die bei einer Eisenbahn bestehende Beamten-Pensionskasse jenen Kassen zuzuzählen ist, wenn nur die sonst erforderlichen Voraussetzungen gegeben sind.

Erk. vom 5. März 1874 (Entsch. B. 13 S. 26).

5. Die „Leistung der Letzteren an den Ersatzberechtigten" ist die Versicherungssumme oder die Unterstützung, welche die Versicherungsanstalt oder Hülfskasse dem Versicherten gewährt. Ist Letzterer bei mehreren Anstalten versichert bezw. eingekauft, so kommt die Summe der Leistungen derselben in Betracht. Diese Leistungen können sowohl in Geldzahlungen, und zwar in Kapital- oder Rentenzahlungen, als auch in Naturalbezügen, ärztlicher Behandlung, Gewährung von Medikamenten, von Wohnung und Unterhalt bestehen.

Auch eine noch ausstehende Forderung des Ersatzberechtigten an eine der fraglichen Anstalten kann als „Leistung" hinsichtlich der Einrechnung angesehen werden. Wird eine solche Forderung später wegen Insolvenz des Schuldners nicht realisirbar, oder stellt es sich heraus, daß dieselbe rechtlich nicht existirt hat, so muß der Haftpflichtige, auf dessen Entschädigung jene Forderung eingerechnet ist, für den Ausfall derselben Ersatz leisten. Der Betriebsunternehmer, der von seiner Entschädigung eine zukünftige Leistung der Versicherungsanstalt in Abzug bringt, haftet für die Verität (Existenz) und Bonität (Sicherheit) dieser Forderung (vergl. Eger a. a. O. S. 431). —

Ersatzberechtigte sind diejenigen Personen, welchen der Betriebsunternehmer nach § 3 des Haftpflichtgesetzes zum Schadensersatz verpflichtet ist. Auch dem Cessionar eines Ersatzberechtigten gegenüber kann die fragliche Leistung eingerechnet werden (vergl. Eger a. a. O. S. 434).

Aus der Rechtsprechung des Reichsoberhandelsgerichts.

Auf die dem Ersatzberechtigten zu gewährende Alimentation muß der volle Betrag der Pension und Erziehungsgelder, welche dieselben aus einer Pensions- und Unterstützungskasse bezogen haben und noch beziehen werden, angerechnet werden, sofern hinsichtlich dieser Kasse die Voraussetzungen des § 4 des Haftpflichtgesetzes zutreffen.

Erk. vom 27. April 1877 (Entsch. B. 22 S. 259).

6. Die Einrechnung soll auf die „Entschädigung" erfolgen. Letztere kann gleichzeitig verschiedene der in § 3 festgestellten Objekte des Schadensersatzes umfassen, z. B. Heilungskosten und Vermögensnachtheile in Folge Erwerbsunfähigkeit.

Die Einrechnung kann nicht auf die Summe jener Entschädigungen, sondern nur auf die spezielle Entschädigung erfolgen, hinsichtlich welcher aus der betreffenden Kasse Ersatz geleistet wird. So können Unterstützungsgelder aus einer Arbeiterkrankenkasse nur auf den Schadensersatz bezüglich der Heilungskosten, Sterbekassengelder nur auf den Ersatz der Beerdigungskosten eingerechnet werden. Unzulässig ist dagegen, den etwaigen Ueberschuß der aus einer Hülfskasse zu einem speziellen Zwecke gezahlten Entschädigung über die Kosten, welche thatsächlich zu diesem Zwecke aufgewendet sind, auf einen von jener Entschädigung verschiedenartigen Schadensersatzanspruch einzurechnen. Hat eine Hülfskasse beispielsweise einen höheren Betrag an Krankheitskosten gezahlt, als die Heilung des Verletzten verursacht hat, so darf dieser Ueberschuß nicht auf den durch Erwerbsunfähigkeit herbeigeführten Vermögensnachtheil eingerechnet werden. Die „Leistung" der Kasse und die „Entschädigung" des Betriebsunternehmers müssen auf demselben thatsächlichen Entstehungsgrunde (Krankheit, Tod, Erwerbsunfähigkeit) beruhen, wenn eine Einrechnung der ersteren auf die letztere soll stattfinden können (vergl. Endemann a. a. O. S. 60, 61; Eger a. a. O. S. 435).

7. Die durch § 4 angeordnete „Einrechnung" ist keine Aufrechnung (compensatio) im juristisch-technischen Sinne. Letztere kann nur zwischen gegenseitigen Forderungen zweier Personen stattfinden. Hier aber handelt es sich nicht um eine Gegenforderung des Betriebsunternehmers an den Verunglückten aus der gemeinschaftlichen Versicherung, sondern vielmehr um zwei nebeneinanderlaufende, aus verschiedenen Rechtsgründen entstandene, verschiedenen Schuldnern gegenüber bestehende Forderungen, die sich nur insofern ihrem Gegenstande nach decken, als derselbe seiner ökonomischen Bedeutung nach in beiden Fällen eine Ausgleichung des durch den Unfall verursachten Vermögensnachtheils darstellt.

Ist die Leistung der Kasse u. s. w. höher, als die von dem Betriebsunternehmer zu leistende Entschädigung, so wird diese von jener durch die Einrechnung ganz absorbirt und der sich ergebende Ueberschuß kommt dem Verunglückten zu gut (vergl. Anmerk. 6).

Aus dem Wortlaute des Gesetzes „so ist — einzurechnen" geht hervor, daß die Einrechnung ipso jure eintritt, daß sich ohne Weiteres der Betrag der von dem Betriebsunternehmer zu zahlenden Entschädigung um die Leistung jener Kasse mindert. Das Gesetz giebt dem Betriebsunternehmer nicht ein Recht auf Einrechnung, sondern ordnet die Einrechnung an. Der Richter ist daher bei der ihm gemäß § 7 nach freiem Ermessen obliegenden Abmessung des Schadens ex officio zu der fraglichen

Einrechnung verpflichtet, gleichviel ob dieselbe beantragt ist oder nicht, sobald ihm nur von den Parteien die Thatsachen unterbreitet sind, aus welchen die Höhe der einzurechnenden Summe entnommen werden kann (vergl. Endemann a. a. O. S. 59). Der gegentheiligen Ansicht Eger's (Kommentar S. 437) kann nicht beigepflichtet werden, § 4 enthält, wie auch Eger annimmt, „eine den Richter absolut bindende Vorschrift und bestimmt kategorisch, daß die Versicherungsleistung auf die Entschädigung einzurechnen ist." Der Richter „drängt" daher nicht „ex officio und zum Nachtheil des Klägers," wie Eger behauptet, „dem Verklagten die Geltendmachung eines Rechtes auf," wenn er die ihn absolut bindende Vorschrift des § 4 befolgt. Nach der prozessualischen Verhandlungsmaxime ist es allerdings Sache der Partei, dem Richter das erforderliche thatsächliche Material zu unterbreiten, dessen Kenntniß ihm erst die Möglichkeit giebt, jener Vorschrift nachkommen zu können.

§ 4 des Haftpflichtgesetzes enthält hinsichtlich der fraglichen Einrechnung eine Bestimmung nur für den Fall, daß der Betriebsunternehmer mindestens ein Drittel der Gesammtleistung zu den Prämien u. s. w. beigetragen hat. Er trifft jedoch keine Entscheidung darüber, ob eine theilweise Einrechnung dann zulässig ist, wenn der Betriebsunternehmer einen geringeren Bruchtheil der Prämien oder Beiträge gezahlt hat. Zunächst ergiebt sich aus allgemeinen Rechtsgrundsätzen (vergl. oben Anmerkung 1), daß die Leistungen der Versicherungsanstalten und Unterstützungskassen dann nicht auf die Entschädigung eingerechnet werden können, wenn der Anspruch auf dieselben von dem Verunglückten selbst durch Beitragszahlungen erworben war und eine Mitleistung des Betriebsunternehmers nicht stattgefunden hatte. Hatte aber Letzterer gemeinschaftlich mit dem Verunglückten die Versicherung genommen, hatte er zu den Beiträgen desselben für die Hülfskasse einen Zuschuß gezahlt, so würde der Verunglückte durch den Unfall bereichert werden, wenn er neben dem vollen Schadensersatz noch den Theil der Versicherungssumme, bezw. diejenige Leistung der Unterstützungskasse erhielte, welche sich als Gegenleistung einer Leistung des Betriebsunternehmers darstellt. Es muß daher dieser Theil der Leistung der Versicherungsanstalt oder Unterstützungskasse auf den Schadensersatz des Betriebsunternehmers zweifellos eingerechnet werden. Denn der Betriebsunternehmer versichert seine Arbeiter gegen die Folgen von Unfällen jedenfalls nicht lediglich aus Liberalität, um ihnen einen höheren Schadensersatz und sogar eine Bereicherung bei Unfällen zuzuwenden, sondern vielmehr in der Absicht, seine eigene Ersatzverbindlichkeit bei Eintritt eines Unfalls zu vermindern. Macht mithin der Beitrag des Betriebsunternehmers einen geringeren Bruchtheil, als ein Drittel, der Gesammtleistung aus, so ist jener berechtigt, einen jenem Bruchtheil entsprechenden Theil der Leistung der Versicherungsanstalt, bezw. der Unterstützungskasse auf den von ihm zu gewährenden Schadensersatz in Anrechnung zu bringen (vergl. Eger a. a. O. S. 395).

Schwieriger gestaltet sich die Frage der Einrechnung, wenn der Beitrag an die fraglichen Anstalten weder von dem Verunglückten noch von dem Betriebsunternehmer, sondern von einem Dritten gezahlt ist, oder wenn die Leistung der betreffenden Kasse ohne vorgängige Beitragszahlung aus eigenen Mitteln derselben bestimmungsmäßig erfolgt. In diesem Falle muß für die Einrechnung der Umstand entscheidend sein, ob diese Leistung zum Zwecke des Schadensersatzes oder aus reiner Freigebigkeit geschieht. Im ersteren Falle mindert sich der durch den Unfall verursachte Schaden um den Betrag der fraglichen Leistung und ist insoweit von dem Betriebsunternehmer nicht noch einmal zu ersetzen. Der Schadensersatz ist in diesem Falle theilweise an Stelle des Betriebsunternehmers und für denselben von einem Dritten geleistet worden. Im anderen Falle liegt kein Schadensersatz, sondern eine Schenkung vor, für welche der Unfall nur der Beweggrund ist. Eine solche Schenkung aus Anlaß des Unfalls mindert aber ihrer rechtlichen Bedeutung nach nicht den Umfang des durch den Unfall verursachten Schadens. Sie ist gerade ihrem juristischen Charakter nach dazu bestimmt, eine Bereicherung des Beschenkten herbeizuführen. Es würde der Absicht des Schenkenden widerstreiten, wenn aus seiner Schenkung eine Bereicherung nicht für den Beschenkten, sondern für einen Dritten, zum Schadensersatz Verpflichteten durch Minderung des Umfanges dieser Verpflichtung resultirte. Die lediglich auf Freigebigkeit beruhende Leistung geht oft gerade aus der Absicht hervor, dem Verunglückten aus Anlaß des Unfalls mehr zuzuwenden, als der Schadensersatz des Betriebsunternehmers beträgt. Der Ansicht Eger's (a. a. O. S. 396), daß „der Unternehmer, wenn dritte Personen die Versicherung bewirkt, bezw. dazu beigetragen haben, die Versicherungsleistungen in dem Verhältnisse sich auf den Schadensersatz einrechnen darf, als sie durch diese Beiträge Dritter erzielt sind," kann mit Rücksicht auf das Ausgeführte nicht beigetreten werden. —

8. Unter „Mitleistung des Betriebsunternehmers" ist die im Eingang des § 4 erwähnte „Mitleistung von Prämien oder anderen Beiträgen" zu verstehen.

Die „Gesammtleistung" wird durch die Summe der Beitragsleistung des Verunglückten und der Beitragsleistung des Betriebsunternehmers für die Versicherung des Verunglückten gebildet. Dieselbe stellt den Gesammtbeitrag dar, der von den beiden Versicherungsnehmern (Betriebsunternehmer und Verunglückter) für denselben Versicherten (Verunglückter oder dessen Unterhaltsberechtigte) an die Versicherungsanstalt oder die Hülfskasse gezahlt ist.

Durch den Ausdruck „Gesammtleistung“ sind zwar die Leistungen des Verunglückten und die des Betriebsunternehmers zu einem Ganzen zusammengefaßt. Wie aber der Eingang des § 4 seiner Wortfassung nach nur den „Getödteten oder Verletzten“, also nur eine bestimmte Person als Versicherten im Auge hat, so kann sich auch der Ausdruck „Mitleistung des Betriebsunternehmers“ nur auf diese bestimmte Person beziehen. Es kommt daher nicht darauf an, ob der Betriebsunternehmer ein Drittel der Gesammtsumme der Beiträge sämmtlicher Mitglieder der betreffenden Hülfskasse entrichtet hat, sondern nur darauf, ob er mindestens die Hälfte des Beitrages, den der Verunglückte oder für diesen ein Dritter gezahlt hat, als Zuschuß zu der Leistung desselben, entrichtet hat. Die Leistung des Betriebsunternehmers muß, wenn § 4 Anwendung finden soll, ein Drittel derjenigen Gesammtleistung betragen, welche für den Verunglückten entrichtet ist. Hat indessen der Betriebsunternehmer Beiträge zu der betreffenden Unterstützungskasse nicht derart geleistet, daß er für jeden seiner Arbeiter individuell einen Zuschuß gegeben, sondern derart, daß er für die Gesammtheit seiner Arbeiter einen dem Gesammtbeitrag derselben entsprechenden Jahresbeitrag gezahlt hat, so muß bei ungleicher Versicherung der einzelnen Arbeiter angenommen werden, daß der Gesammtzuschuß sich aus einzelnen Beträgen zusammensetzt, deren jeder im entsprechenden Verhältnisse zu dem Einzelbeitrage des betreffenden Arbeiters steht. Die Einrechnung der aus der Hülfskasse gewährten Unterstützung auf die Entschädigung des Betriebsunternehmers muß daher auch dann erfolgen, wenn der Verunglückte zu einer in ihrer Gesammtheit bei einer Kasse versicherten Personeneinheit gehört, sofern nur der Betriebsunternehmer zu den Beiträgen derselben eine Summe zugeschossen hat, die mindestens die Hälfte dessen beträgt, was von jener Personeneinheit gezahlt ist, mithin mindestens ein Drittel dessen, was von dem Betriebsunternehmer und jener Personeneinheit zusammen geleistet worden ist. Hierbei erscheint auch die Uebertragung einer Mehrleistung des Betriebsunternehmers in einem Jahre auf die Minderleistung in einem anderen Jahre zulässig.

Der Ausdruck „Gesammtleistung“ darf endlich nicht dahin verstanden werden, daß derselbe alle Leistungen umfasse, welche von Beginn der Versicherung an im Laufe der Jahre entrichtet sind. Den diese Ansicht vertretenden Ausführungen Endemann's (a. a. O. S. 57, 58) kann nicht beigestimmt werden. Der Wortlaut des Gesetzes giebt keinen Anhalt für jene Annahme. Die Billigkeit macht es keinesfalls erforderlich, daß der Betriebsunternehmer, welcher der Versicherung seiner Arbeiter beitritt, auch für die Vergangenheit die Hälfte der von jenen gezahlten Beiträge nachzahle. Durch den Beitritt des Betriebsunternehmers zu der betreffenden Hülfskasse wird die Leistungsfähigkeit derselben auch hinsichtlich derjenigen Unfälle, die nicht unter das Haftpflichtgesetz fallen, um ein Drittel erhöht. Es entspricht daher der Intention des Gesetzes, nicht nur diesen Vortheil, sondern auch den Nachtheil, den die Bestimmung des § 4 für den Arbeiter enthält, und den Vortheil, den dieselbe dem Betriebsunternehmer gleichsam als eine Prämie für die Mitversicherung einräumt, von dem Zeitpunkt der Mitversicherung an eintreten zu lassen. Es liegt hierin um so weniger eine Unbilligkeit, als der Betriebsunternehmer seinen Beitritt nicht wider den Willen der ursprünglichen Versicherungsnehmer erzwingen kann, und es diesen freisteht, einen etwaigen Nachtheil dadurch abzuwenden, daß sie ihre Genehmigung zu dem Beitritt des Betriebsunternehmers von einer entsprechenden Nachzahlung desselben abhängig machen. Die Anwendbarkeit des § 4 ist mithin nicht von der Zeit abhängig, seit welcher die gemeinschaftliche Versicherung besteht. Es genügt für die Zulässigkeit der „Einrechnung", daß überhaupt eine „Mitleistung" des Betriebsunternehmers in dem festgestellten Umfange vor dem Unfall stattgefunden hat, und daß diese Mitleistung nicht nur eine gelegentliche, sondern eine als dauernde, bezw. periodisch wiederkehrende beabsichtigt war (vergl. Anmerkung 2).

Aus der Rechtsprechung des Reichsoberhandelsgerichts.

a) Der Betriebsunternehmer kann sich nicht durch eine gelegentliche, freiwillige Zuwendung an die betreffende Kasse das in § 4 des Haftpflichtgesetzes festgestellte Recht auf Einrechnung erwerben. Derselbe thut aber, um sich das Benefiz des § 4 zu sichern, mindestens dann genug, wenn er bei dauernder Kontribution die Summe seiner Beiträge auf solcher Höhe hält, daß sie, sobald er entschädigungspflichtig wird, das Drittel der bisherigen Gesammtbeiträge erreicht. Denn wenn auch in dem einen Jahre mehr, in dem anderen weniger von ihm beigetragen wird, als die Hälfte der Jahresbeiträge der versicherten Arbeiter u. s. w. ausmacht, so erscheint doch, falls er nur die Summe seiner Beiträge nicht unter das Drittel der Gesammtleistung sinken läßt, das Zuviel nur als eine Vorauszahlung auf spätere Jahre, das Zuwenig nur als eine Ausgleichung der vorausgegangenen Zuvielzahlung, im Allgemeinen aber in diesem Ergebniß regelmäßiger Kontribution der Wille manifestirt, der betreffenden Kasse dauernd mindestens ein Drittel der Gesammtleistung zu gewähren. Anders würde sich die Sache jedoch stellen, wenn von der Jahreshöhe des Beitrages des Betriebsunternehmers die Höhe der übrigen Jahresbeiträge abhinge, oder wenn eine besondere Einrichtung die in einem bestimmten Jahre Versicherten zu einer besondern Gemeinschaft abschlösse, dergestalt, daß die Leistungen anderer Jahre sie nicht ohne Weiteres bereicherten oder verkürzten. — Aber es kommt nicht einmal darauf an, ob in irgend einem entlegenen Vorjahre die bisherige Gesammtleistung des Betriebsunternehmers hinter dem Drittel aller bisherigen Beiträge zurückgeblieben ist. Es muß vielmehr, weil es auf die aus Stabilität resultirende und bewährte Willensmanifestation ankommt, genügen, daß bereits längere Zeit vor und bis zu dem Unfall eine derartige Mitleistung des Betriebsunternehmers bestand, welche das Minimum des Drittels der Gesammtleistung festhielt. Es sind daher ältere Kassen, bei denen die Beiträge des Arbeitsgebers früher geringer waren als die Hälfte der übrigen Beiträge, von der Wohlthat des § 4 nicht ausgeschlossen.

Erk. vom 27. April 1877 (Entsch. B. 22 S. 259).

b) Eine konstante, auf das dauernd gesicherte Beitragsverhältniß gerichtete Einrichtung und Willensmanifestation des Betriebsunternehmers genügt zur Anwendung des § 4 des Haftpflichtgesetzes ohne Rücksicht darauf, ob dasselbe Verhältniß schon in weiter zurückliegenden Zeitperioden stattgefunden hat.

Erk. vom 22. Juni 1877 (Zeit. d. V. d. Eisenbahnverwalt. 1877 S. 933; Eger, Kommentar S. 448, 449).

§ 5.

Die in den §§ 1 und 2 bezeichneten Unternehmer[1]) sind nicht befugt, die Anwendung der in den §§ 1 bis 3 enthaltenen Bestimmungen[2]) zu ihrem Vortheil[3]) durch Verträge[4]) (mittelst Reglements oder durch besondere Uebereinkunft) im Voraus auszuschließen oder zu beschränken.[5])

Vertragsbestimmungen, welche dieser Vorschrift entgegenstehen,[6]) haben keine rechtliche Wirkung.[7])

1. § 5 beschränkt die **Betriebsunternehmer** der in §§ 1 und 2 erwähnten technischen Anlagen in der Abschließung von Verträgen, welche die Haftpflicht betreffen. Das Verbot des § 5 bezieht sich auch auf die dem Unternehmer gegenüberstehende Vertragspartei. Dieselbe kann den Unternehmer von dem fraglichen absoluten Verbote nicht entbinden. (Vergl. Endemann a. a. O. S. 65; Eger a. a. O. S. 456.)

Hinsichtlich des Begriffes Unternehmer siehe § 1 Anmerk. 8 und § 2 Anmerk. 5.

2. **Nur die in den §§ 1—3 enthaltenen Bestimmungen** sind der Disposition der Parteien entzogen. Ueber die anderen Bestimmungen des Haftpflichtgesetzes können zwischen dem Unternehmer und den zu dem Betrieb in Beziehung tretenden Personen (Eisenbahnpassagiere, Betriebsbeamte, Arbeiter) Verträge eingegangen werden, so namentlich über die in § 4 angeordnete Einrechnung, über die Aenderung der Rente und die Sicherheitsbestellung (§ 5), über die Verjährung (§ 8), über die Haftpflicht des Unternehmers außerhalb der Fälle des Haftpflichtgesetzes (§ 9) und über den Gerichtsstand (§ 10). Etwaige Verbote der Landesgesetze würden jedoch auch einer durch das Haftpflichtgesetz nicht verbotenen Vertragsschließung entgegenstehen.

Ausgeschlossen durch § 5 ist die Parteidisposition namentlich bezüglich der Voraussetzungen des Eintritts der Haftpflicht und des Ausschlusses derselben, bezüglich des Umfanges des Schadensersatzes und bezüglich der bei Feststellung des Schadens maßgebenden Grundsätze. Ebenso kann der Unternehmer nicht die Schadensersatzansprüche der Unterhaltsberechtigten des Gegenkontrahenten durch Verträge mit diesem für den Fall der Tödtung desselben beeinträchtigen.

3. Die Vertragsschließung ist nur insofern verboten, als sie den **Vortheil des Unternehmers** bezweckt, d. h. insofern durch dieselbe gesetzliche Verpflichtungen des Unternehmers durch geringere vertragsmäßige ersetzt werden sollen. Dagegen steht es dem Unternehmer frei, die Bestimmungen der §§ 1—3 durch Vertrag derart zu ändern, daß aus dem Vertrage für den Gegenkontrahenten größere Rechte eingeräumt werden, als ihm gesetzlich zustehen. Der Eisenbahnunternehmer würde sich vertragsmäßig verpflichten können, auch für den durch höhere Gewalt verursachten Schaden einzustehen. Der Fabrikunternehmer würde auch hinsichtlich der durch sein eigenes Verschulden verursachten Unfälle sich den Bestimmungen des § 3 bezüglich des zu leistenden Schadensersatzes unterwerfen können. Jeder Unternehmer würde seinen Arbeitern für Unfälle einen weitergehenden Schadensersatz vertragsmäßig zusichern können, als ihn § 3 feststellt. (Vergl. Eger a. a. O. S. 459.)

4. Der Ausdruck „**Verträge**" bezieht sich nicht nur auf Willensübereinstimmungen, die **ausdrücklich**, sondern auch auf solche, die **durch konkludente Handlungen** geschlossen werden (vergl. Eger S. 459, 460).

Ein „**Reglement**" ist kein Vertrag, sondern eine Zusammenfassung der Bedingungen, unter welchen der eine Kontrahent (der Unternehmer) sich zur Eingehung von Verträgen bereit erklärt. Es stellt nicht eine Offerte an eine bestimmte Person, sondern eine solche an das Publikum dar. Für den demnächstigen Vertrag ist das Reglement insofern von Bedeutung, als der Vertrag unter Hinweis auf dasselbe abgeschlossen wird. Die Bestimmungen des Reglements gelten dann als Vertragsbestimmungen ohne Rücksicht darauf, ob sie beiden Kontrahenten thatsächlich bekannt gewesen sind. (Vergl. Hahn, Kommentar zum Handelsgesetzbuch zu Art. 423 § 2; Goldschmidt, Zeitschrift für Handelsrecht IV. S. 594 ff.)

5. Das Verbot des § 5 bezieht sich ferner nur auf solche Verträge, durch welche die Anwendung der fraglichen Bestimmungen „**im Voraus**" ausgeschlossen oder beschränkt werden soll. Der Ausdruck „im Voraus" bezieht sich auf den Zeitpunkt, in welchem ein Anspruch des betreffenden Gegenkontrahenten an den Unternehmer existent wird. „Im Voraus" heißt mithin: **vor Entstehung der Schadensersatzforderung**. Da letztere durch den Unfall selbst zur Existenz gebracht wird, so ist der Unfall derjenige Zeitpunkt, bis zu welchem das Verbot des § 5 zeitlich sich erstreckt. Verträge, die **nach dem Unfall** zwischen dem Ersatzberechtigten und dem Unternehmer geschlossen werden, unter-

liegen jenem Verbote nicht. Dieselben stellen sich als Vergleiche über die Schadensersatzforderung oder als Verzichte auf dieselbe dar.

6. Den „Vertragsbestimmungen", welche das Verbot des § 5 verletzen, nicht dem ganzen Vertrage, ist die rechtliche Wirkung entzogen. Die zulässigen Bestimmungen eines Vertrages, der neben diesen auch nach § 5 unzuläſſige enthält, bleiben trotz letzterer in Kraft.

7. Der Ausdruck „keine rechtliche Wirkung" ist gleichbedeutend mit Nichtigkeit im juristisch-technischen Sinne. Es bedarf keiner prozessualischen Anfechtung der fraglichen Vertragsbestimmungen, um sie wirkungslos zu machen. Sie können vielmehr von vorneherein keine Rechtswirkungen äußern. Die Wirkungslosigkeit der fraglichen Bestimmungen muß daher im Prozeß von dem Richter ex officio berücksichtigt werden, selbst wenn ihre Nichtigkeit von der interessirten Partei nicht ausdrücklich geltend gemacht wird.

Die Bestimmung des § 5 hat als absolutes Verbotsgesetz insofern rückwirkende Kraft, als auch Vertragsbestimmungen, die ihrem Inhalte nach den §§ 1—3 entgegenstehen, jedoch vor Erlaß des Haftpflichtgesetzes vereinbart worden sind, von dem Zeitpunkt des Inkrafttreten dieses Gesetzes an keine Rechtswirkungen mehr ausüben können (vergl. Eger a. a. O. S. 467).

---

§ 6.

Das Gericht hat über die Wahrheit der thatsächlichen Behauptungen unter Berücksichtigung des gesammten Inhalts der Verhandlungen nach freier Ueberzeugung zu entscheiden.

Die Vorschriften der Landesgesetze über den Beweis durch Eid, sowie über die Beweiskraft öffentlicher Urkunden und gerichtlicher Geständnisse bleiben unberührt.

Ob einer Partei über die Wahrheit oder Unwahrheit einer thatsächlichen Behauptung noch ein Eid aufzulegen, sowie ob und inwieweit über die Höhe des Schadens eine beantragte Beweisaufnahme anzuordnen oder Sachverständige mit ihrem Gutachten zu hören, bleibt dem Ermessen des Gerichts überlassen.

§ 6 des Haftpflichtgesetzes ist durch § 13 des Gesetzes betreffend die Einführung der Reichs-Civilprozeßordnung vom 30. Januar 1877 ausdrücklich aufgehoben worden. Es kommen daher auch bei Prozessen über Ansprüche, die auf das Haftpflichtgesetz gegründet sind, seit dem 1. Oktober 1879 hinsichtlich des Beweisverfahrens die Vorschriften der Civilprozeßordnung, insbesondere die §§ 259 und 260 derselben, zur Anwendung. Letztere folgen ebenfalls, dem durch § 6 des Haftpflichtgesetzes aufgestellten Prinzip der freien Beweiswürdigung und lauten folgendermaßen:

§ 259. Das Gericht hat unter Berücksichtigung des gesammten Inhalts der Verhandlungen und des Ergebnisses einer etwaigen Beweisaufnahme nach freier Ueberzeugung zu entscheiden, ob eine thatsächliche Behauptung für wahr oder für nicht wahr zu erachten sei. In dem Urtheile sind die Gründe anzugeben, welche für die richterliche Ueberzeugung leitend gewesen sind.

An gesetzliche Beweisregeln ist das Gericht nur in den durch dieses Gesetz bezeichneten Fällen gebunden.

§ 260. Ist unter den Parteien streitig, ob ein Schaden entstanden sei, und wie hoch sich der Schaden oder ein zu ersetzendes Interesse belaufe, so entscheidet hierüber das Gericht unter Würdigung aller Umstände nach freier Ueberzeugung. Ob und inwieweit eine beantragte Beweisaufnahme oder von Amtswegen die Begutachtung durch Sachverständige anzuordnen sei, bleibt dem Ermessen des Gerichts überlassen. Das Gericht kann anordnen, daß der Beweisführer den Schaden oder das Interesse eidlich schätze. In diesem Falle hat das Gericht zugleich den Betrag zu bestimmen, welchen die eidliche Schätzung nicht übersteigen darf.

Die Vorschriften über den Schätzungseid werden aufgehoben.

---

§ 7.

Das Gericht [1]) hat unter Würdigung aller Umstände über die Höhe des Schadens [2]), sowie darüber, ob, in welcher Art und in welcher Höhe Sicherheit zu bestellen ist, [3]) nach freiem Ermessen zu erkennen. [4]) Als Ersatz für den zukünftigen Unterhalt oder Erwerb ist, wenn nicht beide Theile über die Abfindung in Kapital einverstanden sind, in der Regel eine Rente zuzubilligen. [5])

Der Verpflichtete kann jederzeit die Aufhebung oder Minderung der Rente fordern, [6]) wenn diejenigen Verhältnisse, welche die Zuerkennung oder Höhe der Rente bedingt hatten, inzwischen wesentlich verändert sind. [7]) Ebenso kann der Verletzte, [8]) dafern er den Anspruch auf Schadenersatz innerhalb der Verjährungsfrist (§ 8) geltend gemacht hat, [9]) jederzeit die Erhöhung oder Wiedergewährung der Rente fordern, wenn die Verhältnisse, welche für die Feststellung, Minderung oder Aufhebung der Rente maßgebend waren, wesentlich verändert sind. [10])

Der Berechtigte kann auch nachträglich die Bestellung einer Sicherheit oder Erhöhung derselben fordern, wenn die Vermögensverhältnisse des Verpflichteten inzwischen sich verschlechtert haben. [11])

1. Der in dem ersten Absatz des § 7 aufgestellte prozessualische Grundsatz hat seit dem 1. Oktober 1879 nach § 260 der Reichs-Civilprozeßordnung allgemeine Geltung für alle Rechtsstreitigkeiten (vergl. oben die Anmerk. zu § 6).

Der Gerichtsstand des aus dem Haftpflichtgesetz in Anspruch genommenen Betriebsunternehmers ist der Wohnsitz desselben (§ 13 der C.P.O.) Werden Ansprüche aus § 1 des Haftpflichtgesetzes erhoben, so ist außer jenem ein Gerichtsstand bei dem Gerichte, in dessen Bezirk der Unfall eingetreten ist, nicht begründet, da die fraglichen Ansprüche nicht auf einer unerlaubten Handlung beruhen (§ 32 C.P.O.). Wohl aber greift dieser Gerichtsstand für Ansprüche aus § 2 des Haftpflichtgesetzes Platz, da diese sich auf ein Quasidelikt des Betriebsunternehmers gründen (vergl. Anmerk. 6 zu § 2). An sich ist für Ansprüche aus dem Haftpflichtgesetz weder ein dinglicher Gerichtsstand (§ 25 C.P.O.) noch die Zuständigkeit der Handelskammern (§ 101 G.V.G.) begründet. Die Zuständigkeit eines an sich unzuständigen Gerichts kann jedoch durch Vereinbarung der Prozeßparteien herbeigeführt werden (§§ 38—40 C.P.O.). Der Gerichtsstand der Niederlassung (§ 22 C.P.O.) kann begründet sein, wenn der verklagte Unternehmer zum Betriebe des fraglichen Unternehmens eine von seinem Wohnort verschiedene Niederlassung hat, von welcher aus unmittelbar Geschäfte geschlossen werden; denn die Klagen aus dem Haftpflichtgesetz gehören auch zu denjenigen, „welche auf den Geschäftsbetrieb der Niederlassung Bezug haben" (§ 22 C.P.O.).

Strafrechtliche Entscheidungen, die auf den Unfall Bezug haben, sind ohne Einfluß auf die Entscheidung über den Schadensersatzanspruch. (Siehe Einführungsgesetz zur C.P.O. § 14 C.P.O. § 259.) Ist jedoch im Strafverfahren auf Verlangen des vorsätzlich oder fahrlässigerweise Verletzten auf eine Buße erkannt worden (§§ 231, 232 des Strafgesetzbuchs), so kann der Verletzte nicht noch einen weiteren Schadensersatzanspruch aus dem Haftpflichtgesetz erheben, weil die Buße jeden weiteren Entschädigungsanspruch nach ausdrücklicher Bestimmung des § 232 l. c. ausschließt (vergl. Endemann a. a. O. S. 66; Jacobi, Kommentar zum Haftpflichtgesetz S. 58; Eger a. a. O. S. 480).

Aus der Rechtsprechung des Reichsoberhandelsgerichts.

a) Schadensersatzansprüche aus dem Reichshaftpflichtgesetze gelten nicht als Handelssachen im gesetzlichen Sinne und sind deswegen nicht in der unteren Instanz von den Handelsgerichten abzuurtheilen.
   Erk. vom 14. Januar 1875 (Busch's Archiv B. VII. S. 334; Zeit. d. V. d. Eisenbahnverwalt. 1875 S. 1012: Eger, Kommentar S. 479).

b) Der Umstand, daß die Angeklagten in der Untersuchungssache von der gegen sie erhobenen Anklage fahrlässiger Tödtung freigesprochen sind, hindert den Civilrichter nicht, die Ergebnisse der Untersuchung einer selbständigen Prüfung zu unterwerfen, und darnach unter Berücksichtigung der für die Beweisführung im Civilprozesse geltenden Grundsätze zu bemessen, ob nicht, jener kriminellen Freisprechung ungeachtet, den bei jenem Eisenbahnzug betheiligt gewesenen Beamten des Betriebsunternehmers ein fahrlässiges, die vermögensrechtliche Vertretung des Unfalls beeinflussendes Verhalten zur Last falle.

Erk. vom 19. Oktober 1874 (Entsch. B. 14 S. 409).

2. Der hier in Betracht kommende Schaden ist der durch § 3 begrenzte. Schadensersatzansprüche, welche außerhalb der in § 3 aufgestellten Schadensersatzkategorien liegen, gehören nicht hierher und dürfen von dem Richter bei Abmessung der Höhe des Schadens nicht berücksichtigt werden. —

3. Sicherheitsbestellung kann dem Wesen der Kaution entsprechend nur für künftige, noch nicht fällige Ersatzleistungen gefordert werden (vergl. Eger a. a. O. S. 514).

§ 7 giebt dem Schadensersatzberechtigten ein Recht auf Sicherheitsbestellung, mithin einen Kautionstitel. Die betreffende Bestimmung ist daher nicht nur eine prozessualische, sondern auch eine materiell-rechtliche (vergl. Endemann a. a. O. S. 77).

Das Recht auf Sicherheitsbestellung kann auch gesondert vom Hauptanspruch geltend gemacht werden. Wie jedoch schon nach allgemeinen Rechtsregeln die Ausübung jenes Rechtes von dem Nachweis der Unsicherheit des Verpflichteten abhängig ist, so muß auch nach ausdrücklicher Vorschrift des § 7 Absatz 3 der Anspruch auf nachträgliche Sicherheitsbestellung oder Erhöhung der bestellten Sicherheit durch den Nachweis begründet werden, daß die Vermögensverhältnisse des Verpflichteten inzwischen sich verschlechtert haben.

Die Entscheidung darüber, ob Sicherheit zu bestellen ist, muß von der Vermögenslage des Verpflichteten, die Entscheidung darüber, in welcher Höhe Sicherheit zu bestellen ist, von dem Umfange des Schadensersatzanspruches abhängig gemacht werden. Die Art der zu bestellenden Sicherheit hängt von dem freien Ermessen des Richters ab. Derselbe wird jedoch nur eine der landesgesetzlich zulässigen Sicherheitsbestellungen festsetzen können. Die fragliche Bestimmung des Reichsgesetzes giebt dem Richter „nur die diskretionäre Auswahl unter den für ihn rechtlich möglichen Mitteln“ (Endemann a. a. O. S. 77).

4. Die Höhe des Schadens soll nach „freiem Ermessen“ von dem Richter festgesetzt werden. Diese Bestimmung ist eine lediglich prozessuale und wird daher durch den späteren Erlaß der Reichscivilprozeßordnung berührt. Letztere bestimmt in § 260 hinsichtlich der Abmessung eines Schadensersatzes, daß das Gericht „unter Würdigung aller Umstände nach seiner Ueberzeugung“ entscheide (siehe die Anmerk. zu § 6).

Wären die fragliche Bestimmung des § 7 des Haftpflichtgesetzes und die des § 260 der C.P.O. inhaltlich verschieden, so würde in Frage kommen, ob letztere als neueres Recht die erstere beseitigt habe, oder ob die Bestimmung des § 7 als Spezialgesetz der allgemeinen des § 260 der C.P.O. vorgeht. Thatsächlich aber sind beide Bestimmungen gleichbedeutend. Der Ausdruck „freie Ueberzeugung“ schließt das „freie Ermessen“ in sich ein. § 7 l. c. geht aber insofern weiter als § 260 der C.P.O., als er das freie Ermessen auch auf die Entscheidung der Frage, ob und in welcher Höhe Sicherheit zu bestellen ist, ausdehnt. Als nicht ausdrücklich aufgehobene Spezialbestimmung eines Reichsgesetzes ist letztere Bestimmung auch nach Erlaß der Reichs-Civilprozeßordnung neben derselben in Kraft geblieben (vergl. Einführungsgesetz zur C.P.O. vom 30. Januar 1877, R.G.Bl. S. 244—250, § 13).

Die „freie Ueberzeugung“ („Ermessen“) des Richters soll sich auf die „Würdigung aller Umstände“ gründen. Unter letzteren sind zu verstehen der „gesammte Inhalt der Verhandlungen“ und das „Ergebniß einer etwaigen Beweisaufnahme“ (§ 259 C.P.O.). Der Richter ist aber auch befugt, von Amtswegen ohne Parteiantrag die Begutachtung durch Sachverständige sowie eine eidliche Schätzung des Schadens oder des Interesses durch die Partei anzuordnen (§ 260 C.P.O.).

5. Der Schadensersatz kann in Form einer Rente zugebilligt werden, soweit derselbe sich gründet auf den Verlust bezw. die Minderung der Erwerbsfähigkeit des Verletzten oder auf die Entziehung des Unterhalts. Im Falle der Verletzung ist die Rente dem Verunglückten, im Falle der Tödtung den Unterhaltsberechtigten des Getödteten zuzusprechen (vergl. § 3 Anmerkung 5, 7, 8).

Nur für Entziehung des „zukünftigen“ Erwerbs oder Unterhalts kann eine Rente gewährt werden, mithin nur für zukünftige, noch nicht fällige Ansprüche, nicht aber für in der Vergangenheit liegende, fällige.

Der Richter ist in den fraglichen Fällen nicht verpflichtet auf Rente zu erkennen. Er soll es jedoch „in der Regel“ thun. Lassen besondere Umstände die Zuerkennung einer Rente unzweckmäßig erscheinen, so kann auf Kapitalszahlung erkannt werden. Der Richter ist hierzu dann stets verpflichtet, wenn beide Parteien mit dieser Art der Entschädigung „einverstanden“ sind. Das Einverständniß kann ausdrücklich oder stillschweigend erklärt werden (vergl. Eger a. a. O. S. 523).

Rente ist eine periodisch wiederkehrende Leistung von Geld oder anderen Konsumtibilien (Geldrente, Naturalrente). Der Schadensersatz in Rentenform ist bei Minderung oder Verlust der Erwerbsthätigkeit schon deshalb in ökonomischer Hinsicht sehr zweckmäßig, weil der verursachte Vermögensnachtheil nicht auf einmal in seiner ganzen Höhe auftritt, sondern sich aus einer großen Reihe zeitlich aufeinanderfolgender Nachtheile zusammensetzt. Es entspricht der Modus des Schadensersatzes mithin dem Modus des Schadens selbst. Die Rentenzahlung ist auch deshalb zweckmäßiger, als Kapitalzahlung, weil sie eine Minderung der Ersatzleistung bei später sich herausstellender Minderung des Schadens ebenso leicht ermöglicht, als eine Erhöhung der Ersatzleistung beim Wachsen des Schadens.

Die Zeitdauer, für welche die Rente zugesprochen wird, muß sich nach dem Zeitraum richten, während dessen voraussichtlich eine gewinnbringende Erwerbsthätigkeit von dem Verunglückten ausgeübt sein würde, wenn der Unfall nicht eingetreten wäre.

In Betreff der Höhe der zuzubilligenden Rente vergl. § 3 Anmerkung 8 und 11.

Aus der Rechtsprechung des Reichsgerichts.

a) Die dem Verletzten auf Grund des Haftpflichtgesetzes zuerkannten Renten gehören nicht zu den nach § 749 Ziffer 2 der C.P.O. der Pfändung nicht unterworfenen, auf gesetzlicher Vorschrift beruhenden Alimentenforderungen.
Beschluß vom 23. Januar 1880 (Entsch. B. I. S. 231).

b) Die Zahlung einer als Schadensersatz für entzogenen Unterhalt auf Grund des Haftpflichtgesetzes zugesprochenen Rente kann praenumerando gefordert werden, wenn der fragliche Unterhalt, bezw. die Geldmittel zur Beschaffung desselben, nach landesgesetzlicher Vorschrift von dem Verunglückten im Voraus zu leisten gewesen war.
Urtheil vom 10. Mai 1880 (Blum's Annalen B. II. S. 190—195).

c) Die nach § 7 des Haftpflichtgesetzes festzustellende Rente ist nicht als eine vierteljährlich vorauszuzahlende, sondern als eine wöchentlich postnumerando zahlbare festzusetzen, wenn der bisherige Tagelohn des Verletzten wöchentlich postnumerando gezahlt wurde. Der Verletzte hat keinen Anspruch auf einen günstigeren Bezug der Einnahme rücksichtlich der Zeit, als er bei Fortsetzung seiner frühern Erwerbsart dieselbe hätte ziehen können.
Urtheil vom 10. Juli 1880 (Blum's Annalen B. II. S. 479).

d) Die Beantwortung der Frage, an welchen Tagen eine nach

§ 7 des Haftpflichtgesetzes zuzubilligende Rente zu zahlen sei, ob zum Voraus bei Beginn des Monats, oder nachträglich am Schlusse desselben, fällt dem Ermessen des Richters ganz ebenso zu, wie die Höhe der Ersatzleistung.
Urtheil vom 12. November 1880 (Blum's Annalen B. III. S. 82).

e) § 7 des Haftpflichtgesetzes hindert nicht, auch die Heilungskosten in Form einer Rente zuzusprechen.
Urtheil vom 9. Oktober 1880 (Blum's Annalen B. II. S. 569, 570).

6. Das eine Rente festsetzende Urtheil entscheidet zwar definitiv über die Entschädigungspflicht des Betriebsunternehmers, dagegen nur interimistisch über die Höhe des Schadensersatzes (Eger a. a. O. S. 528). Sowohl der Verpflichtete als der Berechtigte sind unter gewissen Voraussetzungen befugt, eine Abänderung des Rentenbetrages, bezw. eine Aufhebung der Rente zu verlangen. Ist dagegen auf Kapitalzahlung erkannt, so ist auch die Höhe der Entschädigung definitiv festgesetzt und es kann, nachdem die Rechtskraft des Urtheils eingetreten, weder der Berechtigte eine Erhöhung noch der Verpflichtete eine Minderung der festgestellten Entschädigung verlangen. Ebensowenig kann von den Parteien nachträglich die Umwandlung eines zugesprochenen Kapitals in eine Rente oder die Ersetzung einer zugesprochenen Rente durch Kapitalszahlung gefordert werden (vergl. Endemann a. a. O. S. 80; Eger a. a. O. S. 535—539).

Der „Verpflichtete" ist die Person, welche in Folge richterlichen Urtheils eine Rente an den Verunglückten oder dessen Unterhaltsberechtigte zu zahlen hat. Derselbe kann, nachdem er rechtskräftig zur Zahlung einer Rente verurtheilt worden, im Wege der Klage beantragen, daß die ihm auferlegte Verpflichtung ganz oder theilweise aufgehoben werde. Vor Eintritt der Rechtskraft des Urtheils kann der fragliche Antrag nicht gestellt werden, da dann die Verpflichtung zur Rentenzahlung noch nicht definitiv feststeht (vergl. Eger a. a. O. S. 533).

Das in Rede stehende Recht des Verpflichteten erstreckt sich nur auf die noch nicht gezahlten Renten, denn nur hinsichtlich dieser kann von einer Aufhebung oder Minderung die Rede sein. Bereits gezahlte Renten können nicht auf Grund des § 7, sondern nur auf Grund anderer Rechtstitel (mit einer condictio indebiti, condictio sine causa, Bereicherungsklage) zurückgefordert werden.

Die Aufhebung oder Minderung der Rente berechtigt den „Verpflichteten" auch zu dem Antrage auf Aufhebung oder Minderung der für dieselbe bestellten Sicherheit, da nach allgemeiner Rechtsregel mit dem Hauptrecht auch das Nebenrecht wegfällt, bezw. sich verringert (vergl. Eger a. a. O. S. 535).

Die Ansicht Eger's (a. a. O. S. 536), daß für die Klage auf Aufhebung oder Minderung der Rente das Gericht des Hauptprozesses zuständig sei, erscheint nicht zutreffend. Der fragliche Antrag stellt sich nicht als eine auf Wiederaufnahme des Verfahrens gerichtete Nichtigkeitsklage oder Restitutionsklage (§§ 541 ff. C.P.O.), sondern als eine selbständige Klage dar. Es müssen daher für dieselbe die allgemeinen Regeln über den Gerichtsstand entscheidend sein.

Aus der Rechtsprechung des Reichsoberhandelsgerichts.

a) Der Verpflichtete kann nicht verlangen, daß der Richter in dem zur Rentenzahlung auf Grund des § 7 des Haftpflichtgesetzes verurtheilenden Erkenntnisse das Recht auf künftige Minderung der Rente ausdrücklich feststellt, da das Erkenntniß auch ohnedies jenem eventuellen Recht nicht entgegensteht.
Erk. vom 14. Januar 1873 (Entsch. B. 14 S. 373).

b) Eine Rückzahlung des an den Berechtigten gezahlten Rentenbetrages kann wegen veränderter Verhältnisse auf Grund des § 7 des Haftpflichtgesetzes nicht gefordert werden. Die Aenderung der Rente kann erst von dem Zeitpunkt eintreten, in welchem der Richter sie verfügt oder wenigstens um bezügliche Verfügung angegangen ist.
Erk. vom 21. Januar 1879 (Entsch. B. 24 S. 399).

c) Der zur Zahlung einer Rente Verpflichtete hat bis zur rechtskräftigen Entscheidung über einen von ihm gemäß § 7 des Haftpflichtgesetzes auf Minderung der Rente gestellten Antrag die fällig werdende Rente nicht bei Gericht zu deponiren, sondern dem Verletzten zu zahlen. Ebenso begründet der fragliche Antrag für den Verpflichteten auch nicht das Recht von dem Empfangsberechtigten Sicherheitsbestellung zu verlangen.
Erk. vom 21. Juni 1879 (Entsch. B. 25 S. 219).

Aus der Rechtsprechung des Reichsgerichts.

a) Eine freiwillige oder eine rechtmäßig erzwungene, mit der Körperverletzung außer allem Zusammenhange stehende

Erwerbsunthätigkeit des Verletzten (wie z. B. während einer Strafhaft) hindert für die Dauer dieses Zustandes die Zuerkennung einer Rente auf Grund des § 7 des Haftpflichtgesetzes und muß auch die Aufhebung des Rentenbezuges herbeiführen, wenn sie nach dem den haftpflichtigen Betriebsunternehmer verurtheilenden Erkenntnisse eintritt. Für die Dauer der Verbüßung einer Zuchthausstrafe ist daher der haftpflichtige Betriebsunternehmer zur Zahlung der festgesetzten Rente nicht verpflichtet.

Urtheil vom 23. Dezember 1879 (Entsch. B. I. S. 66—68; Blum's Annalen B. I. S. 536).

b) In Betreff der Höhe der Rente bewirkt ein auf Grund des § 7 des Haftpflichtgesetzes ergangenes Erkenntniß ein Interimistikum. Es wird zwar in Betreff der Haftpflicht selbst rechtskräftig, nicht aber in Betreff der Höhe der Rente. — Ein Fortfall oder eine Minderung der Rente kann nicht für die Vergangenheit, sondern nur für die Zukunft durch ein neues Urtheil ausgesprochen werden. Der für die Zulässigkeit einer Aenderung der Rente maßgebende Zeitpunkt ist der Tag der Behändigung derjenigen Klage, in welcher Aenderung der Rente verlangt wird.

Urtheil vom 28. Januar 1880 (Reichsanzeiger vom 14. Juli 1880).

c) Der § 7 des Haftpflichtgesetzes hebt die Rechtskraft des Erkenntnisses auf, soweit es sich um die Höhe, den Wegfall oder den Wiedereintritt des durch Rente zu ersetzenden Schadens handelt, nicht in Betreff der Haftbarkeit für die eingetretene Körperverletzung. Letztere wird rechtskräftig durch ein Erkenntniß auf Rente entschieden. Es ist mit Rücksicht auf die Bestimmung des § 7 Absatz 2 cit. zulässig, auf fernere Gewährung einer nur auf Zeit zugesprochenen Rente zu klagen, wenn die gesetzliche Bedingung jeder abändernden Entscheidung nach § 7, eine wesentliche Veränderung der bei der früheren Feststellung maßgebenden Verhältnisse, vorliegt.

Urtheil vom 9. Juni 1880 (Blum's Annalen B. II. S. 266; Entsch. B. II. S. 3).

7. Das Recht des Verpflichteten, Aufhebung oder Minderung der Rente zu verlangen, ist von der Vorbedingung abhängig, daß „die Verhältnisse, welche die Zuerkennung oder Höhe der Rente bedingt hatten, inzwischen wesentlich verändert sind.“ Diese Verhältnisse betreffen alle Umstände, die auf die Normirung der Schadensersatzleistung Ein-

fluß gehabt haben. Hierher gehört der körperliche Zustand des Verletzten und die damit zusammenhängende Erwerbsfähigkeit des letzteren, die Existenz von Unterhaltsberechtigten und deren Bedürftigkeit, endlich die allgemeinen wirthschaftlichen Zustände, welche bei Abmessung der Höhe des Schadens maßgebend gewesen sind. Die Aenderung dieser Verhältnisse kann sich darstellen als vollständige oder theilweise Heilung des Verletzten und dadurch herbeigeführte vollständige oder theilweise Erwerbsfähigkeit, als Aufhören des Rechts auf Unterhalt dem Getödteten gegenüber, als erhebliches Sinken der Preise für die Existenzmittel, allgemeine Verschlechterung der Arbeitslöhne und dergleichen.

Die Aenderung der Verhältnisse muß eine thatsächliche sein und sich nicht nur als eine Differenz zwischen einer irrthümlichen Annahme des Erkenntnisses und der Wirklichkeit darstellen. Ein Irrthum des Gerichts hinsichtlich der Umstände, welche für Bemessung der Rente maßgebend gewesen sind, berechtigt nicht zu dem Antrage auf Minderung oder Aufhebung der Rente (vergl. Endemann a. a. O. S. 81). Anderer Ansicht ist das Reichsoberhandelsgericht in dem Erkenntniß vom 21. Juni 1879 (siehe unten). —

Umstände, die für die Zuerkennung der Rente gleichgültig gewesen sind, wie z. B. die Vermögenslage des Verletzten, können auch bei Eintritt einer Aenderung derselben keinen Anlaß zur Abänderung der zuerkannten Rente geben (vergl. Jacobi a. a. O. S. 36).

„Inzwischen“ sind die fraglichen Verhältnisse verändert, wenn diese Aenderung nach Rechtskraft des Urtheils, durch welches zuletzt die Höhe der Rente bestimmt worden, eingetreten ist. Dieses Urtheil kann das ursprüngliche, zuerst über die Ersatzverbindlichkeit des Unternehmers entscheidende, oder ein späteres sein, durch welches bereits eine Aenderung der Rente bewirkt ist.

Nur eine „wesentliche“ Aenderung der Verhältnisse soll den Verpflichteten zu dem fraglichen Antrage berechtigen. Vorübergehende oder unerhebliche Aenderungen bleiben auf die Höhe der festgestellten Rente ohne Einfluß.

Aus der Rechtsprechung des Reichsoberhandelsgerichts.

a) Die in § 7 des Haftpflichtgesetzes erwähnten „Veränderungen sind nicht nur solche, die sich als eine Veränderung der Erwerbsfähigkeit, der persönlichen durch den Unfall verursachten Hülfsbedürftigkeit des Verletzten

darstellen, sondern auch solche, die hinsichtlich äußerer Umstände (Preisverhältnisse, Geldwerth) vor sich gehen.
Erk. vom 4. Mai 1877 (Entsch. B. 22 S. 154).

b) Die Wiederverheirathung der Wittwe eines Verunglückten ist unter die Fälle zu rechnen, auf welche § 7 des Haftpflichtgesetzes Anwendung findet, wenn festgestellt wird, daß die frühere Wittwe von ihrem nunmehrigen Gatten Unterhalt in demselben Umfange zu erwarten habe, wie er ihr dem haftpflichtigen Betriebsunternehmer gegenüber gesichert war.
Erk. vom 27. September 1877 (Entsch. B. 22 S. 347).

c) Derjenige, welcher an einen Andern eine Rente als Ersatz des in gänzlicher Erwerbsunfähigkeit bestehenden Schadens schuldig ist, wird nicht bei jeder zeitweisen Einwirkung anderer Ursachen, welche den Erwerbsunfähigen, wenn er noch erwerbsfähig wäre, ebenfalls für die betreffende Zeit erwerbsunfähig gemacht haben würde, für diese Zeit von der Rentenzahlungspflicht frei. Nachdem einmal die dauernde Erwerbsunfähigkeit realexistent geworden ist, kann eine Erwerbsfähigkeit, die aus anderen späteren Gründen cessiren könnte, nicht mehr fingirt werden. Die Erwerbsunfähigkeit bleibt bestehen als dauernde Folge ihrer ursprünglichen Ursache.
Erk. vom 11. Oktober 1877 (Entsch. B. 23 S. 46 ff.).

d) Die Wiederverheirathung einer Wittwe, welcher auf Grund des Haftpflichtgesetzes Schadensersatz wegen entzogenen Unterhaltes gewährt wird, kommt hinsichtlich der Minderung einer derselben zugebilligten Rente nur insofern in Betracht, als durch die Wiederverheirathung thatsächlich das Bedürfniß des Unterhalts wegfällt oder sich mindert, nicht aber insofern, als die Unterhaltungspflicht des getödteten Ehemanns als erloschen und die Entziehung des Unterhalts nicht mehr als durch den Todesfall verursacht betrachtet werden darf.
Erk. vom 12. November 1878 (Entsch. B. 24 S. 367).

e) Die Bestimmung des § 7 Absatz 2 des Haftpflichtgesetzes, wonach das Recht des Verpflichteten auf Aufhebung oder Minderung der Rente an die Voraussetzung geknüpft ist, daß die Verhältnisse, welche die Zuerkennung oder Höhe der Rente bedingt hatten, inzwischen wesentlich verändert sind, ist auch dann anwendbar, wenn die fraglichen veränderten Verhältnisse schon vor der Zeit, zu welcher das die Rente zuerkennende Urtheil rechtskräftig wurde, ein=

getreten sind. Wenn § 7 Absatz cit. von einer wesentlichen „Veränderung" der Verhältnisse spricht, so soll damit nur gesagt sein, daß diejenigen Verhältnisse, welche bei der vorausgegangenen Zuerkennung der Rente, der Feststellung ihres Betrages, resp. der Minderung oder Aufhebung der Rente als maßgebend zu Grunde gelegt wurden, zur Zeit wesentlich andere sind, d. h. in Wirklichkeit nicht mehr existiren, mögen sie nun in der Vergangenheit wirklich bestanden haben oder auch schon damals nur irriger Weise als bestehend angenommen sein. — Aus der Nichtgeltendmachung jener Umstände in dem früheren Prozesse kann jedoch unter Umständen auf einen Verzicht der Berücksichtigung derselben geschlossen werden.

Erk. vom 21. Juni 1879 (Entsch. B. 25 S. 219).

Aus der Rechtsprechung des Reichsgerichts.

Eine freiwillige oder eine rechtmäßig erzwungene mit der Körperverletzung selbst außer allem Zusammenhange stehende Erwerbsunthätigkeit des Verletzten (z. B. während einer Strafhaft) muß die Aufhebung des Rentenbezuges herbeiführen, wenn sie nach dem den haftpflichtigen Betriebsunternehmer verurtheilenden Erkenntnisse eintritt. Für die Dauer einer Zuchthausstrafe ist daher der Betriebsunternehmer zur Zahlung der festgesetzten Rente nicht verpflichtet.

Erk. vom 23. Dezember 1879 (Blum's Annalen B. I. S. 66 bis 68; Entsch. B. I. S. 66—68).

8. Der Ausdruck „der Verletzte" ist, wie sich aus der Debatte über das Gesetz im Reichstage ergiebt, unrichtig gewählt. Es handelt sich um den Berechtigten, dem eine Rente zugebilligt ist. Während unter dem „Verletzten" nur der durch den Unfall direkt Betroffene, der körperlich Verletzte verstanden werden kann, gehören zu den „Berechtigten" auch die Personen, denen der Verletzte Unterhalt zu gewähren verpflichtet war. Letztere hinsichtlich des Rechtes auf Aenderung der Rente anders zu stellen, als den Verunglückten, liegt nicht die geringste Veranlassung vor. Es stimmen daher alle Kommentatoren des Haftpflichtgesetzes darin überein, daß der Ausdruck „Verletzter" hier vom Gesetzgeber unrichtig gebraucht ist, und daß man mit demselben den zum Rentenempfange Berechtigten hat bezeichnen wollen. (Siehe Endemann S. 81; Jacobi S. 55; Kah S. 124; Eger S. 543.)

Der Berechtigte kann die Erhöhung einer ihm rechtskräftig zugesprochenen oder die Wiedergewährung einer ihm ursprünglich zuerkannten, später aber wegen veränderter Verhältnisse aberkannten Rente im Prozeßwege fordern. Die wiedergewährte Rente kann höher oder niedriger sein, als die ursprünglich gewährte (vergl. Eger a. a. O. S. 545).

Die Erhöhung oder Wiedergewährung der Rente wirkt nur für die Zukunft. Eine Nachzahlung mit Rücksicht auf das zu geringe Maß der früher gezahlten Rente kann nicht gefordert werden.

In Betreff der Bedeutung von „jederzeit" vergleiche oben Anmerk. 6.

9. Das fragliche Recht des Verletzten ist davon abhängig, daß er den Anspruch auf Schadensersatz innerhalb der zweijährigen Verjährungsfrist, die für alle Schadensersatzforderungen aus dem Haftpflichtgesetz durch § 8 festgesetzt ist, geltend macht. Dagegen ist es nicht erforderlich, daß der Antrag auf Erhöhung oder Wiedergewährung der Rente innerhalb dieser Frist gestellt wird. Derselbe kann „jederzeit" gestellt werden, wenn nur in Folge eines innerhalb der Verjährungsfrist erhobenen Anspruches eine Rente bereits zuerkannt war.

Die Erhöhung einer nicht im Prozeßwege, sondern durch Vertrag festgestellten Rente kann auf Grund des § 7 nicht gefordert werden.

10. Nur eine wesentliche Veränderung der bezüglichen Verhältnisse begründet einen Anspruch auf Erhöhung oder Wiedergewährung der Rente. Vergl. hierüber oben Anmerk. 7.

11. Der Berechtigte kann nicht nur gleichzeitig mit seiner Schadensersatzforderung, sondern auch jederzeit später („nachträglich") Sicherheitsleistung oder Erhöhung der geleisteten Sicherheit verlangen, wenn die Vermögensverhältnisse des Verpflichteten eine derartige Verschlechterung erfahren haben, daß der Schadensersatzanspruch durch drohende Zahlungsunfähigkeit des Verpflichteten ganz oder theilweise gefährdet erscheint. Letzteres kann namentlich dann der Fall sein, wenn auf eine Erhöhung der Rente erkannt wird, nachdem bereits für die Rente in ihrer bisherigen Höhe Sicherheit bestellt war. Wenngleich in diesem Falle eine absolute Verschlechterung der Vermögensverhältnisse des Verpflichteten nicht eingetreten ist, muß doch der Berechtigte Erhöhung der Sicherheit entsprechend dem erweiterten Umfange seiner Hauptforderung beanspruchen können, da die früher bestellte Sicherheit und die Zahlungsfähigkeit des Verpflichteten hinsichtlich der erhöhten Rente eine relativ geringere geworden ist, als sie es hinsichtlich der Rente in ihrem früheren Betrage war. Ebenso muß auch der Verpflichtete eine Aufhebung oder Minderung der bestellten Sicherheit fordern dürfen, wenn seine Unsicherheit

wieder ganz oder theilweise gehoben ist. (Vergl. Eger a. a. O. S. 549; Endemann a. a. O. S. 82.)

Eine Kaution kann nicht nur beansprucht werden, wenn auf Rente, sondern auch wenn auf Kapitalszahlung erkannt ist, sofern die sonstigen Voraussetzungen für diesen Anspruch vorhanden sind.

Den Nachweis der Aenderung der Vermögensverhältnisse des Verpflichteten hat derjenige zu erbringen, der Aenderung der Kaution verlangt. Zum Zwecke dieses Nachweises sind die Vermögensverhältnisse darzulegen, wie sie zur Zeit der Zuerkennung der Entschädigung bezw. einer früheren Sicherheitsleistung bestanden, und wie sie sich zur Zeit der Erhebung der neuen, die Kaution betreffenden Klage darstellen. Etwaige Aenderungen dieser Vermögensverhältnisse im Laufe des Prozesses hat der Beklagte einwandsweise geltend zu machen.

---

§ 8.

Die Forderungen auf Schadenersatz (§§ 1 bis 3) [1]) verjähren in zwei Jahren vom Tage des Unfalls an. [2]) Gegen denjenigen, welchem der Getödtete Unterhalt zu gewähren hatte (§ 3 Nr. 1), beginnt die Verjährung mit dem Todestage. [3]) Die Verjährung läuft auch gegen Minderjährige und diesen gleichgestellte Personen von denselben Zeitpunkten an, mit Ausschluß der Wiedereinsetzung. [4])

1. Sämmtliche Forderungen auf Schadensersatz, die sich auf §§ 1—3 des Haftpflichtgesetzes gründen, sind der zweijährigen Verjährung unterworfen. Dieselben können auch dann nicht nach Ablauf der Verjährungsfrist geltend gemacht werden, wenn die Voraussetzungen derselben (die Krankheit, die Erwerbsunfähigkeit) erst nach Ablauf der zweijährigen Frist zur Entstehung gekommen sind.

Die Forderungen auf Sicherheitsbestellung, auf Erhöhung oder Gewährung einer Rente unterliegen nicht der zweijährigen Verjährung, weil sie nicht zu den aus §§ 1—3 entspringenden Ansprüchen gehören. Voraussetzung jener Forderungen ist jedoch stets, daß der eigentliche Schadensersatzanspruch innerhalb der zweijährigen Verjährungsfrist geltend gemacht ist. (Vergl. § 7 Anmerk. 9.)

Zur Abwendung des Eintritts der Verjährung ist es nicht erforderlich, daß innerhalb der durch § 8 normirten Verjährungsfrist jede einzelne der auf § 3 beruhenden Forderungen geltend gemacht wird. Es genügt vielmehr, wenn dies hinsichtlich des Rechts auf Schadensersatz, das alle jene Forderungen in sich schließt, innerhalb der fraglichen Frist geschieht. Die Reichs-C.P.O. giebt die Möglichkeit zu einer Geltendmachung jenes Rechtes ohne gleichzeitige Begründung und Präzisirung der einzelnen Schadensersatzforderungen, da nach § 231 derselben eine Klage „auf Feststellung des Bestehens eines Rechtsverhältnisses" erhoben werden kann, „wenn der Kläger ein rechtliches Interesse daran hat, daß das Rechtsverhältniß durch richterliche Entscheidung alsbald festgestellt werde." Ist eine solche Feststellung des Rechtes auf Schadensersatz erfolgt, so läuft auf Grund dieses Urtheils für dieses Recht eine neue Versicherungsfrist, deren Dauer sich nach den Landesgesetzen richtet. Entgegengesetzter Ansicht ist Eger (a. a. O. S. 571, 572). „Es kann nicht zweifelhaft sein," führt er aus, „daß die bloße Geltendmachung und richterliche Feststellung der Schadensersatzpflicht im Allgemeinen die einzelnen Forderungen, auf welche sich § 8 bezieht, der kurzen Verjährung nicht entzieht. Denn nicht allein das Schadensersatzrecht, sondern die speziellen, sich daraus ergebenden Schadensersatzforderungen sollen in zwei Jahren, vom Tage des Unfalls an, geltend gemacht sein. Nun ist es allerdings möglich, daß die einzelne Schadensersatzforderung aus irgend welchen Gründen nicht sofort in ihrem speziellen Betrage geltend gemacht werden kann und deshalb auf Zuerkennung der Forderung vorbehaltlich ihrer quantitativen Feststellung im besondern Verfahren geklagt und erkannt wird. Aber in diesem Falle muß doch die thatsächliche Grundlage, auf welche sich die spätere Schadensberechnung und Feststellung zu stützen hat, bereits in dem vorangehenden Erkenntnisse vollständig gegeben, der Umfang der Forderung namentlich in Rücksicht auf ihre zeitlichen Grenzen genau präzisirt sein. Alsdann kann für die separate Schadensfeststellung der solchergestalt bereits individualisirten Judikat-Forderung die ordentliche landesrechtliche Verjährung eintreten." Diese Ausführung erscheint unzutreffend. § 8 bestimmt allerdings, daß innerhalb der zweijährigen Verjährungsfrist die Schadensersatzforderungen geltend gemacht werden müssen. In der Forderung auf Feststellung des Schadensersatzrechtes sind aber die speziellen Ersatzforderungen, die in ihrer Gesammtheit jenes Recht ausmachen, enthalten. Durch Feststellung jenes Rechtes sind auch alle diese einzelnen Forderungen, welche ein Ausfluß desselben sind, der zweijährigen Verjährung entzogen. Andernfalls würde es vollständig unmöglich sein, einen Schadensersatzanspruch für Begräbnißkosten zu erheben, wenn der Tod des Verunglückten später als zwei Jahr nach dem die Todesursache bildenden Unfall eingetreten ist. Endemann (a. a. O. S. 87) läßt es unentschieden, ob die Feststellung des Rechtes auf Schadensersatz die einzelne Forderung der kurzen Verjährung des § 8 entzieht. In Rechtsgebieten, welche die Zuerkennung einer Entschädigung mit Vorbehalt quantitativer Feststellung (Liquidation) kennen, bemerkt er, „kann die innerhalb der Verjährungsfrist erwirkte Kondemnation des Haftbaren den Sinn haben oder hat möglicherweise den Sinn, daß damit die Schadensersatzverbindlichkeit im Allgemeinen konstatirt und nun auf Grund dieser Judikatsobligation die Geltendmachung des daraus herzuleitenden materiellen Resultates, d. h. die Geltendmachung der einzelnen Ersatzbeträge, zu deren Entrichtung der Verklagte allgemeinhin schuldig erklärt worden ist, für die ganze ordentliche Verjährungszeit erhalten erscheint." —

Die Geltendmachung einer bestimmten einzelnen Forderung (z. B. der Heilungskosten) kann die Verjährung einer anderen Forderung (z. B. der Beerdigungskosten) nicht unterbrechen. Ebensowenig wird durch die Erhebung des Anspruchs auf einen bestimmten Entschädigungsbetrag die Verjährung hinsichtlich des Rechts auf Entschädigung derart unterbrochen, daß nach Ablauf der Verjährungsfrist noch ein weiterer Betrag gefordert werden kann. „Eine nur theilweise Geltendmachung des Schadensersatzrechtes hält die Verjährung des übrigen Theiles nicht auf." (Eger a. a. O. S. 570). —

Aus der Rechtsprechung des Reichsoberhandelsgerichts.

Nach der in § 8 des Haftpflichtgesetzes geschehenen Allegirung der §§ 1—3 soll der ganze Schadensanspruch wegen Körperbeschädigung oder Tödtung in zwei Jahren verjähren. Es muß nach § 7 Absatz 2 der Anspruch selbst binnen dieser Zeit geltend gemacht werden; er in ist dieser Beziehung ein Ganzes, mag ein Kapital oder Rente gefordert werden. Es können durch die Bestimmung des § 8 Ansprüche ausgeschlossen werden, die vor Ablauf der Verjährungsfrist noch gar nicht zu Tage getreten waren.

Erk. vom 28. Juni 1875 (Entsch. B. 18 S. 60).

Aus der Rechtsprechung des Reichsgerichts.

a) Die Zulässigkeit einer Klage auf Anerkennung der Verbindlichkeit zur Herstellung desjenigen vermögensrechtlichen Zustandes, in welchem der Verletzte sich befinden würde, wenn die Verletzung nicht erfolgt wäre, wird indirekt durch die Bestimmung in § 7 Absatz 2 Alinea 2 des Reichsgesetzes anerkannt. Durch die Anstellung der Anerkennungsklage ist die Füglichkeit gegeben, die Verjährung des ganzen Klagerechts zu unterbrechen. Die auf Gewährung einer Entschädigung gerichtete Klage kann als Klage auf Anerkennung der Verpflichtung zum Schadensersatz angesehen werden.
Urtheil vom 2. Dezember 1879 (Reichsanzeiger 1880, Beilage 3; Blum's Annalen B. I. S. 193).

b) Gegen Klagen auf Erhöhung einer zugesprochenen, auf Weitergewährung einer nur auf Zeit zugesprochenen oder auf Wiedergewährung einer aufgehobenen Rente kann der Einwand des Ablaufes der zweijährigen Verjährung aus § 8 des Haftpflichtgesetzes nicht geltend gemacht werden.
Urtheil vom 5. Juni 1880 (Blum's Annalen B. II. S. 266).

2. Während der Lauf der Verjährung für die Forderungen der Unterhaltsberechtigten am Todestage des Verunglückten beginnt, nimmt derselbe für alle anderen aus den §§ 1—3 entspringenden Ansprüche mit dem Tage des Unfalls seinen Anfang, gleichviel ob diese Ansprüche bereits an diesem Tage oder erst später entstanden sind. Sind seit dem Tage, an welchem die Körperverletzung oder Tödtung bei dem Betriebe der Eisenbahn u. s. w. eingetreten, zwei Jahre verflossen, ohne daß seitens des Verunglückten bezw. dessen Rechtsnachfolgern ein Anspruch auf Schadensersatz erhoben worden, so ist dieser Anspruch durch Verjährung untergegangen. Ueber die Unterbrechung der Verjährung der Ersatzforderungen durch Anstellung einer Klage auf Anerkennung der Ersatzverpflichtung siehe oben Anmerk. 1. —

Die zweijährige Verjährung kann in ihrem Laufe unterbrochen werden. Welche Handlungen eine Unterbrechung bewirken, bestimmt sich, soweit dieselben dem materiellen Recht angehören, nach den Landesgesetzen. Hierher gehört das Anerkenntniß als Unterbrechungsgrund. Nach formellem Recht wird die Verjährung durch Erhebung der Klage unterbrochen (Reichs-C.P.O. §§ 239, 230, 190). — Ob eine Abänderung der Verjährungsfrist durch Vertrag zulässig ist, hängt von den bezüglichen Bestimmungen des Landesrechtes ab.

Ueber die Frage, ob die Geltendmachung einer Ersatzforderung die Verjährung der übrigen, und ob die Klage auf Anerkennung der Entschädigungspflicht die Verjährung der einzelnen Schadensersatzforderungen unterbricht, siehe oben Anmerkung 1. —

Aus der Rechtsprechung des Reichsoberhandelsgerichts.

a) Ein gegenseitiges Anerkenntniß des Rechts, welches nach § 562 Th. I. Tit. 9 des Preuß. Allg. Landrechts die Verjährung unterbricht, bedarf keiner besonderen Form und kann auch durch Handlungen ausgedrückt werden. Die Unterbrechung der Verjährung von Forderungen aus dem Haftpflichtgesetz durch ein solches gegenseitiges Anerkenntniß ist durch § 8 dieses Gesetzes nicht ausgeschlossen. Dasselbe muß aber mit Sicherheit darauf schließen lassen, daß der Schuldner die Schuld noch als bestehend hat anerkennen wollen. Es hat auch eine Wirkung nur, soweit es die Beschaffenheit und den Umfang des als fortbestehend anerkannten Rechts erkennbar macht. — Die Fortzahlung und Annahme eines Lohns an einen verunglückten Arbeiter ohne Gegenleistung desselben enthält ein Anerkenntniß der Ersatzpflicht, soweit dieselbe die Erwerbsunfähigkeit des Verunglückten betrifft.
Erk. vom 28. Januar 1875 (Entsch. B. 18 S. 60).

b) Die Unterbrechung der Verjährung aus § 8 des Haftpflichtgesetzes kann auch durch stillschweigendes Anerkenntniß erfolgen. Die Fortzahlung des Gehaltes an den der Kündigung unterworfenen Verletzten nach dem Unfalle seitens des Betriebsunternehmers, während der Verletzte keine Dienste leistete, und die Annahme des Gehaltes seitens des Verletzten ist als ein gegenseitiges Anerkenntniß des Rechts des Verletzten auf Entschädigung anzusehen.
Erk. vom 1. Oktober 1877 (Zeit. d. V. d. Eisenbahnverwalt. 1878 S. 24; Eger, Kommentar S. 578).

Aus der Rechtsprechung des Reichsgerichts.

Das Reichsgesetz vom 7. Juni 1871 schließt nicht aus, daß der Lauf der in § 8 festgesetzten Verjährung unterbrochen werden kann. In Ermangelung besonderer Vorschriften des Reichsgesetzes sind die landesrechtlich zulässigen Arten der Unterbrechung maßgebend.

Urtheil vom 10. Dezember 1880 (Blum's Annalen B. III. S. 194).

3. Vom Todestage des Verunglückten beginnt der Lauf der Verjährung nur hinsichtlich derjenigen Ersatzansprüche der Unterhaltsberechtigten, welche diese als selbständiges Recht dem Unternehmer gegenüber geltend machen können, der Forderungen auf Schadensersatz für entzogenen Unterhalt. Dagegen beginnt der Lauf der Verjährung hinsichtlich der Forderungen der Unterhaltsberechtigten, welche auf letztere als Erben des Getödteten übergegangen sind (Heilungskosten, Begräbnißkosten), mit dem Tage des Unfalls.

Unerheblich ist es, ob der Todestag als Anfangspunkt für den Lauf der Verjährung früher oder später, als zwei Jahre von dem Unfall ab gerechnet, eintritt. Das Gesetz ordnet ausdrücklich an, daß die fragliche Verjährung erst „vom Todestage" ab laufen solle. Vor diesem Tage kann daher eine Verjährung der in Rede stehenden Ansprüchen weder beginnen noch vollendet werden (vergl. Endemann a. a. O. S. 84; Eger S. 581). Anderer Ansicht sind Kah (a. a. O. S. 132) und Frantz (Kommentar zum Haftpflichtgesetz S. 20), welche zwischen einer zweijährigen Hauptfrist vom Tage des Unfalls ab und einer zweijährigen Nachfrist vom Todestage ab unterscheiden und annehmen, daß die Ansprüche der Unterhaltsberechtigten nur dann geltend gemacht werden können, wenn der Todestag des Verunglückten innerhalb der Hauptfrist, also innerhalb zweier Jahre nach dem Unfall eintritt. Für diese Annahme bietet das Gesetz selbst keinen Anhalt.

Aus der Rechtsprechung des Reichsgerichts.

Der Lauf der Verjährung des selbständigen Anspruches eines Unterhaltsberechtigten auf Schadensersatz wegen entzogenen Unterhalts aus § 3 des Haftpflichtgesetzes beginnt erst mit dem Todestage des Verletzten, und es ist hierbei unerheblich, ob diese Ansprüche innerhalb zweier Jahre nach dem Unfall oder später entstanden sind.

Urtheil vom 27. Januar 1880 (Entsch. B. I. S. 49—52; Blum's Annalen B. I. S. 58).

4. Landesgesetzliche Vorschriften, welche für Minderjährige und diesen gleichgestellte Personen die gewöhnliche Verjährungs-

frist verlängern, finden hinsichtlich der Ersatzforderungen aus dem Haftpflichtgesetz keine Anwendung. Es läuft mithin auch für diese die zweijährige Verjährung ohne Rücksicht auf die Persönlichkeit der Beschädigten. Ebensowenig ist eine Wiedereinsetzung in den vorigen Stand (restitutio in integrum) gegen den Eintritt der Verjährung, die in Partikularrechten Minderjährigen und mit ihnen gleichgestellten Personen vielfach gewährt wird, bezüglich der Forderungen aus dem Haftpflichtgesetz zulässig.

§ 9.

Die Bestimmungen der Landesgesetze, nach welchen außer den in diesem Gesetz vorgesehenen Fällen der Unternehmer einer in den §§ 1 und 2 bezeichneten Anlage oder eine andere Person, [1] insbesondere wegen eines eigenen Verschuldens [2]) für den bei dem Betriebe der Anlage durch Tödtung oder Körperverletzung eines Menschen entstandenen Schaden haftet, [3]) bleiben unberührt.

Die Vorschriften der §§ 3, 4, 6—8 finden auch in diesen Fällen Anwendung, [4]) jedoch unbeschadet derjenigen Bestimmungen der Landesgesetze, welche dem Beschädigten einen höheren Ersatzanspruch gewähren. [5])

1. Es kommen hier diejenigen landesgesetzlichen Bestimmungen in Betracht, welche sich entweder auf Unfälle bei dem Eisenbahnbetrieb (§ 1), die durch Verschulden einer anderen Person, als den Betriebsunternehmer, verursacht sind, oder auf Unfälle bei dem Betriebe einer der in § 2 aufgeführten Anlagen beziehen, die durch Verschulden des Betriebsunternehmers selbst oder einer Person, die nicht zum Aufsichtspersonal gehört, herbeigeführt worden sind. Zweifellos kann ein Anspruch aus dem Haftpflichtgesetz nur gegen den Betriebsunternehmer der betreffenden Anlage erhoben werden. Ansprüche aus Betriebsunfällen gegen andere Personen können nur auf landesgesetzliche Vorschriften gegründet werden, wobei indessen nach Absatz 2 des § 9 ebenfalls

die §§ 3, 4, 6—8 des Haftpflichtgesetzes zur Anwendung kommen. Ausgeschlossen ist dagegen die Anwendung der landesgesetzlichen Bestimmung über Schadensersatzpflicht und Umfang des zu leistenden Schadensersatzes in den Fällen, in welchen der Betriebsunternehmer auf Grund des § 1 oder § 2 des Haftpflichtgesetzes als schadensersatzpflichtig in Anspruch genommen wird, da das Haftpflichtgesetz in dieser Beziehung den Landesgesetzen als Reichsgesetz und als Spezialgesetz vorgeht.

Zweifelhaft kann es sein, ob auch gegen den Betriebsunternehmer einer der fraglichen Anlagen ein Schadensersatzanspruch aus einem Unfalle auf Landesgesetz gestützt werden kann. Solches würde dann zulässig sein, wenn von dem Betriebsunternehmer Schadensersatz für den Unfall außer einem im Haftpflichtgesetze „vorgesehenen Fall" gefordert würde. Wie früher (§ 1 Anmerk. 7) erörtert, beruhen die Ansprüche, welche auf Grund des § 1 gegen den Betriebsunternehmer einer Eisenbahn erhoben werden, auf einer obligatio ex lege. Es kommt bei denselben nur die Thatsache des Unfalls, nicht der Umstand, ob ein Verschulden des Unternehmers vorliegt, in Frage. Die Ansprüche dagegen, die sich auf § 2 des Haftpflichtgesetzes stützen, entspringen, wie gleichfalls früher (§ 2 Anmerk. 6) erörtert ist, einer obligatio quasi ex delicto. Es kommt bei diesen nicht ein Verschulden des Betriebsunternehmers, sondern das eines seiner Angestellten in Betracht. Hiernach sind in den §§ 1 und 2 nur „die Fälle vorgesehen," in welchen der Rechtsgrund der Schadensersatzforderung lediglich die Thatsache der Beschädigung bei dem Eisenbahnbetrieb (§ 1) oder lediglich das Verschulden eines Angestellten ist (§ 2). Es fallen unter die Bestimmungen der §§ 1 und 2 jedoch nicht die Fälle, in denen die Schadensersatzforderung sich auf das Verschulden des Betriebsunternehmers der Eisenbahn oder einer der in § 2 aufgeführten technischen Anlagen gründet. In diesen Fällen würde auf Grund landesgesetzlicher Bestimmungen ein Recht auf Schadensersatz geltend gemacht werden können. Unter Umständen kann hiernach der Beschädigte die Wahl haben, ob er eine Schadensersatzforderung auf das Haftpflichtgesetz oder auf landesgesetzliche Vorschriften stützen will. — Eger (a. a. O. S. 597) erwähnt hinsichtlich der eben erörterten Frage, „es wäre möglich, daß gegenwärtige oder künftige Landesgesetze dem Eisenbahnbetriebsunternehmer eine noch intensivere Haftung auferlegen, als § 1, oder den Unternehmer in noch ausgedehnterer Weise, als § 2, für die Unfälle bei dem Betriebe von Bergwerken, Fabriken u. s. w. verpflichten. Alsdann bleibe die landesgesetzliche Haftung des Unternehmers unberührt." Endemann (a. a. O. S. 89) dagegen hält eine auf Landesgesetze gegründete Klage aus einem Unfalle gegen den Betriebsunternehmer einer Eisenbahn für unzulässig. „Nach dem Inhalte des § 1," bemerkt er, „ist nicht abzusehen, wie ein Fall der Haft eines Eisenbahnunternehmers für Körperverletzung oder Tödtung bei dem Betriebe vorkommen sollte, der nicht unter § 1 fiele." Ueber das Verhältniß mehrerer Forderungen zu einander, von denen die eine auf das Haftpflichtgesetz, die andere auf Landesgesetz gegründet ist, siehe § 1 Anmerkung 7.

Ueber den Begriff „Unternehmer" vergl. § 1 Anmerk. 8 und § 2 Anmerk. 5.

Hinsichtlich der Frage, ob der Beschädigte von dem Betriebsunternehmer, der aus § 1 oder § 2 in Anspruch genommen wird, einen höheren, landesgesetzlich zulässigen Schadensersatz, als den in § 3 normirten, fordern kann, vergl. unten Anmerk. 5 und oben § 3 Anmerk. 1.

Aus der Rechtsprechung des Reichsgerichts.

a) Die über §§ 1, 2, 3 des Haftpflichtgesetzes hinausgehende Haftung und Verpflichtung der Eisenbahn bei eigenem Verschulden, welche Partikulargesetze auferlegen, besteht neben dem Reichs-Haftpflichtgesetz.
Urtheil vom 13. April 1880 (Blum's Annalen B. I. S. 579).

b) Nach § 9 des Haftpflichtgesetzes sind die Bestimmungen der Landesgesetze, welche dem Betriebsunternehmer einer Eisenbahn eine weitergehende Haftpflicht auferlegen, nicht aufgehoben. Wenn daher § 25 des Preuß. Eisenbahngesetzes vom 3. November 1838 den Eisenbahnunternehmer unter gewissen Umständen im weiteren Umfange haftpflichtig erklärt, als das Reichs-Haftpflichtgesetz, so besteht dieser Rechtszustand auch gegenwärtig neben den Vorschriften des Haftpflichtgesetzes.
Urtheil vom 5. Januar 1881 (Blum's Annalen B. III. S. 194, 195).

2. Wie die Wortfassung erkennen läßt, ist das „eigene Verschulden" nur als Beispiel für andere Verpflichtungsgründe, als die vom Haftpflichtgesetz berührten, hingestellt worden. Falls Landesgesetze eine weitergehende Haftpflicht aus einem anderen Verpflichtungsgrunde, als dem vom Haftpflichtgesetz betroffenen, oder hinsichtlich der Versehen noch anderer Personen, als der im § 2 erwähnten, festsetzen, so haben die bezüglichen Bestimmungen neben dem Haftpflichtgesetze Geltung. Eine anderweite

landesgesetzliche Normirung der Schadensersatzleistung für die vom Haftpflichtgesetz (in § 1 und § 2) „vorgesehenen Fälle" kann neben dem Haftpflichtgesetz selbst dann nicht in Geltung sein, wenn der landesgesetzlich normirte Schadensersatz ein höherer ist, als der reichsgesetzlich festgestellte (vergl. unten Anmerkung 5).

Ein „Verschulden" des Betriebsunternehmers wird namentlich dann vorliegen, wenn er es unterlassen hat, die nach § 107 (jetzt § 120) der Reichsgewerbeordnung erforderlichen Schutzvorrichtungen in der Fabrik u. s. w. anzubringen. (Vergl. auch § 2 Anmerkung 10.)

Hinsichtlich der Haftpflicht bei konkurrirendem Verschulden siehe § 2 Anmerkung 13.

Aus der Rechtsprechung des Reichsoberhandelsgerichts.

a) Dem Besitzer eines Dampfkessels liegt die Sorge für vorschriftsmäßige Erhaltung und bestimmungsgemäße Benutzung der vorgeschriebenen Sicherheitsvorrichtungen ob. Er ist hinsichtlich der durch Verabsäumung dieser Verpflichtung herbeigeführten Unfälle haftpflichtig.
Erk. vom 9. Juli 1876 (Entsch. B. 20 S. 165).

b) Der Fabrikinhaber genügt seiner, insbesondere durch § 107 [120] der Gewerbeordnung ihm auferlegten Verpflichtung nicht, wenn er einen Zustand eintreten und bestehen läßt, dessen Gefährlichkeit nur durch ganz besondere Vorsicht begegnet werden kann. Es müssen die Einrichtungen vielmehr so getroffen werden, daß die Arbeiter nicht zu fortdauernder ängstlicher Vorsicht genöthigt werden, daß sie keiner Gefahr ausgesetzt sind, wenn sie nicht geradezu unvorsichtig zu Werke gehen.
Erk. vom 12. Mai 1877 (Calm, Rechtsgrundsätze III. S. 192; Eger a. a. O. S. 257).

c) Durch § 107 [120] der Gewerbeordnung ist dem Gewerbeunternehmer nur die Herstellung und Unterhaltung von Einrichtungen zu thunlichster Sicherung der Arbeiter zur Pflicht gemacht. Daß aber auch solche Vorrichtungen getroffen werden sollen, durch welche die Arbeiter vor Gefahren geschützt werden, welche sie sich durch eigene grobe Unvorsichtigkeit zuziehen können, ist dort nicht vorgeschrieben, kann auch nicht füglich in der Absicht des Gesetzgebers gelegen haben. Es würde eine solche Vorschrift zu einer ganz ungewöhnlichen Beschränkung des

Gewerbeunternehmers zu Gunsten unvorsichtiger, nachlässiger Arbeiter führen.

Erk. vom 29. September 1877 (mitgetheilt von Jacobi a. a. O. S. 44 und Eger a. a. O. S. 257).

d) Es kann dahin gestellt bleiben, ob § 107 [120] der Gewerbeordnung den Arbeitern, zu deren Schutz er gegeben ist, direkt einen civilrechtlichen Anspruch auf Schadensersatz aus Vernachlässigung der darin dem Gewerbeunternehmer auferlegten Pflichten gewährt. Für das Gebiet des Preußischen Landrechts ergiebt sich dies aber schon aus § 26 Th. I. Titel 6. Darin ist bestimmt, daß, wer ein auf Schadenverhütungen abzielendes Polizeigesetz vernachlässigt, für allen Schaden, welcher durch die Beachtung des Gesetzes hätte vermieden werden können, ebenso haftet, als wenn derselbe aus seiner Handlung unmittelbar entstanden wäre.

Erk. vom 29. November 1877 (mitgetheilt bei Jacobi a. a. O. S. 41 und Eger a. a. O. S. 256).

Aus der Rechtsprechung des Reichsgerichts.

a) Ein Fabrikunternehmer wird durch § 107 [120] der Gewerbeordnung nicht nur verpflichtet, diejenigen Schutzvorrichtungen zu treffen, welche einen absoluten Schutz gegen die mit dem Fabrikbetrieb verbundenen Gefahren gewähren, sondern auch solche, welche geeignet sind, diese Gefahren erheblich zu vermindern. Bei Mangel solcher Vorrichtungen hat er zu beweisen, daß dieselben den betreffenden Unfall nicht verhindert haben würden.

Urtheil vom 23. Dezember 1879 (Entsch. B. I. S. 273).

b) Juristische Personen, denen in dieser Beziehung eine Aktiengesellschaft gleichsteht, haften direkt für die Nichtbefolgung solcher gesetzlicher Verpflichtungen, wie es die durch § 107 [120] der Gewerbeordnung auferlegten sind.

Urtheil vom 5. Mai 1880 (Blum's Annalen B. II. S. 75).

c) Ist die Vorschrift des § 107 [120] der Gewerbeordnung auch nicht auf bleibende Einrichtungen, welche ihrer Natur nach nur vom Gewerbeunternehmer ausgehen können, zu beschränken, so schließt sie doch nicht aus, daß unter Umständen, namentlich wenn die Anschaffung der betreffenden Schutzmittel (Schutzbrillen) nur unbedeutende Auslagen erfordert und deren Aufbewahrung und Erhaltung bei Anschaffung durch den Arbeiter gesicherter ist, der Arbeiter verpflichtet sein kann, für seinen Schutz selbst Sorge zu tragen.

Urtheil vom 1. Juni 1880 (Blum's Annalen B. II. S. 253; Entsch. B. I. S. 275).

d) Die dem Gewerbeunternehmer durch § 107 [120] der Gewerbeordnung auferlegte Pflicht der Fürsorge geht, abgesehen von dem Falle spezieller Anordnungen der Behörde, nicht weiter, als ein sorgfältiger Gewerbtreibender des betreffenden Geschäftszweiges Sorgfalt anwendet. Das Gesetz fordert nicht die Anwendung noch nicht herausgefundener und noch unbekannter Schutzvorrichtungen und legt dem Unternehmer nicht die Verpflichtung auf, solche Schutzvorrichtungen neu aufzufinden.

Urtheil vom 26. Juni 1880 (Blum's Annalen B. II. S. 264).

e) Die Auswahl eines ungefährlichen Arbeitsmaterials gehört nicht zu den durch § 107 [120] der Gewerbeordnung zum Schutz der Arbeiter gebotenen „Einrichtungen".

Urtheil vom 7. Juli 1880 (Blum's Annalen B. II. S. 354).

f) Ist der Betrieb einer gewissen Maschine ohne eine Schutzvorrichtung für Leben oder Gesundheit der Arbeiter gefährlich, so ist bei der Möglichkeit einer solchen Schutzvorrichtung der Gewerbeunternehmer für die durch das Fehlen derselben herbeigeführten Unfälle haftpflichtig. Unerheblich ist es hierbei, ob auch in anderen Fabriken eine solche Schutzvorrichtung vorhanden ist, da die Unterlassung des Anbringens derselben in anderen Fabriken unter gleicher Voraussetzung lediglich einen gleichartigen Verstoß dieser anderen Fabrikanten gegen ihre gesetzliche Pflicht enthalten würde.

Urtheil vom 10. Juli 1880 (Blum's Annalen B. II. S. 477).

g) Durch § 107 [120] der Gewerbeordnung wird der Gewerbeunternehmer nicht zu allen überhaupt möglichen, sondern nur zu solchen Sicherungsmaßregeln verpflichtet, welche bei einem verständigen und vorsichtigen Betrieb nach der Beschaffenheit des besonderen Gewerbes und der Betriebsstätte zur Sicherung der Arbeiter als erforderlich anzusehen sind.

Urtheil vom 9. Oktober 1880 (Blum's Annalen B. II. S. 483).

h) Der Fabrikunternehmer ist nach § 107 [bezw. § 120] der

Reichsgewerbeordnung verpflichtet, auch diejenigen Schutzvorrichtungen zu treffen, welche geeignet sind, die mit dem Fabrikbetrieb verbundenen Gefahren erheblich zu vermindern. Dagegen kann aus dem angeführten Gesetze nicht gefolgert werden, daß der Fabrikunternehmer verpflichtet sei, alle Gefahren für den Arbeiter zu beseitigen, und daß seine Haftbarkeit schon dann begründet sei, wenn nachgewiesen wird, daß ein Unfall möglicherweise nicht geschehen wäre, wenn eine gewisse Anordnung getroffen und befolgt worden wäre. Voraussetzung seiner Haftbarkeit ist vielmehr, daß die Unterlassung dieser Anordnung ihm zur Schuld gerechnet werden kann.

Urtheil vom 10. Dezember 1880 (Blum's Annalen B. III. S. 189).

i) Durch die Vorschrift des § 120 der Gewerbeordnung ist dem Gewerbeunternehmer auch die Verpflichtung auferlegt, die mit seinem Gewerbe verknüpfte Gefahr durch Anwendung zweckmäßig angefertigter Werkzeuge, soweit möglich, abzuschwächen. Nöthigt er seine Arbeiter, mit Maschinen umzugehen, die zufolge fehlerhafter Bauart Leben und Gesundheit mehr in Gefahr bringen, als es bei dem Gebrauch ordnungsmäßig hergestellter Maschinen der Fall sein würde, so versäumt er die gesetzliche Pflicht. Eine Folge des in § 120 cit. enthaltenen Gebotes ist ferner noch die, daß der Gewerbeunternehmer Alles, was in seiner Macht steht, zu veranstalten hat, um den Arbeitern selbst gegen ihre eigene Fahrlässigkeit angemessenen Schutz zu verschaffen; und dabei dürfen die Anforderungen an die Vorsicht des Arbeiters nicht allzustreng bemessen werden. Denn einerseits ist sein durchschnittlich geringerer Bildungsgrad, andererseits die Mißachtung von Gefahren zu berücksichtigen, in welche der mit gefahrvoller Unternehmung stets oder häufig Beschäftigte naturgemäß leicht verfällt. Die fragliche Verpflichtung des Fabrikherrn besteht dem gesammten Fabrikpersonal, mithin auch den Werkführern, gegenüber.

Urtheil vom 18. Februar 1881 (Blum's Annalen B. III. S. 318, 319).

k) Der Arbeitgeber ist abgesehen von der Bestimmung des § 120 der Gewerbeordnung auch nach Civilrecht aus dem Vertrage verpflichtet, die Arbeiter gegen Gefahren für Leben und Gesundheit durch ordnungsmäßige Herstellung und Unterhaltung derjenigen Räume, in welchen er dieselben beschäftigt, thunlichst zu sichern.

Urtheil vom 30. März 1881 (Blum's Annalen B. III. S. 516).

l) Durch § 120 der Gewerbeordnung wird der Gewerbeunternehmer nicht verpflichtet, besondere Schutzvorrichtungen gegen Gefahren zu treffen, welche für den betreffenden Arbeiter nur durch eigene grobe Unvorsichtigkeit herbeigeführt werden.
Urtheil vom 2. April 1881 (Blum's Annalen B. III. S. 515).

m) Aus der dem Fabrikunternehmer durch § 120 der Gewerbeordnung auferlegten Verpflichtung folgt, daß er, wenn es zu dem zweckentsprechenden Gebrauche der zur Sicherung der Arbeiter getroffenen Einrichtungen besonderer Anweisungen an die Arbeiter bedarf, auch verpflichtet ist, für die Ertheilung dieser Anweisungen zu sorgen. Der Unternehmer muß auch dafür aufkommen, daß alle diejenigen Personen, denen er eine leitende oder beaufsichtigende Stellung in seiner Fabrik anvertraut, hinsichtlich des ihnen anvertrauten Wirkungskreises volle Einsicht in alle Gefährlichkeit des Betriebes haben. Kann die Unterlassung einer objektiv erforderlichen Vorsichtsmaßregel dem untergeordneten Beamten deshalb für seine Person nicht zur Verschuldung (§ 2 des Haftpflichtgesetzes) angerechnet werden, weil derselbe einer besseren Einsicht nicht fähig war, so trifft die Schuld den Unternehmer selbst, bezw. den Repräsentanten desselben, welcher jenen Beamten angestellt hat, ohne sich über dessen Befähigung zu vergewissern oder ihn mit ausreichenden Instruktionen zu versehen.
Urtheil vom 8. April 1881 (Blum's Annalen B. III. S. 514, 515).

Vergleiche auch § 2 Anmerk. 10 Rechtspr. d. R.O.H.G. d. e. f. g. k. und Rechtspr. d. R.G. d. g. h.

3. Es werden durch das Haftpflichtgesetz nicht berührt die Ansprüche, welche anderen Personen, als dem Verunglückten und dessen Unterhaltsberechtigten, nach landesgesetzlicher Vorschrift in Folge eines Unfalls gegen den Betriebsunternehmer zustehen. Ebensowenig fallen unter das Haftpflichtgesetz die Regreßansprüche des haftpflichtigen Unternehmers gegen andere Personen, die landesgesetzlich als Urheber des Schadens oder kontraktlich aus Versicherungsverträgen dem Betriebsunternehmer zur Schadloshaltung verpflichtet sind (vergl. § 1 Anmerk. 7). Endlich findet das Haftpflichtgesetz auch selbstverständlich in keiner Weise Anwendung auf Schadensersatzansprüche aus Unfällen, die bei

dem Betriebe anderer, als der in §§ 1 und 2 aufgeführten Anlagen sich ereignen.

Aus der Rechtsprechung des Reichsgerichts.

Zur Begründung der Regreßklage des haftpflichtigen Unternehmers gegen diejenige Person, durch deren Verschulden der Unfall herbeigeführt worden, gehört der Nachweis, daß diese Person nach landesgesetzlicher Vorschrift zu derjenigen Schadensersatzleistung an den Verunglückten verpflichtet ist, welche seitens des Unternehmers auf Grund des Haftpflichtgesetzes an diesen erfolgt ist.

Urtheil vom 27. September 1880 (Blum's Annalen B. II. S. 492).

4. Auch wenn auf Grund landesgesetzlicher Bestimmungen außer den durch das Haftpflichtgesetz vorgesehenen Fällen Schadensersatzansprüche aus Unfällen einer der im § 1 und 2 erwähnten Anlagen erhoben werden, soll a) der Schadensersatz die in § 3 aufgeführten Kosten und Vermögensnachtheile umfassen, b) die Einrechnung der Leistungen von Versicherungsanstalten oder Hülfskassen in dem durch § 4 vorgesehenen Falle stattfinden, c) die Zuerkennung einer Rente und deren spätere Aenderung nach Maßgabe des § 7, sowie das Erfordern von Sicherheitsbestellung für dieselbe zulässig sein, d) die zweijährige Verjährungsfrist von den im § 8 bezeichneten Anfangspunkten zu laufen beginnen. Die in §§ 6 und 7 enthaltenen prozessualischen Bestimmungen finden in diesen Fällen ebenfalls insofern Anwendung, als sie in die §§ 259 und 260 der Reichs-C.P.O. übergegangen sind. Außer Anwendung bleibt dagegen das Verbot des § 5, soweit nicht demselben entsprechende landesgesetzliche Vorschriften Platz greifen.

Aus der Rechtsprechung des Reichsoberhandelsgerichts.

Ansprüche auf Ersatz eines Schadens, welcher bei dem Betriebe einer der in §§ 1 und 2 des Haftpflichtgesetzes erwähnten Anlagen eingetreten ist, unterliegen hinsichtlich der Verjährungsfrist, falls die Ansprüche nicht auf Grund des Haftpflichtgesetzes, sondern auf Grund landesgesetzlicher Bestimmungen erhoben werden auch dann den Bestimmungen des § 8 des Haftpflichtgesetzes, wenn der betreffende Unfall vor dem Tage der Gesetzeskraft des Haftpflichtgesetzes eingetreten, die landesgesetzliche Verjährungsfrist an diesem Tage aber noch nicht abgelaufen war.

Erk. vom 25. Februar 1876 (Entsch. B. 20 S. 1).

5. Die Vorschriften der §§ 3, 4, 6, 7, 8 des Haftpflichtgesetzes

sollen bei Schadensersatzansprüchen, die auf Landesgesetz gestützt sind, denjenigen Bestimmungen der Landesgesetze nicht entgegenstehen, welche dem Beschädigten einen höheren Ersatzanspruch gewähren, als das Haftpflichtgesetz. Hinsichtlich der Höhe des Ersatzanspruches können von jenen Vorschriften nur die des § 3 in Betracht kommen. Letztere sollen ein Minimum der Schadensersatzleistung in den fraglichen Fällen bilden. Läßt das betreffende Landesgesetz noch andere Kategorien von Ersatzansprüchen zu, als die in § 3 des Haftpflichtgesetzes aufgeführten, oder billigt dasselbe dem Beschädigten einen quantitativ höheren Schadensersatz innerhalb jener Kategorien zu, so bleibt dieses dem Berechtigten günstigere, dem Verpflichteten ungünstigere Landesgesetz den Vorschriften des § 3 cit. gegenüber in Kraft (vergl. Endemann a. a. O. S. 92; Eger a. a. O. S. 608, 609).

Für die Fälle der Haftpflicht, die unter §§ 1 oder 2 des Reichsgesetzes fallen, können landesgesetzliche Vorschriften über den Umfang des Schadensersatzes keine Geltung haben. Für diese Fälle muß § 3 cit. absolut maßgebend sein. Eger (a. a. O. S. 591—594) folgert zwar aus der Entstehungsgeschichte der Bestimmung des § 9 cit., daß die Landesgesetze durch § 9 auch für diejenigen Fälle haben aufrecht erhalten werden sollen, „in welchen der Beschädigte unter gleichen thatsächlichen und rechtlichen Voraussetzungen, wie die des Reichsgesetzes (also in materiell analogen Fällen), landesrechtlich einen höheren Anspruch erheben kann.“ „Selbst für einen in seinen thatsächlichen und rechtlichen Voraussetzungen dem reichsgesetzlichen gleichen Anspruch (Fall),“ hebt Eger hervor (a. a. O. S. 494), „gilt das Landesgesetz, wenn es nur quantitativ einen höheren Ersatzanspruch begründet.“ Dieser Ansicht kann jedoch der klaren Disposition des Gesetzes gegenüber nicht beigetreten werden. § 9 cit. handelt überhaupt nur von dem „in diesem Gesetze nicht vorgesehenen Fällen“. Nur für diese Fälle trifft er über die Anwendbarkeit des Landesgesetzes hinsichtlich des Umfanges der Schadensersatzleistung Bestimmung. Für alle anderen, d. h. für die in den §§ 1 und 2 des Haftpflichtgesetzes vorgesehenen Fälle ist das Landesgesetz durch § 9 cit. in keiner Hinsicht aufrecht erhalten, dasselbe ist mithin nach allgemeinen Rechtsregeln durch das Reichsgesetz aufgehoben. Es kann daher Eger darin nicht beigestimmt werden, daß der Verletzte bei gleichen thatsächlichen und rechtlichen Voraussetzungen die Wahl habe, ob er den Schadensersatzanspruch hinsichtlich seines Umfanges auf das Reichs-Haftpflichtgesetz oder auf Landesgesetz gründen will, je nachdem ihn dieses oder jenes Gesetz günstiger stellt. Eine auf den § 1 oder den § 2 des Haftpflichtgesetzes in rechtlicher Beziehung fundamentirte Klage kann nur den in § 3 cit. normirten Schadensersatz zum Gegenstand haben. Wohl aber kann unter Umständen dem Berechtigten die Wahl zustehen, ob er seinen Schadensersatzanspruch rechtlich auf das Reichshaftpflichtgesetz oder auf das Landesgesetz gründen will, ob er lediglich auf Grund der Thatsache der Beschädigung bei dem Betriebe der Eisenbahn den in § 3 des Haftpflichtgesetzes normirten oder auf Grund eines Verschuldens des Betriebsunternehmers auf Grund landesgesetzlicher Bestimmungen einen höheren Schadensersatz beanspruchen will. In beiden Fällen könnte der Verklagte dieselbe Person und der thatsächliche Vorgang, welcher der Klage zu Grunde liegt, derselbe sein. Als Regel muß jedoch festgehalten werden, daß bei Schadensersatzklagen wegen Unfalls beim Betriebe einer der in §§ 1 und 2 aufgeführten Anlagen hinsichtlich des Umfanges des Schadensersatzes § 3 unbedingt maßgebend ist, wenn die Klage sich auf eine obligatio ex lege (§ 1 des Haftpflichtgesetzes) bezw. auf eine obligatio quasi ex delicto (§ 2 cit.), mithin auf das Haftpflichtgesetz gründet, daß aber ein höherer landesgesetzlich normirter Schadensersatz gefordert werden kann wenn die Klage auf einen anderen im Landesgesetz beruhenden Verpflichtungsgrund des Verklagten gestützt ist. — Eine gleiche Ansicht hat im Wesentlichen das Reichsoberhandelsgericht in dem Erkenntniß vom 14. März 1876 ausgesprochen, die entgegengesetzte in dem Erkenntniß vom 9. Januar 1879 (siehe unten die Rechtsprechung).

Aus der Rechtsprechung des Reichsoberhandelsgerichts.

a) Wenn der § 9 des Haftpflichtgesetzes noch von dem eigenen Verschulden und insbesondere von der culpa propria des Unternehmers redet und die Haftung des letzteren im Falle der culpa propria hinsichtlich des Umfangs nach Landesrecht beurtheilt wissen will, soweit dasselbe dem Beschädigten günstiger ist, so kann dabei an die durch den § 2 bereits getroffenen Fälle unmöglich gedacht sein. Dagegen sprechen die Worte des § 9 „außer den in diesem Gesetz vorgesehenen Fällen“, wodurch die Fälle des § 2 ausdrücklich von den Vorschriften des § 9 ausgenommen sind, und nicht minder die Erwägung, daß die Annahme völlig unhaltbar erscheint, derselbe Fall habe in dem Gesetze eine doppelte und zugleich verschiedene Regelung empfangen. — Der § 2 muß daher mit dem § 3 und unter Ausschließung des § 9 überall zur Anwendung gebracht werden, wo seine

Voraussetzungen gegeben sind, dazu nöthigt die Rechtsregel, daß wenn ein älteres und ein neues Gesetz ein Rechtsverhältniß erschöpfend normirt, das ältere Gesetz durch das neuere verdrängt wird.
Erk. vom 14. März 1876 (Entsch. B. 19 S. 396 ff.).

b) Die Anwendung der dem Beschädigten günstigeren Bestimmungen der Landesgesetze hinsichtlich des Umfanges des Schadensersatzes ist auch in den Fällen, welche unter § 2 des Reichshaftpflichtgesetzes fallen, nicht ausgeschlossen.
Erk. vom 9. Januar 1879 (Entsch. B. 24 S. 311).

Aus der Rechtsprechung des Reichsgerichts.

a) Nach § 9 Absatz 2 des Haftpflichtgesetzes tritt, unter Beseitigung partikularrechtlicher Bestimmungen über die Höhe des Ersatzanspruches nach dem Grade der Verschuldung des Beschädigenden, in allen Fällen der Haftbarkeit aus eigenem Verschulden die Verpflichtung zur Gewährung des im § 3 bestimmten Schadensersatzes ein.
Urtheil vom 26. Juni 1880 (Blum's Annalen B. II. S. 262).

b) Wenn ein Partikulargesetz (insbesondere § 25 des Preußischen Eisenbahngesetzes vom 3. November 1838) den Eisenbahnunternehmer in weiterem Umfange für haftpflichtig erklärt, als das Reichshaftpflichtgesetz, so besteht nach dem § 9 des Haftpflichtgesetzes dieser Rechtszustand auch gegenwärtig neben den Vorschriften des Haftpflichtgesetzes.
Urtheil vom 5. Januar 1881 (Blum's Annalen B. III. S. 195).

c) Wenn das gemeine Recht, in dessen Gebiet sich ein Eisenbahnunfall ereignet hat, der durch Verschulden eines Eisenbahnbeamten verursacht ist, eine höhere Entschädigung, als das Reichshaftpflichtgesetz, gewährt, so kann diese nach § 9 dieses Gesetzes zugebilligt werden, wenn die Klage nicht ausschließlich auf die Bestimmung des § 1 cit. gestützt ist. Es kann dahingestellt bleiben, ob nach gemeinem deutschen Gewohnheitsrecht die Eisenbahnen für den durch aquilische culpa ihrer Leute in Ausübung ihrer Funktionen verursachten Schaden haften. Jedenfalls ist nicht anzuerkennen, daß nach gemeinem Gewohnheitsrecht eine Haftung der Eisenbahnen für die culpa ihrer Leute in demselben Umfange stattfinde, wie der Einzelne für die eigene culpa haftet, und daß insbesondere ein solches Gewohnheitsrecht sich gegenüber den Eisenbahnen auch in Betreff der Ausdehnung des Schadensersatzes auf Schmerzensgeld gebildet hat.

Urtheil vom 29. März 1881 (Blum's Annalen B. III. S. 414).

---

§ 10.

Die Bestimmungen des Gesetzes, betreffend die Errichtung eines obersten Gerichtshofes für Handelssachen, vom 12. Juni 1869, sowie die Ergänzungen desselben werden auf diejenigen bürgerlichen Rechtsstreitigkeiten ausgedehnt, in welchen durch die Klage oder Widerklage ein Anspruch auf Grund des gegenwärtigen Gesetzes oder der in § 9 erwähnten landesgesetzlichen Bestimmungen geltend gemacht wird.

Die Bestimmungen des § 10 sind durch die neuere Reichs-Justizgesetzgebung wesentlich modifizirt. Nach § 135 des deutschen Gerichtsverfassungsgesetzes ist das Reichsgericht in bürgerlichen Rechtsstreitigkeiten für die Verhandlung und Entscheidung über das Rechtsmittel der Revision gegen die Endurtheile der Oberlandesgerichte und Beschwerde gegen die Entscheidungen der Oberlandesgerichte zuständig. Nach § 8 des Einführungsgesetzes zum G.V.G. kann durch die Gesetzgebung eines Bundesstaates, in welchem mehrere Oberlandesgerichte errichtet sind, die Verhandlung und Entscheidung der zur Zuständigkeit des Reichsgerichts gehörenden Revisionen und Beschwerden in bürgerlichen Rechtsstreitigkeiten einem obersten Landesgerichte zugewiesen werden. Diese Vorschrift findet jedoch auf bürgerliche Rechtsstreitigkeiten, welche zur Zuständigkeit des Reichs-O.H.G. gehört haben, keine Anwendung. Hiernach ist in denjenigen Staaten, welche einen obersten Landesgerichtshof nicht errichtet haben, das Reichsgericht als Revisionsinstanz für sämmtliche Rechtsstreitigkeiten aus dem Haftpflichtgesetze ohne Einschränkung zuständig. In denjenigen Staaten aber, welche ein eigenes oberstes Landesgericht besitzen, ist das Reichsgericht für das fragliche Rechtsmittel nur soweit zuständig, als es das Reichsoberhandelsgericht gewesen ist, also nur für diejenigen Rechtsstreitigkeiten, in welchen „durch Klage oder Widerklage“ ein Anspruch auf Grund des Haftpflichtgesetzes oder der in § 9 desselben erwähnten landesgesetzlichen Bestimmungen geltend gemacht wird. Für andere Rechtsstreite aus dem Haftpflichtgesetze dagegen ist in diesen Staaten das oberste Landesgericht zuständig. Entscheidend für die Kompetenz ist hiernach das formelle Moment, ob der fragliche Anspruch im Wege der Klage bezw. Widerklage, oder ob er im Wege der Einrede (z. B. Kompensationseinrede) erhoben wird. —

Ob die Revision überhaupt zulässig ist, hängt, falls nicht einer der Fälle des § 509 Nr. 1 der C.P.O. vorliegt, davon ab, ob in der Berufungsinstanz das Oberlandesgericht entschieden hat, und ob der Werth des Beschwerdegegenstandes den Betrag von fünfzehnhundert Mark übersteigt (C.P.O. §§ 507, 508). —

In Betreff der Zulässigkeit einer Widerklage vergl. § 33 der C.P.O. —

Anhang.

Die Haftpflicht der Betriebsunternehmer gewerblicher Anlagen in außerdeutschen Staaten.

1. Oesterreich.

a) In **Oesterreich***) ist für die bei dem Betriebe einer **Eisenbahn** eintretenden Unfälle das Gesetz vom 5. März 1869 maßgebend. Nach demselben haftet „die Unternehmung einer mit **Dampfkraft** betriebenen Eisenbahn“ für allen Schaden, welcher durch die bei „Ereignungen im Verkehr der Eisenbahn“ eingetretene Tödtung oder Körperverletzung eines Menschen verursacht ist, falls die Unternehmung nicht beweist, daß die Ereignung nicht durch einen „unabwendbaren Zufall (höhere Gewalt — vis major)“ oder eigenes Verschulden des Verletzten oder Getödteten herbeigeführt worden ist. Gleichgültig ist es für die Haftpflicht, ob der Verletzte ein Passagier, ein Eisenbahnbeamter oder ein unbetheiligter Dritter ist. Der Schadensersatz ist nach Maßgabe der §§ 1325—1327 des allgemeinen bürgerlichen Gesetzbuches zu leisten. Darnach sind im Falle der Körperverletzung dem Verunglückten die Heilungskosten, der entgangene Gewinn und der für die Zukunft in Folge von Erwerbsunfähigkeit entgehende Gewinn zu ersetzen, auf Verlangen auch ein Schmerzensgeld zu zahlen. Bei vorsätzlich zugefügten Verletzungen ist auch — namentlich weiblichen Personen — der durch Verunstaltung verursachte Schaden, wenn durch dieselbe das Fortkommen der verletzten Person gehindert wird, zu ersetzen. Als Schadensersatz ist, wenn nicht beide Parteien über Abfindung in Kapital einverstanden sind, eine Rente zuzubilligen. Im Falle der Tödtung sind Krankheits- und Beerdigungskosten sowie der Schaden zu ersetzen, der den Alimentationsberechtigten des Getödteten durch den Todesfall verursacht ist. Für die Dauer der letzteren Verpflichtung ist die wahrscheinliche Lebensdauer des Getödteten maßgebend. Diese Verpflichtung

*) Vergl. das „Gutachten über die Haftpflichtfrage beim Betriebe gewerblicher Anlagen nach österreichischem Rechte“ von Prof. Dr. Randa und Dr. Braf in den Gutachten und Berichten des Vereins für Sozialpolitik („die Haftpflichtfrage“) Seite 1—15.

wird durch Umstände, welche den Getödteten von der Alimentationspflicht befreit haben würden, gleichfalls aufgehoben. — Reglements oder Verzichte, durch welche die Haftpflicht aufgehoben oder eingeschränkt wird, sind wirkungslos. — Klagen auf Ersatzleistung aus Betriebsunfällen können vor dem Handelsgericht, in dessen Bezirk die verklagte Unternehmung ihren Sitz hat oder der Unfall eingetreten ist, angebracht werden. Das Verfahren ist ein summarisches. Für den Beweis der Existenz und des Umfanges des Schadens sind die Bestimmungen der C.P.O. maßgebend. Klagen mehrerer Personen, die bei derselben „Ereignung" verletzt sind, können in einer Klageschrift erhoben werden. —

b) Was die Unfälle bei dem Betriebe von Bergwerken betrifft, so ordnet das allgemeine Berggesetz in §§ 170 ff. bestimmte Sicherheitsmaßregeln für den Betrieb von Bergwerken an, für deren Beobachtung der Bergwerksbesitzer verantwortlich ist, selbst wenn er das Bergwerk verpachtet hat. Im Uebrigen richtet sich die Haftpflicht des Betriebsunternehmers nach den Bestimmungen des allgem. bürgerl. Gesetzbuches (§§ 1295 ff., 1161, 1315, 1010). Nach denselben haftet der Betriebsunternehmer nur für eigenes Verschulden, das indessen auch dann vorliegt, wenn dem Betriebsunternehmer eine Fahrlässigkeit hinsichtlich der Wahl, Bestellung oder Beibehaltung der Person zur Last fällt, welche den Unfall verursacht hat (culpa in eligendo).

c) Für die Haftpflicht bei dem Betriebe anderer gewerblicher Anlagen waren bisher die erwähnten Bestimmungen des allgem. bürgerl. Gesetzbuches ebenso wie für die Haftpflicht beim Bergwerksbetriebe maßgebend. Dem Abgeordnetenhause des österreichischen Reichsraths ist jedoch am 17. Dezember 1880 der Entwurf eines Gesetzes, betreffend die Einführung einer Gewerbeordnung, vorgelegt, durch welches auch die Haftpflicht bei gewerblichen Unternehmungen geregelt wird. Dieses Gesetz*) soll Anwendung finden auf alle gewerbsmäßig betriebenen Beschäftigungen (Art. III). Ausgenommen hiervon sind jedoch (Art. IV) unter anderen folgende Betriebe: die Land- und Forstwirthschaft in allen ihren Zweigen und Nebenbeschäftigungen, insoweit diese in der Hauptsache die Verarbeitung und Verwerthung der eigenen Erzeugnisse zum Gegenstande haben; der Bergbau und die Ausübung der mit der Bergwerksverleihung verbundenen Befugnisse; die Beschäftigung der Tagelöhner einschließlich der bei Gewerbsunternehmungen in zeitweiser Verwendung stehenden Arbeitspersonen und jene des Hausgesindes; die Eisenbahn-, Dampfschiffahrts- und Privattelegraphen-Unternehmungen. Die

*) Vergl. Steiner: zur Haftpflichtfrage S. 1—81, 109—111.

auf die Haftpflicht der Betriebsunternehmer bezüglichen Bestimmungen sind in den §§ 92—94 dieses Gesetzes enthalten, die folgendermaßen lauten:

§ 92.

Hilfsarbeiter.

Unter Hilfsarbeitern werden in dem Gesetze alle Arbeitspersonen, welche bei Gewerbsunternehmungen in regelmäßiger Beschäftigung stehen, ohne Unterschied des Alters und Geschlechts, verstanden und zwar:

a) Gehilfen, das sind diejenigen, welche im technischen Betriebe des Gewerbes verwendet werden (Handlungsgehilfen, Gesellen, Kellner, Kutscher bei Fuhrgewerben u. dergl.);
b) Lehrlinge;
c) Fabriksarbeiter;
d) jene Arbeitspersonen, welche zu untergeordneten Hilfsdiensten beim Gewerbe verwendet werden (ohne zu den im Artikel IV, lit. d) des Einführungsgesetzes bezeichneten Personen zu gehören).

Zu den Hilfsarbeitern gehören auch die Arbeitspersonen, welche bei solchen Gewerbsunternehmungen regelmäßig beschäftigt sind, die von den im Artikel IV des Einführungsgesetzes zur Gewerbeordnung aufgeführten physischen oder moralischen Personen neben den der Gewerbeordnung nicht unterliegenden Beschäftigungen oder Unternehmungen dieser Personen betrieben werden.

Die für höhere Dienstleistungen angestellten Individuen, wie: Werkführer, Mechaniker, Factoren, Buchhalter, Cassierer, Expedienten, Zeichner, Chemiker und dergl. werden unter Hilfsarbeitern nicht begriffen.

§ 93.

Vorsorge für Hilfsarbeiter.

Jeder Gewerbsinhaber ist verpflichtet, auf seine Kosten alle diejenigen Einrichtungen bezüglich der Arbeitsräume, Maschinen und Werkgeräthschaften herzustellen und zu erhalten, welche mit Rücksicht auf die Beschaffenheit seines Gewerbsbetriebes oder der Betriebsstätte zum Schutze des Lebens und der Gesundheit der Hilfsarbeiter erforderlich sind.

Insbesondere hat der Gewerbsinhaber Sorge zu tragen, daß Maschinen und ihre Theile, dann Schwungräder, Transmissionen, Achsenlager, Aufzüge und dergl. derart eingefriedet oder mit entsprechenden Schutzvorrichtungen versehen werden, daß eine Gefährdung der Arbeiter bei umsichtiger Verrichtung ihrer Arbeit nicht leicht bewirkt werden kann.

Auch gehört zu den Obliegenheiten des Gewerbsinhabers, die Vorsorge zu treffen, daß die Arbeitsräume während der ganzen Arbeitszeit nach Maßgabe des Gewerbes möglichst rein und staubfrei erhalten werden, und daß die Lufterneuerung immer eine der Zahl der Arbeiter und den Beleuchtungsvorrichtungen entsprechende, sowie der Entwicklung schädlicher Ausdünstungen entgegenwirkende sei.

Nicht minder haben Gewerbsinhaber, wenn sie Wohnungen ihren Hilfsarbeitern überlassen, diesem Zwecke keine gesundheitsschädlichen Räumlichkeiten zu widmen.

Die Gewerbsinhaber sind verpflichtet, den von der Behörde in Absicht auf die vorstehenden Bestimmungen ertheilten schriftlichen Aufträgen zu entsprechen.

§ 94.

Haftpflicht.

Wenn der Bevollmächtigte oder ein anderer Bestellter des Gewerbsinhabers durch Außerachtlassung der Vorschriften des § 93, oder durch ein anderes Verschulden in Ausführung ihrer Dienstverrichtungen die Tödtung oder körperliche Verletzung eines Hilfsarbeiters herbeigeführt haben, so haftet in allen diesen Fällen der Gewerbsinhaber für den dadurch entstandenen Schaden und hat den Ersatz nach Maßgabe der §§ 1325—1327 a. b. G. B. zu leisten.

In diesen Ersatz sind jene Leistungen in Gänze einzurechnen, welche der Ersatzberechtigte von einer Versicherungsanstalt, gewerblichen Hilfscasse oder ähnlichen Unterstützungskasse anläßlich des Unfalles zu beziehen hat, wenn der Getödtete oder Verletzte bei diesen Anstalten unter Mitleistung von Prämien oder anderen Beiträgen versichert ist, und wenn zugleich die Mitleistung des Gewerbsinhabers nicht unter einem Drittel der Gesammtleistung beträgt.

Eine vom Gewerbsinhaber oder dessen Bestellten im vorhinein angekündigte oder vereinbarte Ablehnung oder Einschränkung dieser Ersatzpflicht hat keine rechtliche Wirkung.

Wenn nicht die Ansprüche auf Ersatzleistung durch einen vor der Gewerbsbehörde geschlossenen Vergleich behoben wurden und soweit nicht durch ein strafgerichtliches Erkenntniß eine Entschädigung ausgesprochen wird, gehören Klagen auf Ersatzleistung wegen Ereignungen, welche der Wirksamkeit dieses Gesetzes nachfolgen, vor das competente Gericht, in dessen Sprengel die geklagte Gewerbeunternehmung ihren Sitz hat.

Ueber diese Klage hat das Gericht, wenn sich nicht der Fall zum Bagatellverfahren eignet, summarisch zu verfahren und, ohne an gesetzliche Beweisregeln gebunden zu sein, nach seiner freien, auf Grund der gewissenhaften Prüfung der vorgebrachten Beweismittel gewonnenen Ueberzeugung sowohl über den Rechtsstand und den Umfang des Anspruches, als über die Höhe desselben zu entscheiden. Hierbei hat das Gericht immer auf das allenfalls im Sinne des § 1304 a. b. G. B. dem Hilfsarbeiter obliegende Mittragen des Schadens Bedacht zu nehmen.

Werden anläßlich der Tödtung oder körperlichen Beschädigung eines Hilfsarbeiters im Betriebe des Gewerbes der Gewerbsinhaber, dessen Bestellter oder eine dritte Person vom Ersatzberechtigten auf Ersatzleistungen des Schadens wegen eines Verschuldens geklagt, welches diesen Personen nach den geltenden, durch die vorstehenden Anordnungen nicht berührten gesetzlichen Bestimmungen zur Last fällt, so haben auch in diesen Fällen die Absätze 2, 3, 4 und 5 dieses Paragraphen sinngemäße Anwendung zu finden.

2. Frankreich.

In Frankreich*) sind für die Verpflichtung des Betriebsunternehmers einer Eisenbahn, eines Bergwerks, einer Fabrik oder einer andern gewerblichen Anlage zum Ersatz des durch Betriebsunfälle verursachten Schadens die allgemeinen Bestimmungen des code civil maßgebend. Die bezüglichen Artikel 1382—1384 desselben lauten folgendermaßen.

Art. 1382. Tout fait quelconque de l'homme, qui cause à autrui un dommage, oblige celui, par la faute duquel il est arrivé, à le reparer.

Art. 1383. Chacun est responsable du dommage qu'il a causé non-seulement par son fait, mais encore par sa négligence ou par son imprudence.

---

*) Vergl. Petersen: „Die Grundsätze des französischen Rechts über Haftpflicht" in „die Haftpflichtfrage" S. 53—67.

Art. 1384. On est responsable non-seulement du dommage que l'on cause par son propre fait, mais encore de celui, qui est causé par le fait des personnes dont on doit répondre, ou des choses que l'on a sous sa garde.

Le père, et la mère après le décès du mari, sont responsables du dommage causé par leurs enfants mineurs habitant avec eux;

Les maîtres et les commettans, du dommage causé par leurs domestiques et préposés dans les fonctions, auxquelles ils les ont employés;

Les instituteurs et les artisans, du dommage causé par leurs élèves et apprentis pendant le temps qu'ils sont sous leur surveillance.

La responsabilité ci-dessus a lieu, à moins que les père et mère, instituteurs et artisans, ne prouvent qu'ils n'ont pu empêcher le fait qui donne lieu à cette responsabilité.

In deutscher Uebersetzung*) lauten diese Bestimmungen:

Art. 1382. Jede Handlung eines Menschen, welche einem Anderen Schaden verursacht hat, verpflichtet denjenigen, durch dessen Schuld sie geschehen ist, den Schaden wieder gut zu machen.

Art. 1383. Jeder ist verantwortlich nicht allein für den Schaden, den er durch seine That, sondern auch für den, welchen er durch seine Nachlässigkeit oder Unvorsichtigkeit verursacht hat.

Art. 1384. Man ist verantwortlich nicht allein für den Schaden, den man durch seine eigene Handlung verursacht hat, sondern auch für jenen, welcher verursacht wurde durch die Handlung von Personen, für die man verantwortlich ist, oder durch Dinge, welche man unter seiner Obhut hat.

Der Vater, und die Mutter nach dem Tode des Gatten sind verantwortlich für den Schaden, den ihre minderjährigen, bei ihnen wohnenden Kinder verursachen —

die Dienstherren und Auftraggeber für den Schaden, welchen ihre Dienstleute oder Bestellten verursachen in den Dienstverrichtungen, für welche sie die letzteren bestellt haben —

die Lehrer und Handwerksmeister für den Schaden, den ihre Zöglinge oder Lehrlinge verursachen während der Zeit, in welcher sich diese unter ihrer Obhut befinden.

Die obige Verantwortlichkeit findet statt, falls nicht der Vater und die Mutter, Lehrer und Handwerksmeister beweisen, daß sie

*) Vergl. Steiner a. a. O. S. 121.

jene Handlung, welche zu ihrer Verantwortlichkeit Anlaß gegeben hat, nicht verhindern konnten. —

Die Betriebsunternehmer gewerblicher Anlagen haften hiernach nicht nur für die durch ihr eigenes Verschulden verursachten Unfälle, sondern auch für diejenigen, die durch Mängel in dem Material der Werkzeuge, in den Betriebseinrichtungen oder durch Versehen ihrer Angestellten und Arbeiter verursacht sind. Der Beweis des Verschuldens liegt dem Beschädigten ob. Ueber den Umfang der Schadensersatzleistung bestehen keine speziellen Vorschriften. Die Gerichtspraxis folgt hierin jedoch denselben Prinzipien, welche den §§ 3 und 7 des deutschen Reichshaftpflichtgesetzes zu Grunde liegen. Strafurtheile, welche bezüglich der fraglichen Tödtung oder Körperverletzung ergangen, sind auch für den Civilrichter hinsichtlich des Beweises des Verschuldens bindend.

---

3. England.

In England*) gilt nach dem ungeschrieben existirenden, aus der Praxis der Gerichtshöfe erkennbaren, gemeinen Recht (common law) der Grundsatz, daß der Dienst- oder Geschäftsherr dritten Personen gegenüber für die Versehen der zu Dienst- oder Erwerbszwecken von ihm beschäftigten Personen ebenso wie für sein eigenes Versehen haftet, daß er dagegen nicht haftbar ist für den Schaden, welchen sich seine Dienstleute unter einander durch ihre Versehen zufügen. Hiernach würde der Betriebsunternehmer einer Eisenbahn, eines Bergwerks, einer Fabrik oder einer anderen gewerblichen Anlage dritten Personen für alle Unfälle, welche diesen durch sein eigenes Verschulden oder dasjenige seines Personals verursacht sind, haftpflichtig sein, während eine solche Haftpflicht bei Unfällen, die seinen Arbeitern durch Verschulden von Angestellten oder anderer Arbeiter verursacht sind, nicht eintreten würde. Durch das Gesetz betreffend die Haftpflicht gewerblicher Unternehmer vom 7. September 1880 hat jedoch auch hinsichtlich der Arbeiter, welche bei dem Betriebe eines gewerblichen Unternehmens verunglücken, die Haftpflicht des Unternehmers

*) Vergl. von Bojanowski: „Die Haftpflicht gewerblicher Unternehmer nach englischem Recht“ in „die Haftpflichtfrage“ Seite 17—23.

eine erhebliche Erweiterung erfahren. Das erwähnte Gesetz lautet in deutscher Uebersetzung*) folgendermaßen:

Von J. M. der Königin, im Beirath und mit Zustimmung der in dem gegenwärtigen Parlamente versammelten geistlichen und weltlichen Lords sowie der Gemeinen und kraft deren Genehmhaltung, wird verordnet was folgt:

1. Verbesserung der Rechtsvorschriften.

Wofern nach dem Zeitpunkte, zu welchem dieses Gesetz in Wirksamkeit tritt, ein Arbeiter eine Körperbeschädigung erfährt:

1. aus Anlaß irgend eines Mangels in der Beschaffenheit der mit dem Gewerbebetriebe des Unternehmers in Verbindung stehenden oder der eben dabei in Gebrauch befindlichen Arbeitsvorkehrungen, Geräthschaften, maschinellen Anlagen oder Inventarstücke; oder

2. aus Anlaß des nachlässigen Verhaltens irgend einer in dem Dienste des Unternehmers befindlichen Person, welcher irgend wie Aufsichtsbefugnisse übertragen sind, und zwar in der Zeit, während welcher diese Person in der Ausführung ihrer Aufsichtsbefugnisse begriffen ist; oder

3. aus Anlaß des nachlässigen Verhaltens irgend einer in dem Dienste des Unternehmers befindlichen Person, deren Befehlen oder Weisungen der Arbeiter zu der Zeit, als die Beschädigung stattfand, nachzukommen verpflichtet war und auch nachkam, sofern die fragliche Beschädigung aus dem gedachten Verhalten hervorgegangen ist; oder

4. aus Anlaß von Handlungen oder Unterlassungen, welche irgend eine in dem Dienste des Unternehmers befindliche Person in Befolgung der Vorschriften oder Anordnungen des Unternehmers, oder in Befolgung solcher besonderen Instruktionen bewirkt oder begeht, welche irgend eine zu dem Behufe von dem Unternehmer mit Autorität ausgerüstete Person erlassen hat; oder

5. aus Anlaß des nachlässigen Verhaltens irgend einer in dem Dienste des Unternehmers befindlichen Person, welche bei Eisenbahnen die Verantwortung oder die Kontrole für bezw. über irgend welche Signale, Weichen, Zugmaschinen oder Züge hat, haben der Arbeiter, oder, falls die Beschädigung das Ableben desselben herbeiführt, die gesetzlichen persönlichen Vertreter des Arbeiters und die aus Anlaß des Todesfall berechtigten Personen eben denselben Rechtsanspruch auf Schadenersatz und eben dieselben Rechtshilfen gegen den Unternehmer, wie wenn der Arbeiter nicht

*) „Die Haftpflichtfrage" Seite 133 137.

ein Arbeiter des Unternehmers, oder nicht in dessen Diensten befindlich, oder nicht zu dessen Gewerbsunternehmen verdungen gewesen wäre.

2. Ausnahmen in Ansehung der verbesserten Rechtsvorschriften.

Ein Arbeiter ist nach Maßgabe dieses Gesetzes zu irgend welchen Rechtsansprüchen auf Schadenersatz oder zu Rechtshilfe gegen den Unternehmer in jedem der folgenden Fälle nicht berechtigt; nämlich:

1. nach Unterabschnitt Eins in Abschnitt Eins, es sei denn, daß die dort erwähnten Mängel hervorgegangen sind aus oder unentdeckt, oder unabgestellt geblieben sind wegen der Nachlässigkeit des Unternehmers oder einer in dem Dienste des Unternehmers befindlichen Person, welcher von dem Unternehmer die Verpflichtung auferlegt war, danach zu sehen, daß die Arbeitsvorkehrungen, Geräthschaften, maschinellen Anlagen oder Inventarstücke in zweckentsprechendem Zustande sich befanden.

2. Nach Unterabschnitt Vier in Abschnitt Eins, es sei denn, daß die Beschädigung durch irgend welche Ungehörigkeiten oder Mängel in den vorerwähnten Vorschriften, Anordnungen oder Instruktionen herbeigeführt ward; mit dem Vorbehalt jedoch, daß — wofern Vorschriften oder Anordnungen von Seiten eines der königlichen ersten Staatssecretäre oder des Handelsamts, oder eines sonstigen Regierungsdepartements nach Maßgabe oder Kraft eines Gesetzes genehmigt oder angenommen worden sind —, solche Vorschriften oder Anordnungen für die Zwecke dieses Gesetzes als ungehörig oder mangelhaft nicht angesehen werden dürfen.

3. So oft der Arbeiter die mangelhafte Beschaffenheit oder das nachlässige Verhalten kannte, welches seine Beschädigung herbeiführte und er innerhalb einer angemessenen Frist dem Unternehmer oder einer ihm (dem Arbeiter) in dem Dienste des Unternehmers übergeordneten Person davon Anzeige zu erstatten oder erstatten zu lassen verabsäumte, es sei denn daß, nach seiner (des Arbeiters) Wahrnehmung, die fragliche mangelhafte Beschaffenheit, oder das nachlässige Verhalten dem Unternehmer oder der erwähnten übergeordneten Person bereits bekannt waren.

3. Abgrenzung der als Schadenersatz einziehbaren Summe.

Der nach Maßgabe dieses Gesetzes als Schadenersatz einziehbare Geldbetrag darf diejenige Summe nicht übersteigen, welche sich anschlagsmäßig als der während dreier Jahre vor dem Eintritt des schädigenden Ereignisses erarbeitete Verdienst einer solchen Person ermitteln läßt, die innerhalb der fraglichen Jahre in ebenderselben Lebensstellung, in der nämlichen Beschäftigung und in dem nämlichen Bezirke in Arbeit stand, woselbst der Arbeiter zu der Zeit beschäftigt war, als die Beschädigung stattfand.

4. Frist zur Einziehung des Schadensbetrages.

Klagen, nach Maßgabe dieses Gesetzes, behufs Einziehung des Betrages zu Ausgleichung einer erlittenen Beschädigung dürfen nicht anders rechtshängig gemacht werden, als wenn die Anzeige davon, daß eine Beschädigung stattgefunden hat, binnen sechs Wochen nach dem Eintritte des die Beschädigung verursachenden Unfalls erstattet, die Klage selbst aber binnen sechs Monaten, oder, wenn ein Todesfall vorliegt, binnen zwölf Monaten, von eben demselben Zeitpunkte an gerechnet, angestellt wird; stets jedoch mit dem Vorbehalte, daß bei dem Eintritt eines Todesfalls das Unterbleiben der Anzeige dann die Anbringung der Klage nicht ausschließen soll, wenn nach richterlichem Ermessen genügender Grund dazu vorhanden war, daß die Erstattung der Anzeige unterblieb.

5. Strafgelder können von Entschädigungsgeldern nach Maßgabe dieses Gesetzes in Abzug gebracht werden.

Von Entschädigungsgeldern, welche einem Arbeiter oder den Vertretern eines Arbeiters oder solchen Personen zugebilligt wurden, die durch Vermittelung eines Arbeiters oder durch einen solchen vertreten, einen Klagegrund nach Maßgabe dieses Gesetzes für sich in Anspruch nehmen, ist zulässig, diejenigen Strafgelder, und zwar entweder ganz oder theilweise, in Abzug zu bringen, deren Zahlung an den betreffenden Arbeiter, dessen Vertreter oder die gedachten zur Klage berechtigten Personen kraft eines sonstigen Gesetzes zu erfolgen hatte; wofern aber ein Arbeiter, oder dessen Vertreter, oder solche Personen nach Maßgabe dieses Gesetzes eine Klage anstellen, die durch Vermittlung eines Arbeiters oder durch einen solchen vertreten, einen Klagegrund nach Maßgabe dieses Gesetzes für sich in Anspruch nehmen, und wofern die aus Anlaß des nämlichen Klagegrundes nach Maßgabe eines sonstigen Gesetzes verbüßten Strafgelder, ganz oder theilweise, zuvor noch nicht gezahlt wurden, sind der Arbeiter, dessen Vertreter, oder jene Personen nicht berechtigt mit Bezug auf denselben Klagegrund nach Maßgabe eines sonstigen Gesetzes irgend welche Strafgelder oder Theilbeiträge von solchen in Empfang zu nehmen.

6. (handelt von dem Verfahren vor Gericht und ist hier in Wegfall gebracht).

7. Verfahren bei der Zustellung von Anzeigen betreffs Beschädigungen.

Anzeigen betreffs Beschädigungen nach Maßgabe dieses Gesetzes müssen den Namen und den Wohnort der beschädigten Person enthalten, auch die Ursache der Beschädigung in der Sprache des gewöhnlichen Lebens, und ferner den Tag angeben, an welchem die Schädigung sich zutrug; sie sind dem Unternehmer oder, bei dem Vorhandensein von mehr als einem Unternehmer, einem derselben zuzustellen.

Die Zustellung kann durch Ausreichung der Anzeige an oder in dem Wohnhause oder dem Geschäftsraume derjenigen Person, an welche sie gerichtet ist, bewirkt werden.

Die Anzeige kann auch durch die Inanspruchnahme der Post mittelst eines eingeschriebenen Briefes bewirkt werden und hat die Adresse des Briefes auf diejenige Person, in deren letztbekanntem Wohnhause oder Geschäftsraum zu lauten, an welche die Anzeige zugestellt werden soll; wird die Anzeige durch Inanspruchnahme der Post zugestellt, so gilt die Zustellung als zu der Zeit bewerkstelligt, zu welcher ein die Anzeige enthaltender Brief im gewöhnlichen Laufe der Post ausgereicht worden wäre, und der Nachweis betreffs der stattgehabten Zustellung einer derartigen Anzeige soll als genügend erbracht angesehen werden, wenn dargethan wird, daß die Anzeige ordnungsmäßig adressirt und eingeschrieben ward.

Falls eine Mehrheit von Personen, ohne Unterschied, ob mit Korporationsrechten versehen oder nicht, als Unternehmer auftritt, ist die Anzeige in der Art zuzustellen, daß sie entweder in dem Geschäftsraume ausgereicht, oder mittelst der Post in einem eingeschriebenen, an den Geschäftsmann adressirten Brief gesendet wird; sollte mehr als ein Geschäftsraum vorhanden sein, so kann die Sendung an einen derselben erfolgen.

Anzeigen nach Maßgabe dieses Abschnitts dürfen, etwa darin enthaltener Mängel oder Ungenauigkeiten wegen, nicht als ungiltig angesehen werden, es sei denn, daß der Richter, welcher die Klage zu behandeln hat, die aus der in der Anzeige erwähnten Beschädigung hervorgeht, der Ansicht ist, daß der fragliche Mangel oder die fragliche Ungenauigkeit dem Beklagten bei dessen Einlassung auf die Klage nachtheilig und daß der Mangel oder die Ungenauigkeit absichtlich irreleitend seien.

8. Begriffserläuterungen.

Sofern die Wortstellung nicht ein Anderes erfordert, bedeutet

der Ausdruck „eine Person, welcher irgend wie Aufsichtsbefugnisse übertragen sind," eine solche, deren ausschließliche oder hauptsächliche Verpflichtung in Beaufsichtigung besteht und welche unter gewöhnlichen Umständen mit stofflicher Arbeit nicht befaßt ist;

begreift der Ausdruck „Unternehmer" jede Mehrheit von Personen in sich, ohne Unterschied, ob mit Korporationsrechten versehen oder nicht;

bedeutet der Ausdruck „Arbeiter" Eisenbahnangestellte und sonstige Personen, auf welche das Unternehmer- und Arbeitergesetz von 1875 Anwendung finden.

9. Beginn der Wirksamkeit des Gesetzes.

Dieses Gesetz soll vor dem 1. Januar 1881, welcher Tag in diesem Gesetz als der Beginn der Wirksamkeit desselben in Bezug genommen ist, nicht in Geltung treten.

10. Abgekürzter Titel.

Dieses Gesetz darf als das Gesetz, betreffend die Haftpflicht gewerblicher Unternehmer von 1880 angeführt werden und soll bis zum 31. Dezember 1887 und bis zu dem Ende der dann nächsten Parlamentssitzung, jedoch nicht länger in Kraft bleiben, es sei denn, daß das Parlament ein Anderes verfügt, und sämmtliche nach Maßgabe dieses Gesetzes vor jenem Zeitpunkt eingeleitete Klagen sollen Fortgang finden, wie wenn dieses Gesetz nicht erlöschen würde.

Für die Fabriken und Werkstätten sind durch ein Gesetz vom Jahre 1878 zahlreiche hygienische Anordnungen getroffen und Schutzvorschriften gegeben, zu deren Beobachtung die Betriebsunternehmer verpflichtet sind.

4. Belgien.

a) In Belgien*) sind hinsichtlich der Haftpflicht der Betriebsunternehmer dieselben Bestimmungen des code civil maßgebend, wie in Frankreich (siehe oben unter „Frankreich").

b) Zur Unterstützung verunglückter oder erkrankter Grubenarbeiter und deren Angehöriger bestehen in Belgien Versorgungskassen, deren Fonds sich aus Abzügen vom Lohn der Arbeiter, aus Mitleistungen der Betriebsunternehmer, aus Schenkungen der Regierung und Provinz, sowie aus Schenkungen und Vermächtnissen von Privatpersonen zusammensetzen. Die Unterstützungen bestehen in lebenslänglichen oder zeitweiligen Pensionen, welche bewilligt werden:

1. den Arbeitern, welche entweder ein bestimmtes Alter erreicht haben oder verstümmelt sind,
2. den Wittwen der verunglückten Arbeiter und sonstigen unbemittelten Angehörigen derselben,
3. den minderjährigen Kindern eines bei einem Unfall verstorbenen Mannes und denen einer bei einem Unfall verstorbenen Frau, wenn dieselben bereits vaterlos sind.

Die Höhe der Unterstützung richtet sich nach den Umständen und den vorhandenen Mitteln. Sie wird durch eine aus Betriebsunternehmern und Oberarbeitern gebildete Verwaltungskommission festgesetzt. Durch die Statuten der Versorgungskassen wird jedem der in dieselben aufgenommenen Betriebe die Verpflichtung auferlegt, eine besondere Hülfskasse zur zeitweiligen Unterstützung erkrankter oder verletzter Arbeiter zu errichten, die einzutreten hat, wenn die durch Krankheit oder Verletzung verursachte Erwerbsunfähig keine längere Dauer, als 6 Wochen hat. Die Beiträge zu diesen Hülfskassen werden von Arbeitern und Arbeitgebern gemeinschaftlich geleistet. Für die Versorgungskassen sind durch Gesetz vom 28. März 1868 und Königl. Verfügung vom 17. August 1874 Normativvorschriften gegeben, welche namentlich die Genehmigung der Statuten derselben und gewisse Kostenfreiheiten betreffen.

c) Durch Königl. Verfügung vom 16. Dezember 1859 sind Hülfs- und Pensionskassen organisirt, welche den Eisenbahn-

*) Vergl. van der Rest: „Ueber Haftpflichtgesetzgebung in Belgien" in „die Haftpflichtfrage" S. 29—48.

arbeitern sowohl zeitweilige Unterstützungen bei Krankheiten als auch jährliche Unterstützungen bei dauernder Erwerbsunfähigkeit, sowie auch Pensionen an die Eisenbahnbeamten und deren Angehörige gewähren.

d) Auch in Belgien sind zahlreiche Sicherheitsvorschriften für den Betrieb technischer Anlagen gegeben, und zwar für Fabriken, Werke, Magazine und Werkstätten durch Königl. Verordnung vom 12. November 1879; für den Betrieb von Bergwerken und Steinbrüchen durch Gesetz vom 21. April 1810, Dekret vom 3. Januar 1813, Königl. Verfügungen vom 1. März 1850 und 19. Januar 1851; für den Gebrauch von Dampfkesseln und Dampfmaschinen durch die Königl. Verfügungen vom 15. November 1846, 25. Dezember 1853, 21. April 1864 und 27. Februar 1868.

---

5. Die Niederlande.

a) In dem Königreiche der Niederlande*) richtet sich die Haftpflicht der Betriebsunternehmer gewerblicher Anlagen ebenfalls nach den allgemeinen Bestimmungen des niederländischen Civilgesetzbuches, in welches die betreffenden Bestimmungen des französischen code civil mit unerheblichen Aenderungen aufgenommen sind. Die fraglichen Artikel lauten, wie folgt:

Art. 1401. Elke onrechtmatige daad, woordoor aan een ander schade wordt toegebracht, stelt dengene, door wiens schuld die schade veroorzaakt is, in de verplichting om dezelve te vergoeden.

Art. 1402. Een ieder is verantwoordelijk, niet alleen vor de schade, welke hij door zijne daad, maar ook voor die welke hij door zijne nalatigheid of onvoorzichtigheid veroorzaakt heeft.

Art. 1403. Men is niet alleen verantwoordelijk voor de schade, welke men door zijne eigene daad veroorzaakt, maar ook voor die welke veroorzaakt is door de daad van personen, voor welke men aansprakelijk is.

.... Degenen, die anderen aanstellen tot de waarneming hunner zaken, zijn verantwoordelijk voor de schade, door

*) Vergl. Kerdijk: „Ueber Haftpflichtgesetzgebung im Königreich der Niederlande" in „die Haftpflichtfrage" Seite 49 52.

hunne ... ondergeshikten veroorzaakt in de werkzaamheden waartoe zij dezelve gebruikt hebben.

.... De werkmeesters zijn verantwoordelijk voor de schade, door hunne leerlingen en knechts veroorzaakt gedurende den tijd, dat dezelve onder hun toezicht staan.

De hierboven vermelde verantwoordelijkheid houdt op, indien ... de werkmeesters bewijzen, dat zij de daad, voor welke zij aansprakelijk zouden zijn, niet hebben kunnen beletten.

In deutscher Uebersetzung:

Art. 1401. Jede widerrechtliche Handlung, durch welche einem Anderen Schaden zugefügt worden ist, verpflichtet denjenigen, durch dessen Schuld der Schaden verursacht worden ist, denselben zu vergüten.

Art. 1402. Ein Jeder ist nicht allein für den Schaden verantwortlich, den er durch seine Handlung, sondern auch für denjenigen, welchen er durch seine Nachlässigkeit und Unvorsichtigkeit verursacht hat.

Art. 1403. Man ist nicht allein für den Schaden verantwortlich, welchen man durch seine eigene Handlung verursacht hat, sondern auch für denjenigen, welcher durch die Handlungen von Personen, für die man einstehen muß, verursacht worden ist.

.... Diejenigen, die Andere zur Wahrnehmung ihrer Interessen anstellen, sind für den Schaden verantwortlich, den ihre Unterstellten in den Dienstverrichtungen, zu denen sie dieselben gebraucht, verursacht haben.

.... Die Betriebsunternehmer sind verantwortlich für den Schaden, welchen ihre Lehrlinge oder Arbeiter, während sie unter der Aufsicht jener standen, verursacht haben.

Die fragliche Verantwortlichkeit hört auf, wenn ... die Betriebsunternehmer beweisen, daß sie die Handlung, für welche sie einstehen sollen, nicht haben verhindern können. —

Diese Vorschriften beziehen sich, abgesehen von den Eisenbahnen, auf alle Gewerbebetriebe, auf Bergwerke, Fabriken, Bauten, Landwirthschaft.

b) Für die Eisenbahnunternehmungen ist über die Haftpflicht der Betriebsunternehmer in einem Spezialgesetze, dem Eisenbahngesetze vom 9. April 1875, Bestimmung getroffen. Artikel 1 desselben lautet in seinem hier erheblichen Theile folgendermaßen:

Ondernemers eener spoorwegdienst zijn verantwoordelijk voor de schade, door personen .... bij de uitoefening der dienst geleden, ten ware de schade buiten hunne schuld of die hunner beambten of bedienden zij ontstaan.

In deutscher Uebersetzung:

Unternehmer einer Eisenbahn sind für den Schaden, den Personen . . . . bei dem Betriebe der Bahn erleiden, verantwortlich, wenn nicht der Schaden ohne ihr oder ihrer Beamten und Bediensteten Verschulden entstanden ist.

Es wird hiernach bei Betriebsunfällen auf der Eisenbahn ein Verschulden des Unternehmers oder seiner Angestellten präsumirt. Dieser Präsumtion gegenüber kann der Unternehmer den Beweis führen, daß der Schaden ohne ein solches Verschulden entstanden ist. Zweifelhaft ist es, ob die fragliche Bestimmung auch auf die Unfälle von Eisenbahnbeamten und Eisenbahnarbeitern Anwendung findet, oder ob sie sich nur auf die Eisenbahnpassagiere bezieht.

c) Die Höhe des Schadensersatzes ist gemäß Artikel 1406 und 1407 des allgemeinen Civilgesetzbuches nach der gesellschaftlichen Stellung, den Vermögensverhältnissen beider Parteien und den Umständen zu bemessen. Die Beweisfrage regelt sich nach den allgemeinen Prozeßvorschriften.

6. Die Schweiz.

a) In der Schweiz*) ist die Haftpflicht der Betriebsunternehmer von Eisenbahnen und von Fabriken durch spezielle Bundesgesetze normirt. Die Haftpflicht der Betriebsunternehmer von andern gewerblichen Anlagen dagegen richtet sich nach dem Partikularrecht der Einzelkantone. Von diesen folgen Genf, Waadt, Freiburg, Neuenburg, Wallis und Tessin dem französischen code civil und haben auch die Bestimmungen desselben, welche die fragliche Haftpflicht betreffen (siehe oben Frankreich), fast unverändert in ihre Kodifikationen des Civilrechts aufgenommen. — Die Gesetzbücher der Kantone Bern, Luzern, Solothurn und Aargau sind nach dem Vorbilde des österreichischen allgemeinen bürgerlichen Gesetzbuches verfaßt und wiederholen auch hinsichtlich der Haftpflicht der Gewerbeunternehmer im Wesentlichen die Bestimmungen desselben (siehe oben „Oesterreich"). — Die Kantone

*) Vergl. von Wyss: „Die Haftpflichtfrage nach dem in der Schweiz geltenden Rechte" in „die Haftpflichtfrage" Seite 69–93.

Zürich, Schaffhausen und Graubündten besitzen selbständige, einander sehr ähnliche Kodifikationen des Civilrechts. Eine Haftpflicht des Dienstherrn oder Arbeitgebers für Delikte seiner Untergebenen tritt nach denselben nur dann ein, wenn jener die Aufsicht, zu der er verpflichtet ist, vernachlässigt oder das Delikt durch einen von ihm ertheilten Auftrag herbeigeführt hat. — Die Kantone Thurgau, Glarus, Zug, Unterwalden, Basel, Uri, Schwyz, Appenzell und St. Gallen besitzen keine vollständigen Kodifikationen des Civilrechts. Die Gerichtspraxis folgt in ihnen wesentlich den Grundsätzen des gemeinen römischen Rechts, bezw. denen des Züricher privatrechtlichen Gesetzbuches. —

b) Nach Artikel 64 der Bundesverfassung vom 29. Mai 1874 besitzt der Bund die Kompetenz zur Gesetzgebung über das Obligationenrecht. Demgemäß ist bereits im Jahre 1879 den Behörden des Bundes der Entwurf eines einheitlichen schweizerischen Obligationenrechts vorgelegt. Derselbe enthält hinsichtlich der Haftpflicht der Gewerbeunternehmer folgende Bestimmung.

Art. 69. Ein Geschäftsherr haftet für den Schaden, welchen seine Arbeiter oder Angestellten in Ausübung ihrer geschäftlichen Verrichtungen verursacht haben, wenn er nicht nachweist, daß er alle erforderliche Sorgfalt angewendet habe, um eine solche Schädigung zu verhüten. — Diese Verantwortlichkeit trifft auch juristische Personen, wenn sie ein Gewerbe betreiben.

Ueber den Umfang der Schadensersatzverbindlichkeit enthält Artikel 57 folgende Vorschrift:

Art und Größe des Schadensersatzes wird durch richterliches Ermessen bestimmt in Würdigung sowohl der Umstände als der Größe der Verschuldung. — Ist auch dem Beschädigten ein Verschulden beizumessen, so kann der Richter die Ersatzpflicht nach Verhältniß ermäßigen oder gänzlich von derselben entbinden. —

c) Die Haftpflicht der Betriebsunternehmer von Eisenbahnen und von Dampfschiffahrt ist durch das Gesetz vom 1. Juli 1875 geregelt. Dasselbe ist nach dem Muster des deutschen Reichshaftpflichtgesetzes gearbeitet und lautet, wie folgt:

Art. 1. Wenn beim Bau einer Eisenbahn durch irgend welche Verschuldung der konzessionirten Unternehmung ein Mensch getödtet oder körperlich verletzt wird, so haftet dieselbe für den dadurch entstandenen Schaden.

Art. 2. Wenn beim Betriebe einer Eisenbahn oder Dampfschiffahrtunternehmung ein Mensch getödtet oder körperlich verletzt wird, so haftet die Transportanstalt für den dadurch entstandenen Schaden, sofern sie nicht beweist, daß der Unfall durch höhere Gewalt oder durch Versehen und Vergehen der Reisenden oder dritter bei der Transportanstalt nicht angestellter Personen (Art. 3) ohne eigenes Mitverschulden der Anstalt oder durch die Schuld des Getödteten oder Verletzten selbst verursacht worden ist.

Art. 3. Die Eisenbahn- und Dampfschiffahrtunternehmungen haften sowohl für ihre Angestellten als für andere Personen, deren sie sich zum Betriebe des Transportgeschäftes, bezw. zum Bau der Bahn bedienen. Es bleibt ihnen jedoch in Fällen von Verschuldung diesen Personen gegenüber das Rückgriffsrecht vorbehalten.

Art. 4. Wenn nachgewiesen werden kann, daß der Getödtete oder Verletzte sich durch eine verbrecherische oder unredliche Handlung oder mit wissentlicher Uebertretung polizeilicher Vorschriften mit der Transportanstalt in Berührung gebracht hat, so kann kein Schadensersatz im Sinne des Art. 1 und 2 dieses Gesetzes gefordert werden, selbst wenn der Unfall ohne sein Verschulden eingetreten sein sollte.

Art. 5. Im Falle der Tödtung ist Ersatz der Kosten einer versuchten Heilung und der Beerdigung, sowie des Vermögensnachtheiles zu leisten, welchen der Getödtete während der Krankheit durch Erwerbsunfähigkeit oder Verminderung der Erwerbsfähigkeit erlitten hat. — War der Getödtete zur Zeit seines Todes verpflichtet, einem Andern Unterhalt zu gewähren, so kann dieser insoweit Ersatz fordern, als ihm in Folge des Todesfalles der Unterhalt entzogen worden ist. — Im Falle einer Körperverletzung ist Ersatz der Heilungskosten und des Vermögensnachtheils zu leisten, welchen der Verletzte durch eine in Folge der Verletzung eingetretene zeitweise oder dauernde Erwerbsunfähigkeit oder Verminderung der Erwerbsfähigkeit erleidet.

Art. 6. Als Ersatz für den zukünftigen Unterhalt oder Erwerb ist, je nach dem Ermessen des Gerichtes, entweder eine Kapitalsumme oder eine jährliche Rente zuzusprechen. Wenn im Momente der Urtheilsfällung die Folgen einer Körperverletzung noch nicht genügend klar vorliegen, so kann der Richter ausnahmsweise für den Fall des nachfolgenden Todes oder einer Verschlimmerung des Gesundheitszustandes des Verletzten eine spätere Rektifizirung des Urtheils vorbehalten.

Art. 7. Bei nachgewiesener Arglist oder grober Fahrlässigkeit der Transportanstalt kann dem Verletzten oder dem Angehörigen des Getödteten, ganz abgesehen vom Ersatz erweislicher Vermögensnachtheile, eine angemessene Geldsumme zugesprochen werden.

Art. 8. Sind bei Gelegenheit der Tödtung oder Körperverletzung eines Menschen, für welche die Transportanstalt nach den obigen Bestimmungen verantwortlich ist, und im Zusammenhang mit dem betreffenden Unfalle Sachen, welche der Getödtete oder Verletzte unter seiner eigenen Obhut mit sich führte, ganz oder theilweise beschädigt worden oder abhanden gekommen, so ist auch hierfür Schadensersatz zu leisten. — Außerdem ist für Abhandenkommen, Zerstörung oder Beschädigung von Sachen, welche der Transportanstalt weder als Frachtgut noch als Reisegepäck anvertraut worden sind, Schadensersatz nur dann zu leisten, wenn ein Verschulden der Transportanstalt nachgewiesen wird.

Art. 9. In den Fällen des Artikel 8 ist der Schadensberechnung der wirkliche Werth der abhanden gekommenen, zerstörten oder beschädigten Sache zu Grunde zu legen, ein weiteres Interesse dagegen nur bei nachgewiesener Arglist oder grober Fahrlässigkeit der Transportanstalt zu ersetzen.

Art. 10. Die in diesem Gesetze gewährten Schadensersatzansprüche verjähren in zwei Jahren von dem Tage an, an welchem die Tödtung, Verletzung, Zerstörung oder Beschädigung, bezw. das Abhandenkommen (Art. 8) stattgefunden hat. — Diese Verjährung wird nicht allein durch Anstellung der Klage, sondern auch durch die schriftliche Anbringung der Reklamation bei der Direktion der betreffenden Anstalt unterbrochen in der Meinung, daß, so lange die Reklamation unerledigt bleibt, überhaupt kein Ablauf der Verjährung stattfinden kann. — Ergeht hierauf ein abschlägiger Bescheid, so beginnt vom Empfange desselben eine neue zweijährige Verjährung der Klage, welche durch eine neue Reklamation gegen jenen Bescheid nicht unterbrochen wird.

Art. 11. Bei Streitigkeiten über die aus diesem Gesetze entspringenden Schadensersatzansprüche hat das Gericht über die Höhe des Schadensersatzes und die Wahrheit der thatsächlichen Behauptungen nach freier Würdigung des gesammten Inhaltes der Verhandlungen zu entscheiden, ohne an die Beweisgrundsätze der einschlagenden Prozeßgesetze gebunden zu sein.

Art. 12. Reglemente, Publikationen oder spezielle Vereinbarungen, durch welche die Schadensersatzverbindlichkeit nach den Bestimmungen dieses Gesetzes zum Voraus wegbedungen oder beschränkt wird, haben keine rechtliche Wirkung.

Art. 13. Alle bundesgesetzlichen, kantonalgesetzlichen und reglementarischen Bestimmungen, sowie Publikationen und Vereinbarungen, welche mit den Bestimmungen dieses Gesetzes im Widerspruch stehen, sind aufgehoben.

d) In Betreff der Haftpflicht der Fabrikanten ihren Angestellten und Arbeitern gegenüber enthält das Bundesgesetz vom

23. März 1877, betreffend die Arbeit in den Fabriken, in Art. 5 folgende Bestimmungen:

Art. 5a. Der Fabrikant haftet für den entstandenen Schaden, wenn ein Mandatar, Repräsentant, Leiter oder Aufseher der Fabrik durch ein Verschulden in Ausübung der Dienstverrichtung Verletzung oder Tod eines Angestellten oder Arbeiters herbeiführt.

Art. 5b. Der Fabrikant haftet gleichfalls, wenn, auch ohne ein solches spezielles Verschulden, durch den Betrieb der Fabrik Körperverletzung oder Tod eines Arbeiters oder Angestellten herbeigeführt wird, sofern er nicht beweist, daß der Unfall durch höhere Gewalt oder eigenes Verschulden des Verletzten oder Getödteten erfolgt ist. Fällt dem Verletzten oder Getödteten eine Mitschuld zur Last, so wird dadurch die Ersatzpflicht des Fabrikanten angemessen reduzirt.

Art. 5c. Obige Ersatzansprüche verjähren in zwei Jahren von dem Tage an, an welchem die Verletzung oder Tödtung stattgefunden hat.

Art. 5d. Der Bundesrath wird überdies diejenigen Industrieen bezeichnen, die erwiesenermaßen und ausschließlich bestimmte gefährliche Krankheiten erzeugen, auf welche die Haftpflicht auszudehnen ist.

Art. 5 (Schlußsatz). Im übrigen urtheilt der kompetente Richter über die Schadensersatzfrage, unter Würdigung aller Verhältnisse, nach freiem Ermessen.

Die Bestimmungen des Artikel 5 sollten indeß nur eine provisorische Geltung bis zum Erlaß eines weiteren, die Haftpflicht der Betriebsunternehmer von Fabrikbetrieben speziell ordnenden Bundesgesetzes haben. Der Entwurf zu diesem Bundesgesetze ist am 26. November 1880 seitens des Bundesrathes der Bundesversammlung vorgelegt. Derselbe lautet:

Art. 1. Wer eine Fabrik betreibt, haftet, wenn in den Räumlichkeiten seiner Fabrik und durch den Betrieb derselben ein Angestellter oder ein Arbeiter getödtet oder körperlich verletzt wird, innerhalb der Bestimmungen dieses Gesetzes für den entstandenen Schaden, sofern er selbst oder ein Mandatar, Repräsentant, Leiter oder Aufseher der Fabrik durch ein Verschulden in Ausübung der Dienstverrichtungen die Verletzung oder den Tod herbeigeführt hat.

Art. 2. Der Betriebsunternehmer haftet gleichfalls, wenn auch ohne ein solches Verschulden in den Räumlichkeiten seiner Fabrik oder durch den Betrieb derselben eine Körperverletzung oder der Tod eines Angestellten oder eines Arbeiters herbeigeführt wird, insofern er nicht beweist, daß der Unfall durch höhere Gewalt, oder durch Verbrechen, oder durch Vergehen dritter Personen, welche nicht in Art. 1 aufgezählt sind, oder durch eigenes Verschulden des Verletzten oder Getödteten erfolgt ist.

Art. 3. In denjenigen Industrieen, welche der Bundesrath in Ausführung von Art. 5. d. des Fabriksgesetzes als solche bezeichnet, die gefährliche Krankheiten erzeugen, haftet der Betriebsunternehmer auch für den durch Krankheit eines Angestellten oder eines Arbeiters entstandenen Schaden, wenn die Erkrankung erwiesenermaßen und ausschließlich durch den Betrieb der Fabrik erfolgt ist.

Art. 4. Der Betriebsunternehmer hat das Rückgriffsrecht auf diejenigen Personen, für deren Verschulden er haftbar ist.

Art. 5. Die Ersatzpflicht des Betriebsunternehmers wird in billiger Weise reduzirt:

a) wenn die Tödtung oder Verletzung (die in Art. 3 erwähnten Fälle nicht inbegriffen) aus Zufall eingetreten ist;

b) wenn dem Geschädigten ein Theil der Schuld an dem Unfall (oder an der Krankheit im Sinne von Art. 3) zufällt, insbesondere wenn der Geschädigte als Angestellter oder Arbeiter einen Mangel an den Einrichtungen, durch welchen der Unfall (oder die Krankheit) herbeigeführt worden ist, entdeckt hat, ohne davon einem seiner Vorgesetzten oder dem Betriebsunternehmer selbst Kenntniß gegeben zu haben;

c) wenn des Geschädigten früher erlittene Verletzungen auf die letzte und deren Folgen Einfluß haben, oder wenn die Gesundheit des Erkrankten durch seine frühere Gewerbsausübung bereits geschwächt war.

Art. 6. Der zu leistende Schadenersatz umfaßt:

a) im Todesfalle: die Kosten einer versuchten Heilung; den Schaden, welchen der Getödtete oder Verstorbene während der Krankheit durch gänzliche oder theilweise Erwerbsunfähigkeit erlitten hat; die Beerdigungskosten; den Schaden, welchen die Hinterlassenen eines Getödteten oder Verstorbenen erleiden, wenn derselbe durch Gesetz zu ihrem Unterhalt verpflichtet war;

b) im Falle von Verletzung oder Erkrankung: alle Heilungs- und Verpflegungskosten, sowie den Schaden, welchen der Verletzte oder Erkrankte in Folge gänzlicher oder theilweiser, dauernder oder vorübergehender Erwerbsunfähigkeit erlitten hat.

Der Richter wird mit Berücksichtigung aller Umstände eine Entschädigungssumme festsetzen, welche jedoch in den schwersten Fällen (Art. 1 und 3) weder den sechsfachen Jahresverdienst des Betreffenden, noch die Summe von Fr. 6000 übersteigen soll.

Immerhin sind die Kosten für Heilung und Beerdigung in diesem Maximum nicht inbegriffen.

Mit Zustimmung aller Betheiligten kann der Richter auch an die Stelle einer Aversalsumme eine Rente von entsprechender Höhe treten lassen.

Mit dem Tage, an welchem ein Urtheilsspruch in Kraft tritt, erlöscht für den Betriebsunternehmer jede Verpflichtung für die Zahlung allfälliger weiterer Heilungskosten.

Art. 7. Wenn bei der Urtheilsfällung die Folgen einer Körperverletzung oder Erkrankung noch nicht genügend klar vorliegen, so kann der Richter ausnahmsweise für den Fall des erfolgten Todes oder einer wesentlichen Verschlimmerung des Gesundheitszustandes des Verletzten oder Erkrankten die Festsetzung einer größern Entschädigung vorbehalten. Immerhin darf die Gesammtsumme der zuerkannten Entschädigungen die in Art. 5 und 6 festgesetzten Grenzen nicht überschreiten.

In diesem Falle hat, bis das definitive Urtheil ausgefällt ist, auch der verpflichtete Betriebsunternehmer das Recht, Ermäßigung der als Schadenersatz zuerkannten Summe zu verlangen, wenn diejenigen Verhältnisse, welche die Zuerkennung oder die Höhe der Summe bedingt hatten, inzwischen wesentlich verändert sind.

Art. 8. Wenn der Getödtete, Verletzte oder Erkrankte bei einer Unfallversicherung, Unterstützungskasse, Krankenkasse oder einer ähnlichen Anstalt versichert war, und wenn der Betriebsunternehmer durch Prämien oder andere Beiträge bei dieser Versicherung mitgewirkt hat, so sind die von jenen Anstalten dem Verletzten, Erkrankten oder den Rechtsnachfolgern des Getödteten bezahlten Beträge von der Entschädigung ganz in Abzug zu bringen, sofern der Betriebsunternehmer nicht weniger als die Hälfte an die bezahlten Prämien und andere Beiträge geleistet hat.

Beträgt die Mitleistung des Betriebsunternehmers dagegen weniger als die Hälfte, so wird von der Entschädigung nur jene Summe abgezogen, welche im Verhältniß zu den von ihm geleisteten Beiträgen steht.

Art. 9. Die Betriebsunternehmer sind nicht befugt, die in diesem Gesetze enthaltenen Bestimmungen über die Haftpflicht mittelst Reglementen, Publikationen oder durch besondere Uebereinkunft mit ihren Angestellten, Arbeitern oder mit Dritten (ausgenommen der in Art. 8 vorgesehene Fall) im Voraus zu beschränken oder auszuschließen. Vertragsbestimmungen, welche dieser Vorschrift entgegen stehen, haben keine rechtliche Wirkung.

Art. 10. Bei Streitigkeiten über die aus diesem Gesetz entspringenden Schadenersatzansprüche entscheiden die kantonalen Gerichte und in letzter Linie das Bundesgericht über die Zuerkennung einer Entschädigungssumme, die Höhe derselben, die Art und Weise ihrer Bezahlung und im Falle eine jährliche Rente festgesetzt wird, die für die Bezahlung derselben zu leistende Sicherheit, nach freier Würdigung aller Thatsachen und der gesammten Verhandlungen; dabei ist das höhere Gericht an die Entscheidungen der unteren Gerichte über streitige Thatsachen nicht gebunden.

Art. 11. Die in diesem Gesetze gewährten Schadenersatzansprüche verjähren nach einem Jahre von dem Tage an, an welchem die Tödtung oder Verletzung erfolgt ist, oder an welchem die Krankheit als eine spezifische Berufskrankheit erkannt worden ist. Immerhin steht den Betheiligten das Recht zu, bei einem Unfalle oder einer Erkrankung, auch bevor eine Schadenersatzklage anhängig gemacht wird, die auf den Unfall oder Krankheit bezüglichen thatsächlichen Verhältnisse gerichtlich konstatiren zu lassen.

Art. 12. Die Verjährungsfrist von einem Jahre findet auch auf die in Art. 7 vorgesehenen Klagen Anwendung; sie läuft von dem Tage an, an dem das Urtheil, in welchem die Festsetzung einer höhern Entschädigung vorbehalten ist, ausgefällt wird.

Art. 13. Wenn Zweifel waltet, ob eine industrielle Anstalt, die nicht auf dem Fabrikverzeichnisse sich befindet, in dasselbe hätte eingetragen werden sollen und ob somit auf einen in derselben vorgekommenen Unfall oder Krankheit das gegenwärtige Gesetz Anwendung finde, so wird nach Vorschrift des Art. 1, Absatz 2 des erwähnten Bundesgesetzes vom 23. März 1877 verfahren.

Art. 14. Artikel 5 des Bundesgesetzes, betreffend die Arbeit in den Fabriken vom 23. März 1877, mit Ausnahme der Litt. d desselben, ist aufgehoben und ebenso alle Bestimmungen kantonaler Gesetze und Verordnungen, welche dem gegenwärtigen Gesetze widersprechen.

Art. 15. Der Bundesrath wird beauftragt, auf Grundlage der Bestimmungen des Bundesgesetzes vom 17. Brachmonat 1874 (A. S. n. F. I, 116), betreffend die Volksabstimmung über Bundesgesetze und Bundesbeschlüsse, die Veröffentlichung dieses Gesetzes zu veranstalten und den Beginn der Wirksamkeit desselben festzusetzen.

7. Die Vereinigten Staaten von Nordamerika.

In keinem der Vereinigten Staaten von Nordamerika*) hat bisher eine partikularrechtliche Regelung der Haftpflichtfrage stattgefunden. Es kommt daher in denselben hinsichtlich dieser Frage das gemeine Recht (common law) zur Anwendung. Nach letzterem ist, was zunächst die Unfälle der Arbeiter anlangt, der Betriebsunternehmer verpflichtet, die übliche und erforderliche Sorgfalt zur Verhütung von Unfällen seiner Arbeiter anzuwenden, und haftet, wenn er dieses unterläßt, für den dadurch verursachten Schaden. Jene Sorgfalt bezieht sich auf die persönlichen Anordnungen des Unternehmers bei Leitung des Betriebes, auf die Beschaffenheit der Gebäude, Maschinen, Materialien, Werkzeuge, Vorrichtungen, die er behufs des Betriebes seiner Anlagen benutzen läßt, endlich auf die Anstellung seines Aufsichts- und Arbeitspersonals. Für Unfälle, die durch Verschulden der Angestellten oder Arbeiter verursacht sind, haftet der Unternehmer nicht, sofern ihm nicht ein Verschulden, begangen durch Anstellung der betreffenden Person (culpa in eligendo), zur Last fällt.

Eine Einschränkung erleidet die Haftpflicht des Unternehmers insofern, als er nicht für Unfälle haftet, die durch Mängel entstehen, von deren Vorhandensein der Verletzte Kenntniß hatte. Wenn ein Arbeiter trotz seiner Kenntniß von der betreffenden, ihm drohenden Gefahr in dem Arbeitsverhältniß bleibt, so übernimmt er durch Fortsetzung der Arbeit jene Gefahr und wird für das ihn treffende Risiko bereits durch den Arbeitslohn entschädigt. Ein Gleiches ist der Fall, wenn ein Arbeiter trotz seiner Kenntniß von der Unfähigkeit oder Fahrlässigkeit eines Mitarbeiters mit demselben weiter fortarbeitet. Hat er jedoch Anzeige von der drohenden Gefahr gemacht und ist ihm seitens des Betriebsunternehmers Abhülfe zugesichert, so wird ihm durch den Umstand, daß er die Arbeit fortsetzt, der Anspruch gegen den Betriebsunternehmer auf Ersatz des durch einen Unfall verursachten Schadens nicht entzogen.

Dritten Personen haftet der Betriebsunternehmer als Dienstherr für das Verschulden seiner Untergebenen ebenso wie für sein eigenes.

Korporationen und Gesellschaften, die nur durch Vertreter handeln können, haften für die schuldhaften Handlungen und Unterlassungen der letzteren als für ihre eigenen.

*) Vergl. Whiting und Farnam: „Das Recht der Vereinigten Staaten in Bezug auf die Haftpflicht von Unternehmern für Verletzungen ihrer Arbeiter" in „die Haftpflichtfrage" Seite 95 99.

Alphabetisches Sachregister
zum Reichs-Haftpflicht-Gesetz.

(Die Zahlen verweisen auf die Seiten.)

A.

C.

D.

E.

F.

G.

H.

J.

K.

L.

P.

Q.

R.

T.

U.

G. Pätz'sche Buchdruckerei (Otto Hauthal) in Naumburg a/S.

Kolibri 360 GmbH
Ferdinand-Jühlke-Straße 7
99095 Erfurt, Deutschland
produktsicherheit@kolibri360.de